Coordenação editorial
Karla Filó

Quando a infância dói

O maior e mais completo manual da criança e seu mundo

Vol. 2

Literare Books
INTERNATIONAL
BRASIL · EUROPA · USA · JAPÃO

PRESIDENTE DO CONSELHO
Maurício Sita

PRESIDENTE
Alessandra Ksenhuck

VICE-PRESIDENTES
Cláudia Pires e Julyana Rosa

DIRETORA DE PROJETOS
Gleide Santos

GERENTE EDITORIAL
Anselmo Vasconcelos

EDITORA JÚNIOR
Júlia Almeida

ASSISTENTE EDITORIAL
Emerson Xavier

REVISORES
Fadua Matuck, Letícia Pataquine e Paulo Mello

CAPA E DESIGN EDITORIAL
Ana Paula Nunes Medeiros

DIAGRAMAÇÃO
Ana Paula Nunes Medeiros e Gabriel Uchima

FOTO DE CAPA
Freepik

IMPRESSÃO
Printi

Dados Internacionais de Catalogação na Publicação (CIP)
(Câmara Brasileira do Livro, SP, Brasil)

Quando a infância dói : o maior e mais completo manual da criança e seu mundo : vol. 2 / coordenação Karla Filó. -- 1. ed. -- São Paulo : Literare Books International, 2025.

Vários autores.
Bibliografia.
ISBN 978-85-9455-455-0

1. Crianças - Aspectos psicológicos 2. Crianças Comportamento 3. Crianças - Psicologia 4. Infância 5. Parentalidade I. Filó, Karla.

25-283909 CDD-155.43

Índices para catálogo sistemático:
1. Crianças : Proteção : Psicologia infantil 155.43
Aline Graziele Benitez - Bibliotecária - CRB-1/3129

LITERARE BOOKS INTERNATIONAL LTDA.
Alameda dos Guatás, 102
Vila da Saúde – São Paulo, SP. CEP 04053-040
+55 11 2659-0968 | www.literarebooks.com.br
contato@literarebooks.com.br

MISTO
Papel | Apoiando o manejo florestal responsável
FSC® C196274

AGRADECIMENTOS

A Deus, por me mostrar a imensidão do Seu amor e cuidado com a infância e por providenciar, em cada detalhe, que a nossa voz pudesse alcançar lugares a que sozinha eu jamais chegaria.

A todos os leitores do volume 1, que transformaram aquele livro em um best-seller e me deram a certeza de que estávamos no caminho certo, mesmo na contramão. Obrigada por cada mensagem, cada leitura compartilhada, cada lágrima dividida! Vocês me encorajaram a continuar.

Aos coautores desta obra, meu mais profundo reconhecimento. Sem vocês, nenhuma daquelas páginas teria tanto valor. Foi a coragem, o conhecimento e o amor de cada um que deram corpo, alma e profundidade a este livro. Vocês me inspiram.

À minha família, meu alicerce em todos os sentidos. Nada disso seria possível sem o apoio, o amor e a força de vocês. Obrigada por segurarem minha mão nos bastidores de tudo isso. A você Victor, por me deixar traçar a rota em muitos momentos da nossa vida. Aos meus filhos Yuri, Kayki e Ravi, que transformaram a minha história e me deram a chance de falar da infância com verdade, com propriedade e com o coração de quem vive o que escreve.

À equipe da Literare Books, obrigada pela paciência, pelo cuidado e por acreditarem não apenas em livros, mas em sonhos! Vocês não publicam histórias, vocês editam oportunidades e ressignificam saberes, respeitando e validando o ser humano.

E, por fim, dedico esta obra aos leitores deste volume 2: Que este livro seja uma ferramenta, uma chave, uma fagulha! Que ele ajude você a fazer a diferença na infância de alguém ou, talvez, na sua própria infância!

Karla Filó Mazzini Mota
Coordenadora editorial

SUMÁRIO

PARTE III: EDUCAÇÃO, APRENDIZAGEM E O CONTEXTO ESCOLAR

PARTE IV: FAMÍLIAS, COMPORTAMENTOS ADOECEDORES E O RESGATE DA CRIANÇA DENTRO DO LAR

PARTE V: OS TRANSTORNOS DA INFÂNCIA E SEUS DIAGNÓSTICOS

PARTE VI:
INTELIGÊNCIA EMOCIONAL E ESPIRITUALIDADE NA INFÂNCIA

PARTE VII:
A INFÂNCIA QUE DÓI NO ADULTO

PREFÁCIO

Há algum tempo, tive o prazer de prefaciar o primeiro volume de *Quando a infância dói*, que se mostrou um fenômeno de vendas, o que significa que aquela mensagem chegou a milhares de pessoas. O sonho da organizadora, Karla Filó, de falar sobre quando a infância não é o idílio sonhado, mas espaço de muito sofrimento e insegurança, atingiu o cume do que poderia alcançar, o compartilhamento de tantas outras pessoas, com a mesma perspectiva, ou ainda com visões diferentes, mas que se sentiram tentadas a acompanhar esse debate sobre a infância real, nua e crua, de tantas famílias.

Se eu fosse usar somente uma palavra para descrever este livro, eu usaria o termo "diversidade". Os capítulos são, de fato, profundamente diferentes entre si, alguns de depoimentos de uma jornada pessoal, escritas de forma mais leve e informal, outros de uma jornada ou um caso profissional, com um tom mais formal e uma preocupação de vincular essas experiências com conhecimentos para além do caso concreto. Pensando agora nas abordagens adotadas pelos autores para compreender os fenômenos sobre os quais debatem, em alguns casos, o caminho do autor ocorre na linha das práticas baseadas em evidências e outras vezes com outros olhares, como a psicanálise, a fenomenologia ou mesmo uma visão espiritual dos fenômenos, além de muitos outros caminhos percorridos.

Não tenho dúvidas de que os leitores presumivelmente encontrarão nesta obra capítulos com os quais se identificarão e outros nem tanto. A pluralidade é tão grande, que o leitor é quem faz seu percurso e suas escolhas, ao ser confrontado com essa diversidade, seguindo seu curso de leitura conforme sua visão de mundo, seus valores e os problemas específicos sobre os quais deseja refletir. Algumas vezes, gostamos de ler livros lineares, com temas encadeados e visões coerentes entre si, mas às vezes também nos apetecem o debate visceral, a oposição de ideias, a abordagem de fenômenos distintos, ampliando nossos horizontes.

Mas há também um segundo motivo pelo qual eu usaria essa palavra: porque neste segundo volume de *Quando a infância dói: o maior e mais completo manual da criança e seu mundo*, de Karla Filó, os temas são variados e vão muitas vezes olhar para quadros como o TDAH, o autismo, as altas habilidades, entre outros, formando uma miríade de contextos discutidos na obra.

Com um segundo volume, a obra avança no caminho contrário da romantização das famílias que possuem filhos com deficiência ou outras condições que exigem dessas famílias o possível e o impossível. Quando se diz que Deus só dá o frio conforme o cobertor, deixa-se de dizer que o frio está aí e que o cobertor só pode existir como um feito de toda a comunidade. Ainda na esfera dos ditados, outro diz que criar uma criança é tarefa de uma aldeia, mas quando essa infância dói, a dor é da família, quase sempre isolada, sem rede de apoio e acesso a serviços públicos. Se esse debate não existir em obras como esta, não existirá em lugar nenhum.

Um livro assim precisa de muitos autores que se disponham a esse duro debate, um extensivo trabalho de articulação de tantas pessoas e muita paixão, afinal, publicar livro no Brasil jamais pode ser considerado como fonte de renda, e avançar com um livro em seu segundo volume é um feito.

Lucelmo Lacerda

Doutor em Educação pela PUC-SP, com pós-doutoramento na Universidade Federal de São Carlos e pesquisador da Universidade da Carolina do Norte.

INTRODUÇÃO

Melhor nem ler – O (des)conhecimento confortável e suas limitações

Se você acredita em infâncias perfeitas, silenciosas e obedientes, melhor nem ler este livro. Se você acha que criança tem que se calar, se adaptar e não "dar trabalho", feche este livro agora. Este livro não é para quem quer conforto, mas, sim, para quem busca lucidez, orientação e apoio. Negligenciar a infância é um crime silencioso. Deixar de aprender sobre as dores da infância é colaborar com o sofrimento de milhares de crianças, todos os dias.

Aqui nesta obra não há espaço para quem acha que inclusão "dá muito trabalho", nem para quem pensa que "virou moda ser autista". Melhor nem ler este livro se você acredita que a inclusão é só uma tendência chata e que aprender sobre infância é um capricho. Aqui não há espaço para quem se protege atrás de frases prontas como "na minha época ninguém falava disso e deu tudo certo". Não, não deu tudo certo, deu silêncio, deu trauma, deu adulto ferido que hoje repete para os outros a mesma violência que recebeu.

Se você está buscando uma infância perfeita aqui, garanto que não vai achar. Este livro é para os que, de forma muito realista, rompem com o imaginário perfeito de uma infância feliz e padronizada e seguem na contramão dessa ideologia. É para aqueles que querem compreender a infância como ela é: cheia de belezas, sim, mas também de dor, de marcas que moldam vidas, de silêncios que viram gritos no meio da noite, muitas vezes já na vida adulta.

Durante o lançamento do volume 1 desta obra, ouvi de um produtor e grande empresário, que o livro não venderia, pois falava de dores e isso poderia afastar as pessoas e anular o interesse delas. Uma antiga coautora me sugeriu mudar o nome do livro e tirar a palavra que nele reflete dor, pois acreditava que o livro feria com o lúdico da infância, condenando-a ao fracasso. Ainda bem que não segui nenhum desses conselhos. Eu sabia que seguir na contramão daquilo que a sociedade espera, era correr um grande risco, e desmistificar a infância perfeita das redes sociais poderia custar o sucesso da primeira obra.

Mas o resultado foi exatamente o contrário. Em poucas semanas após o lançamento, o livro *Quando a infância dói – vol. 1* tornou-se um dos mais vendidos do país pela PublishNews, fomos destaque na lista dos mais vendidos do jornal *O Globo* e tornamos nossos capítulos uma das obras mais conhecidas e valorizadas por todas as pessoas que, de alguma forma, estão envolvidas com a infância.

Tudo isso porque o livro promoveu acolhimento. O fato de falar das dores da infância gerou pertencimento para muitas pessoas e transformou famílias diante dos temas discutidos, gerando grandes reflexões. Havia sofrimentos gritando dentro de famílias, crianças, educadores, profissionais da saúde, que encontraram sentido nas páginas do livro.

Escrevemos para leitores que têm coragem, e não para os que buscam palavras confortáveis. Não existe neutralidade em nenhuma das páginas a seguir. Assim, ou você escolhe ler, aprender e se transformar, ou escolhe repetir e ferir. Este livro não é para quem acha que aprender sobre a infância é opcional, secundário, ou que é assunto somente para quem trabalha com crianças. A verdade é que negligenciar as dores da infância pode custar muito caro. Custa traumas silenciosos, relações quebradas, adultos feridos, gerações inteiras repetindo padrões destrutivos.

De uma forma, talvez, audaciosa ou ousada, entendemos que há uma urgência de assumir a dor e que negligenciar a existência dela na infância não é só irresponsável, como também é cruel. Desconhecer as dores da infância e escolher não aprender sobre isso é perpetuar um sofrimento em cadeia, na sua vida, na dos seus filhos e nas próximas gerações. Essas dores poderiam ser evitadas ou corrigidas se as pessoas escolhessem aprender mais, em vez da confortável necessidade de exibir uma infância perfeita.

Portanto, só siga lendo este livro se estiver pronto para encarar o que a maioria prefere ignorar: que a infância dói, que a infância produz marcas e que a infância, quando não é cuidada, destrói futuros. Não olhe este livro como uma vitrine, onde você observa as dores dos outros e os problemas alheios, mas, sim, trate-o como um espelho para que esta obra possa confrontar você também e suas dores.

Mas se você acredita que não precisa aprender mais nada, que já é "bom o suficiente" como pai, mãe, educador ou ser humano, este livro não é para você. Acredite, infância não é um manual que você lê uma vez e se dá por satisfeito. Quem acha que está completo, na verdade, está estagnado. Quem não vê mais nada para aprender, já começou a falhar. Infância é um território vivo, complexo, imprevisível, e, se você não tiver disposição para aprender sobre ela, vai repetir os mesmos erros, com novas desculpas.

Melhor nem ler este livro se você acha que a infância tem obrigação de ser perfeita, cheia de fotos fofas, festinhas temáticas, lembrancinhas personalizadas, famílias felizes e quartos impecáveis. Feche este livro e siga acreditando no mundo cor-de-rosa da infância de comercial de margarina, onde tudo é lindo e só existe família perfeita. Este livro definitivamente não é para quem quer se proteger da realidade.

Este livro não é para quem romantiza a infância. Não é para quem acha que basta dar brinquedos caros, fazer uma festa de aniversário bonita e encher o Instagram de fotos bem iluminadas. Não é para quem quer continuar ignorando o fato de que as dores que você não quis ver na sua infância, hoje gritam na sua vida adulta. Infância não é um produto embalado para venda, mas, sim, é uma fase fundamental que molda, para sempre, quem somos e quem seremos.

Se você quer acreditar na fantasia da infância perfeita, da mãe heroína e inabalável, das aprendizagens que seguem cartilhas, feche este livro e pare por aqui. Mas, se tiver a ousadia de seguir adiante e prosseguir com a leitura desta obra, saiba que cada capítulo foi escrito para desafiar você a refletir mais sobre as dores da infância, a conhecer tudo aquilo que permeia essa fase. Isso pode te incomodar, te confrontar, mas também te libertar. Saiba que negar as dores da infância dói bem menos, mas encará-las transforma.

Então a escolha é sua, você pode fechar este livro, devolvê-lo para a estante e acreditar que nada mais tem a aprender sobre as dores da infância, ou você pode ter a humildade e a coragem para assumir que ainda tem muito a conhecer sobre esse assunto. Quem para de aprender sobre a infância começa a machucar crianças, mesmo sem perceber. Só aproveita este livro quem acredita que é possível aprender a fazer a diferença na infância de alguém e mudar essa história.

Se não for assim, melhor nem ler...

Karla Filó Mazzini Mota
Coordenadora editorial

PARTE I

ASSUNTOS COMPLEXOS E REFLEXÕES NECESSÁRIAS

CAPÍTULO 01

Gerações adestradas

Quando o "viver" virou performance e o "sentir" virou produto

Estamos domesticando o comportamento humano e performando em vez de viver. Com base nessa reflexão, este capítulo vai te levar a um mergulho crítico sobre a autenticidade humana que já não é vista com bons olhos, pois os valores que antes eram essenciais, como criatividade e originalidade, já não têm mais lugar diante da figura que precisamos nos tornar para dar certo. Ser original passou a ser exceção. A consequência é a formação de jovens com identidades frágeis, altamente sugestionáveis e com baixa tolerância ao desconforto de serem diferentes.

Karla Filó Mazzini Mota

KARLA FILÓ MAZZINI MOTA

Psicóloga há mais de 12 anos. Especializou-se em Neuropsicologia pela Faculdade de Medicina da USP em 2015. Foi palestrante no Congresso Latino-Americano de Psicoterapias no Equador em 2013 e já palestrou em diversos congressos de educação no Brasil. Apresentou diversos artigos em congressos de âmbito nacional e internacional. Atualmente, seus estudos estão direcionados à Teologia e a uma maior comunhão com Deus.

É a idealizadora do projeto do livro e da marca ***Quando a infância dói*** e coordenadora editorial das duas edições. Enfim, é mãe, escritora, psicóloga e mulher. O que a move, de verdade, é **o desejo de fazer a diferença na vida das pessoas.**

Contatos: karlafmmota@gmail.com
Instagram: @neuropsykarlafilo
32 98833 3176

Estamos vivenciando, cada vez mais, o declínio da intuição e da espontaneidade para dar lugar à padronização comportamental das crianças e dos jovens em geral. Uma atualidade em que pensar diferente é visto como ameaça e questionar virou rebeldia.

Enquanto psicóloga, esse questionamento impacta profundamente tudo aquilo que aprendi a construir como essência do ser humano e fator absoluto de sua existência: a liberdade de SER. Do ponto de vista neuropsicológico, estamos diante de uma espécie de adestramento cognitivo, em que o cérebro jovem, ainda em desenvolvimento de suas funções executivas, é treinado para a repetição, para a recompensa rápida e para a validação externa, na qual *likes*, *views* e comentários em redes sociais passaram a ser os novos reforçadores comportamentais. Eis aí o desafio da nova geração que chega aos consultórios de psicologia.

Isso me remete às reflexões escritas por Furlan (2020) em seu artigo *A construção do "ser" criança na sociedade capitalista*, que diz que precisamos pensar a criança como um sujeito histórico em transformação. Entretanto, fico a pensar: que sujeito em transformação essa criança seria diante de tamanha padronização comportamental? Temos uma geração que não apenas convive com a tecnologia, mas que também está formando sua identidade a partir dela, de uma forma cada vez mais padronizada e previsível. Como ser um sujeito histórico, em constante transformação, se estamos, cada vez mais, sufocando a espontaneidade e a intuição dessa geração?

Segundo Furlan (2020), a nova estruturação social, política e econômica está estabelecendo mudanças na maneira como o ser humano está sendo percebido, categorizado e diferenciado. Essas transformações aparecem implícitas em atitudes, comportamentos, palavras e nas mais diferentes práticas educativas. Esse é exatamente o problema, pois estamos sendo transformados e não transformando nada. Venho observando com preocupação os impactos cognitivos, comportamentais e emocionais de um padrão de desenvolvimento que estamos vivenciando atualmente. Um modelo que sufoca a espontaneidade, a criatividade e a intuição, reduzindo nossa existência a uma mera repetição obrigatória de padrões e necessidade desesperada de pertencimento.

A autenticidade humana já não é vista com bons olhos. Valores que antes eram essenciais, como criatividade e originalidade, já não têm mais lugar diante da figura que precisamos nos tornar para darmos certo. Temo que, se isso deixa de ser estimulado, também deixará de existir no cérebro das próximas gerações. Ser original passou a ser exceção. Ter uma ideia própria, um vocabulário próprio, até mesmo uma mania única, virou risco de exclusão. A consequência é a formação de jovens com identidades frágeis, altamente sugestionáveis e com baixa tolerância ao desconforto de serem diferentes.

Essa lógica não apenas empobrece o repertório individual de uma criança em desenvolvimento, como também vai inibir a construção de habilidades fundamentais, como pensamento crítico, autoconhecimento, capacidade de frustração e autonomia na tomada de decisão. Uma sensação de "**estar vivendo em uma vitrine**", essa é a forma com que vejo a condução das crianças. E posso me atrever a dizer que não é só de crianças.

Até mesmo os espaços educacionais, como a redação do Enem, reforçam esse padrão de comportamento. Aquilo que era para ser criativo virou uma fórmula. Em tese, a proposta de redação do Enem seria para avaliar a capacidade argumentativa, o domínio da língua e a articulação de ideias do estudante. Mas, na prática, o que se cobra é a aplicação de uma estrutura pronta, quase robótica, com introdução, tese, desenvolvimento em dois parágrafos e uma conclusão com proposta de intervenção. O estudante que ousa pensar fora da caixa, usar metáforas, criar uma estrutura narrativa ou, até mesmo, propor uma análise mais subjetiva corre o risco de ser penalizado e não ter uma boa nota no exame. Ou seja, não se avalia mais criatividade e, sim, **obediência ao padrão.**

Essa lógica se conecta perfeitamente ao adestramento comportamental mais amplo da nova geração, e quem fugir do script será considerado errado. Uma geração em que pensar diferente virou sinônimo de errar e não de ousar, é uma geração que está mais alinhada com a conformidade do que com a autonomia. **Estamos assistindo calados à morte da espontaneidade em tempos de padrão.**

Minha sensação é de que estamos criando gerações inteiras dentro de moldes rígidos. Não mais por imposição autoritária, como nos tempos de regimes opressivos, mas por algo muito mais sutil e perigoso: a ilusão da liberdade em decorrência da padronização absoluta. Estamos construindo uma geração influenciada por algoritmos, modas, roteiros prontos e fórmulas de sucesso.

Estamos domesticando o comportamento humano e performando em vez de viver.

Essa geração está viciada em um "modelo certo", dependente de padrões replicáveis de comportamento, muitas vezes ditados por influenciadores e validados por likes. Uma geração treinada a repetir o que funciona socialmente, mesmo que internamente não faça sentido. Isso vale para o jeito de se vestir, de falar, de pensar e, até mesmo, de validar o que sente. O que tenho visto, nessa juventude que se forma, são padrões comportamentais repetitivos, com gestos, vocabulários, opiniões e até mesmo "problemas emocionais" replicados em massa como se fossem tendência de moda.

Isso me leva a questionar: Somos humanos ou estamos nos tornando meras versões em beta?

Já não somos mais uma geração de reflexões profundas, mas sim gerações adestradas pelo TikTok, treinadas a consumir conteúdo rápido e superficial. Estamos cegos ou somente adaptados e conformados com isso? A naturalidade de viver deu lugar à necessidade constante de performance. Não se come mais uma refeição, grava-se um vídeo. Não se ouve mais uma música, monta-se uma trend. Até mesmo nosso vocabulário hoje é recortado de frases populares ou trechos de vídeos virais. Perdemos a própria voz?

Eu ainda sou daquelas que acreditam que o cérebro não foi feito para ser uma máquina de repetição. Mas para ser cada vez mais estimulado a criar, imaginar e errar também. Gerações inteiras não podem ser adestradas como se fossem produtos em série, pois a espontaneidade é a última fronteira da nossa liberdade e, talvez, hoje, a mais urgente a ser estimulada.

Se acha que estou exagerando, é só olhar à sua volta e ver várias situações em que estamos nos conformando em ser adestrados e permitindo que nossos filhos, alunos ou pacientes também sejam influenciados e aprisionados nesses padrões.

Já percebeu como até mesmo a fotografia, algo tão simples, popular e corriqueiro da vida, perdeu sua essência de recordação e resgate sentimental para ser um selo de pertencimento estético? A imagem, que deveria ser expressão única de um olhar, virou reprodução de *presets* do Instagram. Mesma luz, poses padrões, fundo igual, uma "espontaneidade ensaiada". Faz tempo que não fotografamos mais o que sentimos, fotografamos o que "bomba".

Até mesmo a literatura, esse território sagrado da alma humana, está sendo moldada por tendências. Capas iguais, pouco criativas, fórmulas de roteiros virais, gêneros do momento. Escreve-se para viralizar e não para emocionar. Autores são pressionados a encaixar sua voz em expectativa comercial. **Ser original é correr o risco de ser invisível.** Acredite, eu sei bem o que é isso. Neste capítulo mesmo, estou correndo o risco de não atender às suas expectativas. Na verdade, este livro inteiro está fora da caixinha que se espera. Espera-se um livro que pinte a infância de forma apaixonante e linda, mas já na capa falamos de dor. Rompemos com todos os estereótipos de livros de família feliz. Tiramos a infância da vitrine de coisas mágicas e românticas e mostramos novas formas de pensá-la.

Se ainda não concorda comigo, pense nas festas infantis. Já percebeu que agora as comemorações de aniversários de crianças, casamentos, recepções, tudo segue paletas e cronogramas padronizados? O que antes era celebração íntima, cheia de identidade e cultura familiar, virou uma vitrine de aprovação social. Nas festas infantis, há bolos instagramáveis e mesas decoradas mais para o feed do Instagram do que para a criança. A alegria? Não sei se foi padronizada ou se faz parte da paleta da festa.

Pense no que falei anteriormente sobre o Enem e você há de concordar comigo que a escola deveria ser um berço de pensamento crítico, porém tornou-se treinadora de fórmulas. A redação do Enem é o exemplo mais gritante disso: uma estrutura fixa, com palavras-chave e formato de intervenção obrigatório, e pensar diferente virou erro técnico.

Até o amor está sendo padronizado. Frases copiadas, gestos replicados de trends e declarações adaptadas de vídeos virais. Há um crescimento assustador de relacionamentos baseados em "estética de casal" e não em conexão real. O que "parece amor" grita mais alto do que o amor de verdade. Você sente tudo o que você mostra ou mostra tudo o que você sente? Agora até eu me confundi aqui com esses questionamentos. Ficou confuso? Era para te incomodar mesmo.

Só quero que você entenda que este capítulo não é um manifesto contra essa geração ou contra a internet, ou até mesmo contra a pós-modernidade. É somente um alerta, feito por uma humilde, imperfeita e humana psicóloga que acredita que precisamos urgentemente repensar os modelos de influência que estamos normalizando e refletir sobre o impacto que isso tem na formação das próximas gerações. Incentivar a divergência, pois, talvez, **não corresponder às expectativas do mundo e sair da caixinha seja o ato mais revolucionário neste tempo de hiperpadronização.**

Meu intuito aqui é que você entenda que a essência do ser humano é a imperfeição, a surpresa, o gesto fora do tempo, a gargalhada fora de hora, a ideia que não faz sentido à primeira vista. Não podemos mais permitir que essa geração viva como uma "versão em teste", buscando aprovação em todas as áreas da vida, seguindo padrões como robôs domesticados, com a ilusão de que estão no controle.

Que este capítulo faça brotar em alguém a urgência por resgatar a liberdade de errar, de não seguir tendência, nem arquétipos, nem paletas, mas sim de sermos incoerentes. Precisamos devolver a essa nova geração a permissão de serem genuínos e não estratégicos, romper com a normalização dessa cultura de padronização. **Acredite, o mundo não precisa mais de cópias perfeitas, mas de pessoas inteiras, mesmo em suas imperfeições.**

Referências

FURLAN, M. A construção do "ser" criança na sociedade capitalista. *Revista Terra & Cultura: Cadernos de Ensino e Pesquisa*, v. 20, n. 38, p. 3-15, 2020.

CAPÍTULO 02

Como nascem os bebês?

Educação para a sexualidade – desmistificação, prevenção e formação saudável em casa e na escola

Este capítulo discute a educação para a sexualidade, destacando a importância de abordagens adequadas conforme a idade e o contexto cultural. Analisa a evolução histórica do tema desde o início do século XX, passando pela repressão durante a Ditadura Militar, até os avanços nos anos 1970 com a inserção da mulher no mercado de trabalho e a chegada da Aids. Ressalta a necessidade de envolver família e escola, prevenindo a erotização infantil e promovendo um ambiente seguro. Conclui que a educação sexual deve ser inclusiva, respeitando valores morais e religiosos, e destaca o papel fundamental dos pais na orientação dos filhos.

Mila Lacerda Lima de Paula

MILA LACERDA LIMA DE PAULA

Oficiala do Ministério Público do Estado de Minas Gerais desde 2003. Bacharel em Direito pela Faminas em 2012, aprovada na OAB, em 2011. Especialista em Direito Processual Penal e Processual Civil, em 2013/2014. Licenciada em Letras (Português e Inglês), em 2024. Pós-graduanda em Atendimento Educacional Especializado e Psicomotricidade. Mãe atípica de Bárbara Lima, gemelar de Gabriela Lima, há 20 anos.

Contatos: milamp.lima@gmail.com
Instagram: @milalimadepaula

"Como nascem os bebês?"

Certamente, se você é mãe, pai ou responsável por uma criança, já deve ter ouvido esta pergunta ou algo similar. Eu sou mãe de duas meninas, hoje com 20 anos, e passei por questões congêneres. Eu ainda era jovem, aprendendo a ser mãe (até hoje, não aprendi! rs), e, certamente, não dei a melhor resposta. Mas, qual é a melhor resposta? Quem pode responder com exatidão sem confrontar limites individuais?

Fato é que cada idade do indivíduo exige um tipo de abordagem acerca da sexualidade. Além disso, as limitações culturais e morais de quem explica são óbices à melhor e mais eficaz abordagem. Este texto não tem a pretensão de ensinar a ninguém a forma correta de abordar o tema, mas de analisá-lo, de forma histórica, legal e moral, afastando, sobremaneira, o risco da sexualização e erotização dos corpos infantis. Nesse sentido, segundo Flores (1994), "a erotização dos corpos infantis [...] compromete a formação identitária de crianças, e coloca em risco até mesmo a segurança".

Historicamente, é possível que se faça uma revisão da evolução da sexualidade e da educação para a sexualidade traçando seu desenvolvimento desde o início do século XX, quando começaram as discussões sobre sua inclusão no ambiente escolar, até os dias atuais. Nesse período, com a criação dos Parâmetros Curriculares Nacionais, no Brasil, a sexualidade passou a ter espaço oficial no debate.

Inicialmente, a sexualidade foi discutida sobre o prisma da saúde pública, e o escopo era combater a masturbação e a propagação de doenças venéreas, as infecções sexualmente transmitidas (ISTs). Na década de 1920, a preocupação era a de melhorar a saúde, fato que desencadeou a iniciação da abordagem do tema nas escolas e da prática da conversa no seio das famílias. O viés era de coibição à prática sexual, contudo.

A repressão era feita, na época, pela Igreja, que primava por conservadorismo e pudicícia. Já a partir da década de 1960, inaugura-se uma tentativa de abertura do tema com uma proposta de renovação pedagógica. É justamente nessa década e nas seguintes que o país passa pela Ditadura Militar (1964-1985), que sugere postura moralista acerca da abordagem do tema sexualidade, inclusive com censura prévia de livros, revistas, jornais etc. Além disso, aqueles que insistiram na promoção da educação para a sexualidade nas escolas foram demitidos ou exonerados, até mesmo expulsos. Diante da reação negativa, houve o evidente recuo às propostas educacionais.

No entanto, no período seguinte há os movimentos hippies (1978), e com a investida da pílula anticoncepcional, o avanço de casos de gravidez na adolescência, o agravamento e aumento de casos de ISTs, notadamente, os casos de Síndrome da Imunodeficiência Adquirida (Aids) e, até mesmo, a efetivação da inserção da mulher no mercado do trabalho, urgia a promoção e a adição do alcance às informações acerca da sexualidade, não somente nas escolas, mas em qualquer espaço educativo, inclusive nas famílias.

Assim, no Brasil, a sexualidade ganhou destaque no ambiente escolar somente no ano de 1990 com a chamada renovação e reelaboração da proposta curricular, os Parâmetros Curriculares Nacionais (PCN), documento que propunha a inclusão desse tema como conteúdo transversal (Leão, 2009; Ribeiro, 2004).

Segundo documento do Ministério da Educação e Cultura (MEC), datado de 1997, o objetivo dos PCN é "apontar metas de qualidade que ajudem o aluno a enfrentar o mundo atual como cidadão participativo, reflexivo e autônomo, **conhecedor de seus direitos e deveres. [...] respeitando a sua concepção pedagógica própria e a pluralidade cultural brasileira**" (GN).

Ainda no período citado, a Lei de Diretrizes e Bases da Educação (LDB), a Lei Federal nº 9.394 (Brasil, 1996), também conhecida como Lei Darcy Ribeiro, sancionada em 20 de dezembro de 1996, em seu artigo 2º: " [...] a educação [...] será promovida [...] visando o [...] **preparo para o exercício da cidadania** [...]".

Em um período muito mais recente, já em 2017, tem-se consolidada e homologada a Base Nacional Curricular (BNCC), "um documento pautado em altas expectativas de aprendizagem [...] visa à formação humana integral e à construção de uma sociedade justa, democrática e inclusiva [...] e valores para resolver demandas complexas da vida cotidiana", segundo o MEC. Assim, dentro dos temas transversais a serem abordados, conforme dispõe a BNCC, temos aqueles voltados à saúde, à cidadania e ao civismo, sendo que estes últimos são direcionados aos direitos e deveres dos cidadãos.

Vislumbra-se, diante de rasteira análise legal, então, a preocupação comum com o exercício da cidadania e com o pleno desenvolvimento do aluno.

É neste sentido que a criança, enquanto detentora de direitos, conforme Convenção sobre os direitos da criança (1990), "com direitos e responsabilidades apropriados à sua idade e estágio de desenvolvimento", deve ser orientada sobre sua saúde, seus limites e valores morais. Dispõe o Estatuto da Criança e do Adolescente (Lei nº 8.069/1990) que são asseguradas à criança "[...] **todas as oportunidades e facilidades, a fim de lhes facultar o desenvolvimento físico, mental, moral, espiritual e social, em condições de liberdade e de dignidade**" (GN).

Para que a criança possa ser líder na adoção de atitudes que valorizem as experiências e que promovam suas escolhas, propiciando o autocuidado e o respeito com o corpo alheio, visando a saúde física, mental, sexual e reprodutiva, segundo norma da educação básica do Brasil, é preciso ser realista e inseri-la em pautas como a que se discute neste texto.

A educação para a sexualidade nas escolas não pode ser rasa a ponto de se fixar apenas ao ensinamento de anatomia e fisiologia de órgãos sexuais ou da prevenção de ISTs, mas deve ir além, com a abordagem do conceito de relações não consentidas, relacionamentos abusivos, e tudo o mais que vise à proteção contra abusos que podem ecoar durante toda a vida.

A escola é o espaço em que a sociedade é projetada e reproduzida. A intervenção dos professores pode frear o avanço das mazelas sofridas na infância. Para isso, é importante que se promova a capacitação dos educadores. Esse já é outro problema a ser explorado. Na verdade, o professor que escolher ficar em silêncio ou excluir esses alunos, caso o tema seja abordado, será negligente. Isso porque não se aplica a dicotomia entre os aspectos cognitivo e o fisiológico nesse caso.

Destaca-se dado alarmante noticiado no relatório "Panorama da violência letal e sexual contra crianças e adolescentes no Brasil", elaborado pela Unicef: "de acordo com o levantamento, entre 2021 e 2023, foram 15.101 vidas perdidas na faixa etária de zero a 19 anos, o equivalente a 5.034 mortes violentas por ano, em média. [...] O documento aponta ainda que, no mesmo período, 164.199 crianças e adolescentes foram vítimas de estupro e estupro de vulnerável".

Evidentemente, esse cenário, embora preocupante, ainda não é real, dado que há casos subnotificados, seja por conta da falta de instrução da criança ou dos responsáveis legais. Verificou-se que o percentual de casos de estupros que chegam ao conhecimento das polícias foi de apenas 8,5% em 2019, de acordo com o Instituto de Pesquisa Econômica Aplicada, IPEA. Os casos de abuso sexual, infelizmente, acontecem, em sua maior parte, dentro de casa, ou seja, no ambiente intrafamiliar. Daí a importância de se diversificar a forma de acesso à informação, incluindo diversos atores no sistema de proteção à criança. Essas informações devem ser massificadas e com base, sobretudo, na responsabilidade individual.

Uma das recomendações da Unicef é "enfrentar normas restritivas e discriminatórias de gênero, com destaque para o trabalho com as famílias nos diferentes serviços e para o papel da escola" e "ampliar o acesso de crianças e adolescentes sobre direito à proteção e canais/serviços de proteção" (Panorama da violência letal e sexual contra crianças e adolescentes no Brasil 2021-2023, 2ª edição).

Recomenda-se à família que discuta educação para a sexualidade com seus filhos. Habilidades de dizer não, contar para alguém de confiança, diferenciar limites entre o amor genuíno e o abuso e estabelecer limites à interação física aumentam a capacidade da criança de desenvolver sua segurança pessoal e crescer física e emocionalmente saudável.

Diferentes são os atores no sistema de proteção à criança. O Estado, a escola, a família, a Igreja etc., e estes devem ter papel ativo com o fim de evitar novos casos de violência e os ciclos abusivos que comprometem a vida, de forma geral. Os conselhos tutelares, notificados pelas escolas ou pela comunidade, também desempenham papel importante na guarda dos direitos da criança e do adolescente com ações de conscientização e, finalmente, agindo, efetivamente, nos cuidados pós-trauma.

Posto isso, o escopo deste texto será direcionado para o papel da família na educação para a sexualidade e desmistificação de valores, além da guarda sadia dos filhos. É este meu intuito: desnudar a crença de que precisa ser profissional da área de saúde para educar e falar do assunto, em casa. Destaca-se que, tanto a falta de informação, quanto o incentivo a práticas sexuais precoces são prejudiciais ao desenvolvimento infantil. A adultização das crianças é algo preocupante!

É no âmbito familiar que a diversidade de valores será considerada. É importante que se considere a variedade de crenças morais e religiosas e que as abordagens sobre a sexualidade sejam individualizadas. Ainda, repensar tabus e preconceitos, eliminar a associação da sexualidade com luxúria, além dos comportamentos discriminatórios, afastando a toxicidade da masculinidade, já que a disparidade histórica de desigualdade de gêneros contribui para abusos e violência.

Alguns autores diferenciam a educação para a sexualidade da orientação sexual, sendo esta última mais voltada à "orientação do desejo". Esse é o embaraçado que se vê nas restrições e nos pudores vividos nas famílias, de forma que arredam na função de formar o indivíduo para que ele conviva, de forma equilibrada, com seus direitos e deveres perante a sociedade.

Destarte, a ausência de diálogo sobre sexo, em casa ou na escola, pode fazer com que a criança e o adolescente o percebam como algo antinatural e prejudicial. É preciso afastar a criança e o adolescente dos mitos, vulgaridades, preconceitos que buscam perpetuação no mundo não globalizado. Não há que se falar em perda da inocência, mas em preservá-la em vista das curiosidades inerentes à infância. Imprescindível é que a criança encontre receptividade na família para aprender e compreender o mundo, evitando que se torne presa fácil de abusadores e que, no momento certo, de acordo com seu desenvolvimento cognitivo, desfrute de uma vida sexual harmoniosa.

A educação para a sexualidade promovida pela família afasta a erotização precoce da criança tão habilmente fomentada pela mídia. É essencial que se construa uma compreensão positiva da sexualidade. Somente com compreensão e respeito é que os atores da ação, sejam os educadores, o Estado – na pessoa de profissionais de saúde comprometidos – e a família conseguirão êxito nesse desenlace. Nesse sentido: "A base da criação dos filhos é a relação que você cria com eles. Se as pessoas fossem plantas, a relação seria o solo. A relação sustenta, nutre, permite o crescimento – ou o inibe" (Perry, 2020).

A omissão e o silêncio não satisfazem as lacunas provenientes da curiosidade inerente às crianças. Que pai, mãe ou responsável não passou pela fase dos porquês?! É preciso alimentá-las daquilo que lhes pode fazer crescer como indivíduo pleno, pronto para o exercício da cidadania afetiva plena. Além disso, educar para a sexualidade afasta a hipótese de que sejam eventuais vítimas de potenciais situações abusivas e de predadores sexuais, como já dito.

Os prejuízos decorrentes da ausência de educação para a sexualidade afetam não somente o indivíduo em formação, mas a coletividade, na medida em que não só não coadunam para o fim dos ciclos de abusos, mas, também, sobrecarregam os sistemas e põem fim à segurança e à paz das famílias.

Há solução para a abordagem perfeita? Obviamente, não. É impreterível moldar pessoas para que sejam responsáveis na vida sexual, nas relações de gênero ou consigo mesmas, além de mais afetivas e imbuídas de **mais respeito e menos preconceito, estigma ou tabu, tão danosos ao convívio social**.

É incontestável que nós, na qualidade de responsáveis pela formação da criança, pais ou não, vivemos sob o assombro das incertezas e angústias. Afinal, como já dito, não há uma fórmula para a criação do personagem adulto. Há manuais, como este, que podem ajudar. O que importa, contudo, é que haja intento em fazer o que é possível, tentar não deixar lacunas que possam ser preenchidas pelo cruel e insensato, afinal, a informação é um direito! A criança precisa ver esclarecidas suas dúvidas e afastadas suas inseguranças. Sejamos, pois, livres, libertos de preconceitos e falsos moralismos. A voz que vai ressoar é a que acolhe!

Referências

BRASIL. Ministério da Educação. Base Nacional Comum Curricular. Proposta preliminar. Segunda versão revista. Brasília: MEC, 2016. Disponível em: https://basenacionalcomum.mec.gov.br/. Acesso em: 16 out. 2024.

BRASIL. Ministério da Educação. Parâmetros Curriculares Nacionais. Disponível em: http://portal.mec.gov.br/seb/arquivos/pdf/livro01.pdf. Acesso em: 2 out. 2024.

BRASIL. *Lei nº 8.069, de 13 de julho de 1990*. Estatuto da Criança e do Adolescente. Disponível em: https://www.planalto.gov.br/ccivil_03/leis/L8069.htm. Acesso em: 3 out. 2024.

BRASIL. Ministério dos Direitos Humanos. *Ministério sugere plano de contingência para conter alto índice de violência contra crianças e adolescentes*. Disponível em: https://www.gov.br/mdh/pt-br/assuntos/noticias/2024/agosto/ministerio-sugere-plano-de-contingencia-para-conter-alto-indice-de-violencia-contra-criancas-e-adolescentes. Acesso em: 3 out. 2024.

FERREIRA, H. *et al*. *Elucidando a prevalência de estupro no Brasil a partir de diferentes bases de dados*. 2023. Disponível em: https://repositorio.ipea.gov.br/bitstream/11058/11814/4/TD_2880_web.pdf. Acesso em: 4 maio 2025.

FLORES, R.; CAMINHA, R. M. Violência sexual contra crianças e adolescentes: algumas sugestões para facilitar o diagnóstico correto. *Rev. psiquiatr. Rio Gd. Sul*, Porto Alegre, v. 16, n. 2, p. 158-167, 1994.

FUNDO DAS NAÇÕES UNIDAS PARA A INFÂNCIA (UNICEF). *Convenção sobre os Direitos da Criança*. Disponível em: https://www.unicef.org/brazil/convencao-sobre-os-direitos-da-crianca. Acesso em: 3 out. 2024.

GELEDÉS – Instituto da Mulher Negra. *Lei de Diretrizes e Bases da Educação Nacional (LDB)*. Disponível em: https://www.geledes.org.br/wp-content/uploads/2009/04/lei_diretrizes.pdf. Acesso em: 2 out. 2024.

LEÃO, A. M. C. *Estudo analítico- descritivo do curso de pedagogia da Unesp Araraquara quanto a inserção das temáticas de sexualidade e orientação sexual na formação de seus alunos*. 2009. 343 f. Tese (Doutorado em Educação Escolar) – Universidade Estadual Paulista, Faculdade de Ciências e Letras, Araraquara, 2009.

PERRY, P. *O livro que você gostaria que seus pais tivessem lido (e seus filhos ficarão gratos por você ler)*. 1. ed. São Paulo: Fontanar, 2020.

CAPÍTULO 03

A agressão física e o medo condicionado

Este capítulo vem para alertar e trazer reflexões acerca das marcas deixadas pela agressão física como meio de correção na infância e suas consequências que se perpetuam na fase adulta, gerando medo, desconfiança, desconforto, aumentando ainda mais a "cultura da violência".

Maria Olinda Filó Mazzini

MARIA OLINDA FILÓ MAZZINI

CRP 04/53112

Psicóloga clínica, graduada pela Faminas – Muriaé (MG), em 2018. Atua com a abordagem cognitivo-comportamental (TCC), na clínica Neuropsy, cujo público-alvo são adultos, casais e idosos. Pós-graduanda em Terapia Cognitivo-Comportamental. Participou dos cursos Cultivando o Equilíbrio nas Quatro Estações e Constelação Familiar. Licenciada em Ciências e Matemática pela Faculdade Santa Marcelina (Fasm) – Muriaé (MG). Professora aposentada pelo Estado de Minas Gerais. Vice-Presidente da Federação Metodista de Mulheres da Quarta Região. Palestrante e mentora de grupo de mulheres cristãs-evangélicas.

Contatos: Instagram: @mazziniolindafilo
Facebook: Maria Olinda Filó Mazzini
32 98840 9620

O que se espera que uma criança aprenda quando é agredida fisicamente?

A agressão física deixa marcas, não somente físicas, mas, principalmente, emocionais. Em tempos remotos, a criança era culturalmente vista e tratada como um "pequeno adulto", aprendendo com isso o que precisava para garantir sua sobrevivência. Muitas vezes, a agressão física da criança foi vista e utilizada como uma forma de correção ao comportamento disruptivo apresentado. Entretanto, isso vem mudando graças ao contexto escolar, que trouxe essa preocupação como uma etapa importantíssima do desenvolvimento humano, tanto para a criança como para o adolescente.

Ainda é grande o número de pais e cuidadores que usam a violência física como uma forma de correção na infância, e é justamente nessa fase que a personalidade humana começa a ser formada e se desenvolve até a velhice. Os primeiros anos de vida jamais são apagados e influenciam toda a vida de uma pessoa. Há grande necessidade de estar mais atento a cada fase do desenvolvimento infantil para não trazer prejuízo e contribuir para que o indivíduo esteja cada vez mais preparado para os desafios da vida. Infelizmente, essas fases de desenvolvimento da infância têm sido negligenciadas pelos pais e cuidadores.

Uma grande ajuda na formação da personalidade de uma criança está em focar, investir e treinar hábitos positivos como atenção, concentração, leitura, boas maneiras, organização, respeito pelos outros, obediência, autocontrole e gratidão.

Ser presente na vida da criança, participando de todas as conquistas e frustrações, fará toda a diferença para desenvolver um adulto bem ajustado e bem-sucedido. Pais, cuidadores, professores, familiares e sociedade como um todo têm essa responsabilidade na formação da personalidade de uma criança.

Vários outros elementos também influenciam e afetam o desenvolvimento da criança como fatores genéticos, físicos, sociais, morais, psicológicos e espirituais.

Quando uma criança é agredida fisicamente, ela tem uma resposta emocionalmente condicionada, que é o medo, sendo gerado e concebido pela forma como se deseja que ela aprenda algo.

A agressão física é geralmente justificada como uma forma de ensino, de disciplina e de obediência. Dessa maneira, a criança não aprende a definir suas escolhas, nem mesmo distinguir o que é certo ou errado, ela é condicionada pelo medo que sente sempre que a pessoa agressora se aproxima.

Há muitas pessoas que acreditam que a pancada ensina, isso faz da agressão infantil uma ação intencional, como sendo uma medida para controlar ou modificar um comportamento que não é aprovado.

É a família a primeira responsável na satisfação das necessidades físicas como alimentação, abrigo e proteção e, também, das necessidades socioemocionais da criança como aceitação, afeto, atenção, mas, infelizmente, é também a família a primeira causadora de vitimização.

É preciso lembrar que as feridas emocionais, causadas pela agressão física, poderão não cicatrizar na criança, que será o adulto de amanhã; e o medo continuará persistente ou mais elevado, podendo, como consequência, levar a um adoecimento psíquico, trazendo algumas percepções distorcidas de como utilizar a força física, pois parece ter mais poder que a comunicação, ou pensar que amar é machucar o outro, pois assim ela aprendeu.

A preocupação com relação à agressão infantil tem sido tema de estudos há várias décadas e se estendido em nível mundial, sendo estabelecido, na década de 1980, o dia 4 de junho como "Dia Mundial Contra a Agressão Infantil". Não foi criada como uma data comemorativa, mas como uma forma de protesto e reflexão.

Na década de 1990, estabeleceu-se o Estatuto da Criança e do Adolescente (ECA) para regulamentar as possíveis medidas protetivas contra a agressão infantil e garantir os direitos da criança. Várias outras organizações governamentais e não governamentais foram criadas para atender crianças em situação de vulnerabilidade como a "Lei Menino Bernardo" e a "Lei Henry Borel".

A Lei nº 13.010/2014, conhecida como "Lei Menino Bernardo", estabelece o direito à criança e ao adolescente de serem criados e educados sem o uso de castigos físicos ou de tratamento cruel ou degradante. A lei foi sancionada pelo governo federal e alterou o Estatuto da Criança e do

Adolescente. Um dos objetivos da lei é garantir que crianças e adolescentes sejam educados com respeito e dignidade, e capacitar profissionais de saúde, educação e assistência social para identificar e enfrentar a violência.

A lei foi criada em homenagem a Bernardo Boldrini, um menino de 11 anos, assassinado por uma superdosagem de medicamentos, em abril de 2014, na cidade de Três Passos, Rio Grande do Sul. Pai e madrasta foram condenados pelo crime.

A Lei Menino Bernardo completou 10 anos no dia 26 de junho de 2024, data que, desde a sanção da lei, passou a celebrar esse dia como o "Dia Nacional pela Educação sem Violência".

No ano de 2022, foi criada outra lei, conhecida como Lei Henry Borel, de número 14.344, que estabelece medidas protetivas específicas para crianças e adolescentes vítimas de violência doméstica e familiar e prevê punições severas para o crime de agressão contra crianças e adolescentes, considerando crime hediondo o assassinato de menores de 14 anos.

A lei foi batizada como Lei Henry Borel em referência à morte do menino de quatro anos por hemorragia interna após espancamentos no apartamento em que morava com a mãe e o padrasto, no Rio de Janeiro, em 2021.

A agressão infantil gera um medo condicionado?

De acordo com o estudo e experimento realizado pelo fisiologista russo Ivan Pavlov e sua contribuição à Psicologia Experimental, foi demonstrado que quando oferecia comida ao seu cão, ele salivava e, por várias vezes, antes de oferecer a comida, ligava um dispositivo chamado metrônomo e o cão salivava. Depois, percebeu que, mesmo sem apresentar a comida, ao ligar o dispositivo seu cão salivava, concluindo que a experiência da comida associada ao barulho disparado pelo dispositivo levava seu cão a salivar mesmo sem a presença da comida. Assim, havia condicionado uma resposta de salivação mediante o barulho.

Portanto, a situação em que uma criança leva palmadas por não atender os pais quando é chamada pode levá-la a desenvolver medo. E, se por várias vezes essa cena se repete, toda vez que os pais chamarem por ela, mesmo sem dar as palmadas, sua resposta será de medo na presença dos pais.

O medo condicionado pela agressão infantil pode trazer consequências mais sérias, como transtornos de identidade, incapacidade de adaptação, isolamento, sentimento de culpa, desorganização, comportamento hostil e outros.

O medo é uma emoção que faz parte do desenvolvimento humano e gera proteção, é uma reação de alerta importantíssima para a sobrevivência, mas, em excesso, se não tratado adequadamente, pode se tornar patológico. A agressão física como forma de ensinar a obediência nunca foi uma forma inteligente de se educar, pois não gera aprendizagem e, sim, medo.

Alguns danos emocionais surgem causados pela agressão como forma de educar, a criança pode se sentir sem valor, aprende a enganar e esconder suas atitudes, mostra remorso para diminuir a punição sem o sentir, desenvolve problemas de conduta como acesso de raiva, comportamento argumentativo e desafiador e até mesmo problemas mentais.

Segundo Daniel Goleman, a inteligência emocional é o uso inteligente das emoções e se resume de forma simples: quando se tem um estímulo, gera-se uma emoção que, consequentemente, apresenta uma resposta e traz repercussões.

A emoção do medo causada pelo estímulo da agressão gera desconforto físico, mal-estar, coração acelerado, tremor, respiração ofegante e, em resposta, a criança obedece ao que foi determinado sem se conscientizar do porquê fazer, gerando insatisfação, levando também a um sofrimento pela falta de entendimento da obrigação determinada pelo agressor.

Um alívio para as pessoas que querem melhorar nesse processo da forma de educar é que, assim como foi condicionado o medo, pode-se, também, condicionar uma forma mais agradável e saudável de se obter respostas positivas das crianças, usando a inteligência emocional por meio do diálogo, do entendimento e da recompensa. Crianças bem ajustadas e felizes aprendem melhor.

A criança, quando se sente amada, cuidada, acolhida, consegue manifestar o que há de melhor em si mesma, se sente segura e é também o caminho para se tornar um adulto responsável. O amor é o alicerce.

Quando uma criança se sente amada e não espancada, torna-se mais fácil discipliná-la e instruí-la, mas quando a criança sofre agressão física, além do medo condicionado, ficam também o ressentimento, a insegurança, a culpa, a sensação de não ser amado, a incapacidade de conversar com quem discorda e o comprometimento de sua capacidade de socialização.

Nos tempos atuais, criar filhos emocionalmente saudáveis é uma tarefa cada vez mais difícil. A influência da mídia, o aumento da violência, entre outros fatores, têm prejudicado a educação dos filhos. É preciso atenção, vigilância, para que o tempo com os filhos seja um tempo de qualidade, em que a criança se sinta amada, respeitada, protegida, mesmo em situações conflitantes e de birra.

Se só demonstrar amor e proteção quando a criança obedece e, ao menor deslize agredi-la, a criança se sentirá incompetente, acreditando que nunca conseguirá ser melhor. Pode se sentir insegura, amedrontada, irada, desenvolvendo também baixa autoestima.

Os danos emocionais causados pela agressão são mais prejudiciais que a dor física. Veja algumas consequências:

- O medo da palmada pode impedir a criança de agir errado, mas não faz com que ela tenha vontade de agir da forma correta.
- A palmada tem um caráter de punição, e não de educação.
- As palmadas podem causar distanciamento entre pais e filhos, pois a agressão física não leva a criança a pensar no que fez, mas desperta raiva contra quem a agrediu.
- A palmada não ensina o que ela pode fazer, apenas reforça o que não pode, sem explicação do motivo. A criança só entende que agiu errado quando alguém explica a situação e quando percebe que sua atitude afetou ou abalou a outra pessoa.
- A criança ensinada com palmadas, chineladas, correadas, aprende a obter o que quer por meio da agressão física e apresenta postura agressiva com os colegas na escola.
- Aos poucos, a criança aprende a enganar, mentir, descobrindo várias maneiras de esconder suas atitudes por medo de ser punido.
- Bater perpetua a "cultura da violência", tão presente no relacionamento humano, porque ensina a criança a resolver conflitos por meio da agressão.

Algumas ações devem ser priorizadas, como estabelecer uma relação de acolhimento e proteção; promover aceitação, afeto, atenção; priorizar o diálogo; ter tempo de qualidade com a criança. Menos agressão e mais, muito mais amor.

Referências

CHAPMAN, G.; CAMPBELL, R. *As cinco linguagens do amor das crianças*. São Paulo: MC, 2017.

GOLEMAN, D. *Inteligência emocional*. Rio de Janeiro: Objetiva, 2011.

SILVA, L. M. P. da. *Violência doméstica contra crianças e adolescentes*. Recife: Edupe, 2002.

CAPÍTULO 04

Laços de afetividade

Re-marca da desconstituição familiar

Ser família não é tarefa fácil, requer responsabilidade civil e afetiva. O capítulo reflete sobre as dores da infância relacionadas ao retorno de crianças adotadas aos abrigos. Re-marca da rejeição, por meio da quebra do elo familiar adotivo, ausência de pertença e extensão do sofrimento carregada de novas sequelas psicológicas.

Tarciana Braga

TARCIANA BRAGA

Graduada em Psicologia, Pedagogia e Direito. Psicóloga Clínica Psicanalítica há 14 anos. Intervenção psicoterapêutica individual e/ou em grupo, on-line e presencial. Atendimento a criança, adolescente, adulto, mãe gestante biológica ou em processo adotivo e fertilização, administração de laudo e acompanhamento clínico pré e pós-cirúrgicos. Palestrante em cursos presenciais e workshops. Professora de Psicologia e Ética do Trabalho. Fundadora do projeto "Pré-Natal Psicológico".

Contatos: tarcianaabraga@gmail.com
Instagram: @dratarcianaaguiarbraga
32 98862 3861

Como falar de adoção sem falar de família, berço da sociedade? Tema relevante e dinâmica complexa que exige seriedade e responsabilidade. Os laços por adoção carregam um brilhantismo especial acerca da pertença, configurados no desejo de ser mãe, pai ou filho. A entrega de amor ao próximo torna a conduta admirável e respeitosa. Maria Berenice Dias bem pontua que:

> […] a adoção constitui um parentesco eletivo, por decorrer exclusivamente de um ato de vontade. Trata-se de modalidade de filiação construída por amor, gerando vínculo de parentesco por opção (2016, p. 479).

Por muitos anos, perdurou a ideia de adoção ligada à conduta caridosa, mas adotar não é um ato de caridade, é um ato de filiação com todas as responsabilidades que decorrem do exercício familiar. Encontro de vidas, em que somente as boas intenções não são suficientes para o estabelecimento da conexão de viver o amor fraterno.

> A adoção atribui a condição de filho ao adotado, com os mesmos direitos e deveres, inclusive sucessórios, desligando-o de qualquer vínculo com pais e parentes, salvo os impedimentos matrimoniais (Brasil, 1990, art. 41).

A legislação brasileira sobre essa temática iniciou com o Código Civil de 1916, sofrendo alterações de várias leis, códigos e decretos até a elaboração do Estatuto da Criança e do Adolescente (ECA – Lei nº 8.069/1990) e suas alterações subsequentes, por meio das Leis nºs 12.010/2009, 13.509/2017 e 14.950/2024.

Concepções de valoração da família como suporte e proteção da pessoa e sua importância no processo de desenvolvimento emocional trouxeram reformulações legais e ampliaram os parâmetros judiciais sobre a filiação por substituição.

Na atualidade, priorizam os interesses do menor, o cumprimento legal e algumas ressalvas pertinentes, como: o adotado deverá ter idade inferior a 18 anos e diferença etária de 16 anos entre adotante e adotado.

Abriu vistas a adoção responsável por pessoas solteiras, casadas ou em união estável, hétero ou homoafetivas, comprometendo-se à filiação, por livre escolha, em um laço de responsabilidade civil e afetiva sobre a conduta de educar, amar e resguardar seu filho. Ato jurídico, regido pela Lei nº 8.069/1990, art. 39, § 1º, que afirma que a adoção é medida excepcional e irrevogável, à qual se deve recorrer apenas quando esgotados os recursos de manutenção da criança ou adolescente na família natural ou extensa (Brasil, 1990).

O processo adotivo envolve vários fatores: as legislações que o doutrinam, a fila de espera, os desafios da adaptação familiar, as questões psicológicas, afetivas e emocionais da família que se inicia ou amplia.

Adotar é um processo lento, como bem explica Simões,

> [...] o procedimento de adoção depende de uma verificação prévia dos requisitos formais e materiais do pretendente a adoção. Este deve recorrer previamente sua habilitação, na Vara da Infância e Juventude competente, seguida de entrevistas com psicólogo e o assistente social e visitas domiciliares, os quais emitem um laudo sobre habilidade e o perfil do adotando desejado, seguido de um parecer do Ministério Público. Segue-se a decisão do juiz, concedendo ou não a habilitação, cuja formalização é a entrega do Certificado de Habilitação (2009, p. 230).

Todo esse processo, minucioso, visa tornar o ato responsável, para garantir que as partes interessadas em constituir ou ampliar a família estejam preparadas para a dinâmica desse contexto.

A espera muito se assemelha com o período gestacional biológico, carregada de emoções, inseguranças, medos, incertezas, sonhos e alegrias. É comum haver a idealização do "filho imaginário e da família perfeita", romantizando a parentalidade, utopia que interfere no processo, dificultando o brilhantismo dos encontros e a formação das famílias.

Desmistificar o quadro utópico e entender as demandas de responsabilidades civil e afetiva que representam o vínculo se faz necessário, uma vez que os interessados em adotar estão se colocando à frente da educação e formação de um cidadão, sendo a família a coautora desse processo.

> [...] a família passa a ser o objeto precípuo de atenção, entendida a partir do ambiente onde vive. Mais que uma delimitação geográfica, é nesse espaço que se constroem as relações intra e extrafamiliares e onde se desenvolve a luta pela melhoria das condições de vida, permitindo, ainda, uma compreensão ampliada do processo

> saúde/doença e, portanto, da necessidade de intervenções de maior impacto e significação social (Gelinski & Moser, 2015, p. 134).

O art. 19 do ECA afirma ser direito da criança e do adolescente a criação e a educação no seio de sua família e, excepcionalmente, em família substituta, assegurada a convivência familiar e comunitária, em ambiente que garanta seu desenvolvimento integral (Brasil, 1990).

A realização desse sonho, ter um (uma) filho(a) adotivo(a), pode durar tempo indeterminado. Um dos grandes obstáculos são as preferências dos adotantes, limitando o perfil adotivo ao desejar crianças na primeira infância, cor branca, sem grupo de irmãos e sem atipicidade (patologias ou transtornos), um cenário quase utópico.

Kant (1974), um dos mais célebres filósofos sobre a ética e a moral, ensina que a pessoa não pode ser considerada como coisa. Nesse sentido, o adotado não deveria passar pelo processo seletivo cultural ou mesmo racial, respeitando-se sua dignidade de valor absoluto, sem ser admitida troca ou venda, considerando-se sua honra, individualidade e integridade psíquica.

O perfil limitado ocasiona uma gestação prolongada na fila de espera, com intervalo superior aos nove meses biológicos e, consequentemente, cada vez mais pais adotivos sem seus filhos e crianças aptas à adoção crescendo nas casas acolhedoras. Conscientizar sobre adoção humanizada, com valorização da adoção transcultural e inter-racial, quebrando paradigmas preconceituosos, facilitaria o processo.

Aqueles que não encontram famílias adotivas na primeira infância tendem a envelhecer nos abrigos e passam a pertencer ao perfil de adoção tardio, em sua grande maioria, com idade superior a cinco anos ou adolescentes e pessoas com deficiências.

Na tentativa de acelerar o processo, pretendentes modificam a postura adotiva no encontro de crianças que se encaixam no perfil de adoção tardia. Quando isso ocorre, dão oportunidade ao verdadeiro sentido do que é família: em que o amor dos pais não apresenta limitações, é porto seguro.

Porém, apesar de toda a dinâmica de preparação dos interessados, ainda assim, ocorrem casos de devolução de crianças adotadas às instituições, dando início ao doloroso processo da re-marca da rejeição, em que a dor da infância ecoa na alma.

Re-marca da desconstituição familiar

As demandas da desigualdade social e da remodelação de políticas públicas brasileiras contribuem para o abandono, a pobreza, a desestrutura familiar, a violência doméstica, o abuso sexual e os mais variados tipos de negligências, conforme bem pontua Souza e Casanova:

> [...] os motivos da entrega e os sentimentos implicados nessa decisão muitas vezes não são considerados. No entanto, existem vários fatores que levam uma mulher a desistir do filho, entre eles, miséria, desemprego, abandono do companheiro e por parte da família, violência doméstica, abuso sexual, seja por incesto ou estupro (2012, p. 93).

Vale ressaltar que todos nós carregamos uma história de vida, com início na fase gestacional, permeada de subjetividades que influenciam no desenvolvimento da infância até a fase adulta, refletindo na formação da personalidade e da conduta emocional por toda a vida.

O menor chega ao acolhimento institucional carregando consigo feridas das mazelas sociais, dos inúmeros desafios da violação de seus direitos, por meio dos abusos físicos e morais que geram sentimentos de menos-valia e rejeição. Na tenra infância, precisa lutar por si mesmo e, indefeso, ser gigante frente aos obstáculos da vida.

Entregue à adoção por questões de subsistência ou por destituição do poder familiar, o menor passa a ser resguardado pelo Estado até que encontre uma família substituta responsável. Os programas de apadrinhamento ofertados pela Vara da Infância e Juventude e o contato com os pretendentes à adoção reacendem no infante com perfil tardio o brilho no olhar, o desejo da pertença, o acreditar que é possível sonhar com um lar, uma família, ver futuro, gerar destino.

Estabelecer vínculo de parentalidade, retribuir cuidado, reintegrar, permitir que os laços por afinidade se construam e se fixem, garantindo a proteção integral de crianças e adolescentes e seu bem-estar descomprometido dos desejos de seus responsáveis, não é tarefa fácil.

Silva destaca em sua interpretação que:

> O princípio do melhor interesse do menor alcança todas as relações jurídicas que envolvam crianças e adolescentes, conferindo-lhes plena proteção e preservação de seus direitos. Sendo assim, qualquer decisão que inclua menores de idade, deve ser tomada respeitando seu melhor interesse e não o de seus pais ou responsáveis legais [...] a aplicação do princípio do melhor interesse do menor é capaz de lhe assegurar todos os direitos fundamentais os quais lhe são previstos, como o direito à vida e à saúde, à educação e ao respeito, à liberdade e à dignidade, à convivência familiar e comunitária, entre outros (2015, p. 19).

Acreditar no poder da família é tarefa que requer destreza da Vara da Infância e Juventude, ao avaliar o perfil dos adotantes e a responsabilidade por parte dos pais adotivos na tentativa de o processo seguir irrefutável. Evitando-se a ocorrência da re-marca da rejeição.

Quando a devolutiva não pode ser evitada, o sentimento de rejeição se torna latente e ecoa na dor da infância. O menor retorna ao abrigo desacreditado do poder familiar.

É um momento em que a infância dói, a desordem psicológica desencadeia revolta por meio de sentimentos do abandono, questionamentos de insuficiência, tristeza, desesperança evolutivas ou instalação de quadros fóbicos, ansiolíticos e depressivos. Como recompor o dano psicológico da violação do dever familiar?

O lar, que era para ser porto seguro, pertença necessária, base sólida para edificação da pessoa, construção da cidadania e o respeito à dignidade, conforme assegura nossa Constituição Federal de 1988, novamente, gera dor e desesperança de um futuro incerto e sem amparo parental, além de marcas irreparáveis e necessidade de tratamentos psicológicos prolongados.

Conclui-se que a adoção responsável requer mais que boas intenções. Conscientizar-se dos desafios, reconhecer seu próprio limite, respeitar o passado da criança, entender que, ao crescer, o adotante passará por fases clássicas do desenvolvimento humano, nas quais o choro, a birra e a autoafirmação podem se apresentar como desafio ao exercício das funções paternas são consciências necessárias para o comprometimento efetivo com as vidas que se encontram aptas nas casas acolhedoras.

Assim, afirma Houaiss (2016), família é núcleo social de pessoas unidas por laços afetivos que geralmente compartilham o mesmo espaço e mantêm entre si uma relação solidária, em que um se sente responsável pelo outro. Relação de parceria, viva e em construção. Os inseridos nesse universo de amor, coragem e perdão vão estabelecendo os limites necessários para que o respeito e o diálogo prevaleçam no ninho de afeto, calcificando o entendimento da pertença.

Adoção responsável oferece, entre outros benefícios, a reestruturação familiar e o suporte afetivo ambivalente, laço de identificação não consanguíneo, mas de propósitos e cumplicidades de relações interpessoais respeitosas. Capaz de reestruturar e ofertar qualidade de vida aos membros da família, proporcionando a cicatrização de lacunas emocionais e a realização dos papéis funcionais do lar, muitas vezes, a concretude de um sonho.

Referências

BRASIL. *Lei nº 8.069, de 13 de julho de 1990*. Dispõe sobre o Estatuto da Criança e do Adolescente e dá outras providências. Disponível em: http://www.planalto.gov.br/ccivil_03/leis/l8069.htm. Acesso em: 4 maio 2025.

DIAS, M. B. *Manual de direito das famílias*. 10. ed. rev., atual. e ampl. São Paulo: Editora Revista dos Tribunais, 2015.

DICIONÁRIO *Houaiss dá uma nova definição para o verbete "família"*. São Paulo: Globo, 8 maio 2016. Disponível em: http://g1.globo.com/fantastico/videos/t/edicoes/v/dicionariohouaiss-da-uma-nova-definicao-para-o-verbete-familia/5010034. Acesso em: 4 maio 2025.

GELINSKI, C. R. O. G.; MOSER, L. Mudanças nas famílias brasileiras e a proteção desenhada nas Políticas Sociais. *In*: MIOTO, R. C. T.; CAMPOS, M. S.; CARLOTO, C. M. (Orgs.). *Familismo, direitos e cidadania*: contradições da política social. São Paulo: Cortez, 2015. p. 125-145.

KANT, I. *Fundamentação da metafísica dos costumes*. *In*: OS PENSADORES: Kant (II). Trad. Paulo Quintela. São Paulo: Abril Cultural, 1974.

SIMÕES, C. *Curso de direito do serviço social*: Biblioteca Básica do Serviço Social. 3. ed. São Paulo: Cortez, 2009.

SOUZA, H. P.; CASANOVA, R. P. *Adoção*: o amor faz o mundo girar mais rápido. Curitiba: Juruá, 2012.

CAPÍTULO 05

Crianças, tecnologias e mídias

O objetivo deste capítulo é conversarmos sobre a influência da mídia na infância, incluindo a exposição à violência, a sexualização precoce e os efeitos na saúde mental e física. Apresenta, a partir dessas demandas, reflexões e conceitos que podem contribuir para o entendimento e manejo dos pais, responsáveis e educadores que enfrentam diariamente esse desafio em nossa atualidade.

Dalcimar Moreira

DALCIMAR MOREIRA

Terapeuta Cognitivo-Comportamental. Formada em Psicologia pela Unifaminas e em Reabilitação Cognitiva pela USP. Atuação clínica em: Gestão de Pessoas; Desenvolvimento Pessoal e Empresarial; Microexpressão Facial e Linguagem Corporal; Treinamento e Desenvolvimento de Perfil Profissional; Assessoria na Coordenação da Secretaria de Saúde do Município de São Francisco do Glória; Assessoria no Desenvolvimento de Empresas em Muriaé e Região; Diretora administrativa do Centro de Psicologia de Muriaé – Unidades Muriaé, núcleo Muriaé e Rodrigo GêDois, Leopoldina e Pindamonhangaba; Orientação e estudo de casos com equipe multidisciplinar baseado em ABA; palestrante.

Contatos: centropsicologiamuriae@gmail.com
32 99944 9240

A tecnologia é uma ferramenta poderosa para o desenvolvimento e aprendizado de todos. Quando falamos das crianças, devemos pensar na utilização de forma responsável e segura.

É muito comum chegarmos em restaurantes e presenciarmos o cenário de uma família com sua criança e logo alguém tira da bolsa um celular ou tablet e entrega nas mãos dos pequenos. Torna-se uma "solução" confortável para que os pais possam relaxar por um tempo sem que as crianças "criem" ou "explorem", termos que cotidianamente trocamos por "bagunça" ou "dar trabalho".

Observar é uma das mais nobres funções dos pais, responsáveis e adultos que se cercam de crianças. A orientação empática cultiva o terreno da confiabilidade e da liberdade. Se há déficit na capacidade de perceber e ouvir os menores, haverá adoecimento nesse desenvolvimento. Sem essa compreensão, as crianças, desde pequenas, aprendem a viver de aparência e, no século atual, a aparência mais desejada é a que a mídia pode apresentar.

Embora possamos, cada vez mais, utilizar recursos tecnológicos para desenvolver nossa habilidade de educar um filho, devemos filtrar e alinhar esse conhecimento em nossa cultura e entendimento, não para definir certo e errado, mas para abrir o caminho de oportunidades que serão apresentadas às crianças.

Brincar é o caminho do desenvolvimento!

Famílias e crianças precisam de conexão. A chave para a conexão com os filhos é o brincar. Nas brincadeiras, identificamos e percebemos cada detalhe da nossa criança, seus hábitos, facilidades e dificuldades, além de ser possível ensinar simples valores como respeitabilidade e honestidade.

Para construir relações saudáveis, é preciso ter a capacidade de inventar atividades e brincadeiras que deixam a experiência da infância regada de trocas entre pais e filhos.

Uma infância sem estímulos e criatividades forma adultos com dificuldades em seu desenvolvimento pessoal e profissional.

Invista em pequenos tempos de qualidade com as crianças. Deixe-os pensar, sonhar, criar e existir!

Encontramos hoje no mundo adulto sonhos que foram sepultados na infância por falta de um simples elogio ou de permissão para conquistar. Encontramos também adultos com medos, como medo de viver, de falar, de não serem compreendidos, isolados em suas crises depressivas instaladas nas dores e lágrimas da infância.

Todos nós precisamos rever nossa história, nossa existência, nossos afetos, inclusive eu e todos os colegas autores que compartilham conhecimento. Aceitar e mapear nosso solo da memória irá nos auxiliar a construir melhores maneiras de compreensão e assim contribuir com uma infância mais saudável para nossos filhos, nossos pacientes, nossos alunos.

No presente, assim como no passado, para alguns pais, a arte de dialogar é uma ferramenta de difícil manuseio. Mas eu afirmo a vocês, caros leitores, que a chave está em **observar** e **ouvir**. Nós adultos temos a triste mania de ter vergonha de nossas falhas e erros e, assim, fechamos a rica experiência de troca entre pais e filhos.

Quem disse que nós, pais e adultos, só ensinamos e somos detentores da verdade? Mentiu quem fez essa afirmação, ou é um ser cego pelo **ego** e pela necessidade de validação. A verdade é que aprendemos todos os dias com cada criança que atravessa nosso caminho, e a chave para esse aprendizado está no "observar e ouvir".

Todo ser humano, não só criança, é único em sua maneira de ser, pensar e agir, por isso, devemos nos abster de comparações ou conclusões antes de perceber cada indivíduo como ele é.

Bem, até aqui transferi a vocês, resumidamente, a maneira de entender e se conectar com crianças e adolescentes. O que não falei é que a tecnologia e as mídias já fizeram todo esse passo a passo, toda técnica de observar, ouvir e entender sobre o funcionamento do desenvolvimento humano, e roboticamente está atraindo atenção e fidelidade dos nossos pequenos, exatamente no que é capaz de se conectar com cada etapa da vida do indivíduo.

Estão transformando nossos filhos em prisioneiros do quarto e iludindo a nós, adultos, com a falsa sensação de que nosso filho é ótimo, pois não "dá trabalho", não faz "bagunça", não sai de casa e não faz "coisas erradas", pois só estão no quarto "quietinhos". Mas a grande e triste verdade é que somos prisioneiros da tecnologia, submetendo essas crianças e adolescentes a um desgaste cognitivo escravo, sem permissão para brincar, criar, se emocionar ou se aventurar.

A realidade de muitas famílias é que não se encontram dentro do mesmo lar, lares transformados em cadeias e cada um em sua cela individual, limitada à alimentação isolada, uma verdadeira solitária sem nem direito à luz do sol.

E sabe o que é mais assustador?

As portas dessa prisão estão abertas, mas poucos querem se libertar. Escravizaram de tal forma as funções cognitivas, que as construções fundamentais como sucesso emocional, proatividade, criatividade, relações saudáveis, responsabilidade foram totalmente comprometidas à inexistência.

Certa vez, fui convidada para uma palestra em determinada escola, onde muitos dos professores e pais disseram estar perdendo seus filhos e não percebiam que era dentro das dependências da própria casa ou escola.

Essa tecnologia desenfreada expõe as crianças a mídias violentas da sexualização precoce em épocas em que ainda não foram construídas a consciência crítica e a capacidade de autonomia e escolha.

Vou listar alguns dos problemas causados pelas mídias de acordo com a Sociedade Brasileira de Pediatria:

- Ansiedade.
- Transtornos de sono e alimentação.
- Problemas visuais e auditivos.
- Sedentarismo.
- Depressão.
- Dificuldades de aprendizagem.

Para entendermos melhor o capítulo com esse tema tão polêmico e controverso, precisamos, primeiro, entender sobre benefícios, malefícios e a maneira de equilibrar conforme a faixa etária.

Vamos pensar em três categorias: crianças, adolescentes e adultos. Façamos os seguintes questionamentos:

1. É possível a não utilização de recursos tecnológicos?
2. Que outros recursos, que utilizem indiretamente a tecnologia, podemos instruir os pais e educadores a utilizar com essas crianças?
3. Se a recomendação for restrita, teremos prejuízos nas habilidades sociais ou no acesso ao desenvolvimento dessa criança?

Vamos fazer uma tabela para compreender a faixa etária e as respostas:

	Crianças	Adolescentes	Adultos
Pergunta 1	Sim	Não	Não
Pergunta 2	Passeio, tempo de explorar, estímulos	Uso consciente	Livre-arbítrio após a maturação total do cérebro
Pergunta 3	Não	Sim	Sim

Vamos agora compreender o tema com base em dois artigos do ECA.

O art. 17 do Estatuto da Criança e do Adolescente diz que o direito ao respeito consiste na inviolabilidade da integridade física, psíquica e moral da criança e do adolescente, abrangendo a preservação de imagem, identidade, autonomia, valores, ideias e crenças, espaços e objetos pessoais.

No art. 70, é dever de todos prevenir a ocorrência de ameaças ou violação dos direitos da criança e do adolescente.

Para o detalhamento desses artigos mencionados, será possível afirmar que conseguiremos proteger uma criança com acesso total à tecnologia e às mídias?

É comum em meu consultório recebermos crianças com complicações em suas pequenas experiências de vida devido a esse acesso. E os pais e responsáveis, na maioria das vezes, reconhecem que o prejuízo emocional, físico, cognitivo e comportamental são consequências dessa exposição.

Pelas crianças, meu querido adulto, não ofertem essa ferramenta enquanto muito pequenos, pois não trará nenhum benefício, apenas prejuízo.

Atualmente, não existe consenso sobre a idade adequada para acessar aparelhos tecnológicos e internet, porém farei alguns apontamentos para que os pais e responsáveis analisem cuidadosamente.

O processo de amadurecimento cerebral inicia na infância e se estende até a vida adulta. De forma resumida e evidente, sabemos que quanto menor a criança, menor o seu desenvolvimento cerebral. Ao apresentarmos a tecnologia para uma criança menor de dois anos – de acordo com Piaget, em sua fase sensório-motor –, estamos superestimulando etapas distintas das que de fato deveríamos estimular, pois essa é a fase de a criança se perceber com seus sentidos e movimentos.

Posterior a essa fase, é chegado o momento de representação dos seus pensamentos e comunicação, fase ainda precoce para qualquer tipo de exposição tecnológica. Em sequência, na fase operatório-concreto, a criança inicia a compreensão de conceitos morais, empatia, e esse é o momento em que o seu cérebro tem a capacidade de iniciar o uso de tecnologias de forma cautelosa e responsavelmente acompanhada pelos pais.

Antes de essa fase ser iniciada no cérebro de uma criança, os pais que ofertarem o celular estão apresentando um verdadeiro vilão, que educa e estimula de forma contrária e ganha por tempo de dedicação e atenção destinada às crianças. Afinal, a internet nos oferece todo o tempo do mundo em troca do nosso próprio tempo. Não entre nessa disputa desleal, minha cara família, oferte o seu tempo e não deixe um substituto dentro do seu lar para a educação dos seus filhos. Toda e qualquer informação encontramos hoje na internet; se é real, se é de acordo com nossos valores e nossa cultura, se está dentro do que entendemos de certo ou errado, isso é outra história...

Passada essa fase, chegamos à operatório-formal, em que nosso adolescente já é capaz de ter deduções, raciocínio científico e matemático, além de uma forma lógica de pensamento. Mas, junto dessa maturação cerebral, vem tudo o que foi desenvolvido pela família e escola nas fases anteriores. É quando também, por diversas vezes, recebo em consultório a demanda de que o adolescente está com problemas comportamentais e cognitivos. Será?

Vamos analisar primeiro a construção dessa infância e, a partir daí, muito trabalho teremos pela frente, desde a confiança desse adolescente até o resultado para a qualidade de vida. Essa demora maior para os efeitos do tratamento se dá porque, na grande maioria das vezes, os processos mentais já estão formados de certezas e raízes reforçadas pelas mídias. Então, é necessário muito esforço, mas a eficácia é certa se trabalharmos na tríade (terapeuta, família e escola).

Como foi possível perceber, enquanto apresentava as fases, não mencionei idades, porque cada criança é singular na sua maneira de desenvolver, e devemos observar a fase de cada um sem focar a faixa etária.

E, então, chegamos à vida adulta, muitas vezes cheios de dores da infância e adolescência. Muitos ainda não deixaram de ser filhos e já precisam ser pais.

Muitas pessoas na sua vida adulta se tornam frustradas, se perdem na crise familiar, nos comportamentos "barulhentos" dos filhos, e estão com dificuldades de compreender, conhecer e enfrentar os desafios, porque, na verdade, não aprenderam na infância a expressar e se relacionar.

A partir dessa interpretação, precisamos permitir um reconhecimento de quem fomos como crianças, buscando resolver entre nós mesmos nossas próprias questões, quebrando esse ciclo de raízes ansiosas, tristes e irritadas. É necessário educar nossa sensibilidade para conviver e ser participante ativo na vida de uma criança. Não confunda com ser permissivo! Ser sensível significa perceber e irrigar o que somos, desenvolve a ferramenta da observação espontânea, entendendo os diferentes níveis e apontamentos sobre o mesmo fenômeno.

Nossa sociedade está cada dia mais consumista e ansiosa. Nós que alimentamos isso. Compramos tudo pronto, assistimos cada vez mais a vídeos curtos e rápidos. Treinamos a todo momento a mente para ser agitada, adotamos esses recursos para as crianças e, contraditoriamente, desejamos que sejam adultos determinados, estratégicos e pacientes.

Mesmo nesse cenário de estresse emocional, convido você a compreender a própria história, tornar sua vida agradavelmente fascinante, administrar seus pensamentos, emoções e, a partir dessa construção, você terá um adulto pronto para construir momentos espetaculares na história de uma criança.

Uma dica valiosa, de uma mãe para famílias

Nós não temos o manual da educação correta, e tentamos corrigir nossos filhos com o que entendemos de errado do nosso passado, e eu digo que esse é o grande erro de nós, adultos, na tentativa de acerto. Não devemos projetar nos nossos filhos correções que seriam nossas. Não devemos idealizar para nossos filhos sonhos que eram ou são nossos.

Minha família querida, que está fazendo esta leitura, leia com atenção: estamos em outra geração, em outros tempos, e precisamos compreender a singularidade da nossa criança no mundo de hoje, não de 20, 30, 40 ou 50 anos atrás. Erramos quando fazemos comparações, quando exigimos sem o cuidado de entender, quando não observamos e não ouvimos.

Este capítulo tem o compromisso de fazer com que todos os adultos reflitam sobre a importância do "observar e ouvir" crianças e adolescentes. Esse é o primeiro passo para construirmos as ações que alcançarão a mudança na vida desses seres. Participando, assim, da construção de infâncias que não doem. Pense nisso!

Referências

AMERICAN PSYCHIATRIC ASSOCIATION. *Manual diagnóstico e estatístico de transtornos mentais DSM-5*. Trad. Maria Inês Corrêa Nascimento *et al.* 5. Porto Alegre: Artmed, 2014. p. 155-162.

CURY, A. *Pais e filhos*: sem diálogo, as famílias morrem. Jandira: Principis, 2022.

LEONTIEV, A. *Psicologia e pedagogia*: bases de aprendizagem e do desenvolvimento. São Paulo: Centauro, 2005.

PARTE II

NEURODESENVOLVIMENTO E AS INFORMAÇÕES NECESSÁRIAS PARA ESTIMULAR UMA CRIANÇA

CAPÍTULO 06

Puerpério no País das Maravilhas

Uma leitura psicanalítica

O puerpério é uma travessia psíquica intensa, em que a mulher, como Alice, cai em um mundo desconhecido. Entre lágrimas, cansaço e amor, ela se transforma. Com base na psicanálise, este texto propõe um olhar afetivo e simbólico sobre esse tempo de dor e descoberta, onde nasce, junto ao bebê, uma nova mãe.

Geórgia Bueno

GEÓRGIA BUENO

CRP 09/4299

Psicóloga clínica de base psicanalítica, com mais de 24 anos de experiência em intervenções psicoterapêuticas com crianças, adolescentes e adultos. É especialista em Neuropsicologia e em Psicologia Obstétrica, Perinatal e da Parentalidade, áreas nas quais construiu sólida atuação tanto em consultório quanto em instituições de saúde. Mestre em Psicologia, atua como professora de graduação e pós-graduação na Pontifícia Universidade Católica de Goiás (PUC-Goiás), contribuindo para a formação de novos profissionais com uma abordagem ética, afetiva e interdisciplinar. De 2004 a 2020, foi responsável pelo grupo informativo e terapêutico de gestantes da medicina preventiva da Unimed Goiânia, promovendo cuidado integral à saúde mental materna. É cofundadora do Instituto Afeto – referência em saúde emocional materno-infantil – e da Conferência Goiânia de Perinatalidade e Parentalidade, espaços que valorizam o afeto como fundamento para o desenvolvimento humano e para práticas clínicas e educativas transformadoras. Palestrante em eventos científicos e formativos, destaca-se por sua abordagem humanizada e pela articulação entre teoria psicanalítica e prática clínica, sempre com o compromisso de cuidar da vida em seus ciclos mais sensíveis e potentes.

Contatos: georgiabueno16@gmail.com
YouTube: Psicanálise com Afeto
Instagram: @georgiabueno16 | @institutoafeto
62 98129 3529

Porque amar no puerpério é também aprender a se reinventar com delicadeza.

Geórgia Bueno

Imagine-se caindo em uma toca de coelho, sendo lançada para um mundo estranho, onde as regras parecem se transformar a cada instante. No puerpério, assim como Alice em sua jornada surreal, a mulher se vê imersa em um território desconhecido, onde a lógica anterior à maternidade já não se sustenta. Tudo é novo, intenso e, muitas vezes, paradoxal. Essa fase carrega consigo desafios emocionais profundos, atravessados por desejos, angústias e um amor que cresce de maneira avassaladora. Se Alice se perguntava constantemente "Quem sou eu?", a mulher puérpera também se vê diante dessa inquietação, tentando compreender a nova identidade que emerge com a chegada do bebê.

Neste texto, exploraremos o puerpério como uma jornada psicanalítica, utilizando a narrativa de "Alice no País das Maravilhas" como metáfora para os desafios emocionais e psíquicos enfrentados pela mulher nesse período. Além disso, aprofundaremos a discussão com teorias psicanalíticas de Freud, Winnicott, Melanie Klein, Françoise Dolto e outros, para compreender como o puerpério pode ser visto como um processo de transformação e autodescoberta.

A queda na toca do Coelho: a transformação inevitável

Alice segue o Coelho Branco sem hesitar, sendo tragada para um mundo de absurdos e descobertas. A mãe puérpera, por mais que tenha se preparado para a maternidade, depara-se com um abismo emocional no qual nada parece estar sob controle. É um período de ruptura psíquica, em que a antiga identidade se dissolve para dar lugar ao novo eu materno.

Freud (1926), em *Inibição, sintoma e ansiedade*, descreveu essa transição como uma intensa regressão psíquica, na qual a mãe revive aspectos primitivos de sua própria infância. Esse estado regressivo é essencial para a conexão profunda com o bebê, mas também traz angústias e ansiedades difíceis de nomear. Há um desamparo que precisa ser acolhido, um desmoronamento interno que pede reconstrução. A mãe, assim como Alice, cai em uma toca onde as referências conhecidas desaparecem, e ela precisa encontrar novas formas de se orientar.

Winnicott (1960), em "A teoria da relação pais-bebê", complementa essa ideia ao falar sobre a "preocupação materna primária", um estado psicológico em que a mãe se dedica quase exclusivamente ao cuidado do bebê, sintonizando-se com suas necessidades físicas e emocionais. Esse estado de regressão é necessário para que a mãe possa criar um ambiente facilitador para o desenvolvimento do bebê, mas também exige que ela renuncie temporariamente a sua identidade anterior.

A queda na toca do coelho, portanto, representa a entrada em um mundo novo e desconhecido, onde a mulher precisa se adaptar a uma nova realidade. É um momento de desorientação, mas também de potencial transformação, quando a mãe começa a descobrir novas facetas de si mesma.

O mar de lágrimas: a fragilidade emocional do puerpério

Alice chora tanto que suas lágrimas criam um oceano no qual ela mesma se afoga. No puerpério, o choro é uma linguagem cotidiana – da mãe e do bebê. O pranto materno carrega exaustão, culpa, amor, medo. São lágrimas que expressam a profundidade da transformação emocional.

Françoise Dolto (1984), em *A imagem inconsciente do corpo*, explica que a maternidade evoca conteúdos inconscientes latentes, muitas vezes despertando memórias infantis e sentimentos de desamparo. O puerpério é um convite à vulnerabilidade, e é justamente nessa fragilidade que a mãe precisa ser acolhida. Se Alice nadava em suas próprias lágrimas, muitas mães nadam nas águas turbulentas das próprias exigências, inseguranças e expectativas irreais.

Melanie Klein (1946), em "Notas sobre alguns mecanismos esquizoides", fala sobre a importância das primeiras experiências de alimentação para o desenvolvimento do mundo interno do bebê. Segundo Klein, o seio materno é o primeiro objeto de relação do bebê, e a forma como ele é experienciado (como "bom" ou "mau") influencia profundamente a formação de suas fantasias e defesas psíquicas. A amamentação, portanto, não é apenas um ato físico, mas também uma experiência emocional complexa, que envolve a internalização de objetos bons e maus.

O mar de lágrimas, portanto, simboliza a intensidade emocional do puerpério, momento em que a mãe precisa lidar com suas próprias angústias enquanto cuida do bebê. É um período de grande vulnerabilidade, mas também de potencial cura, em que a mãe pode ressignificar suas próprias experiências infantis e encontrar novas formas de se relacionar consigo mesma e com o bebê.

O Coelho Branco: a pressa para ser perfeita

"É tarde! É tarde!", exclama o Coelho Branco, sempre correndo contra o tempo. Ele representa a ansiedade da perfeição, o desejo inatingível de ser a mãe ideal. No mundo contemporâneo, o Coelho Branco pode ser a comparação com outras mães, as redes sociais repletas de maternidades instagramáveis, ou mesmo o olhar julgador da sociedade.

Winnicott (1956), em "A preocupação materna primária", nos lembra que a mãe não precisa ser perfeita, mas suficientemente boa. Isso significa ser presente, mas não impecável; ser amorosa, mas não incansável. A maternidade real é imperfeita – e é justamente nessa imperfeição que reside o afeto genuíno. A pressão para ser perfeita pode levar a mãe a um estado de exaustão psíquica, em que ela se sente constantemente insatisfeita consigo mesma.

A psicanálise nos ensina que a busca pela perfeição, muitas vezes, está ligada a experiências infantis de amor condicional, nas quais a criança só se sentia amada quando correspondia às expectativas dos pais. No puerpério, essas experiências podem ser reativadas, levando a mãe a se cobrar excessivamente. O desafio, portanto, é aprender a silenciar o Coelho Branco interno e aceitar que a maternidade é um processo de aprendizado constante, cheio de erros e acertos.

A Lagarta e o questionamento da identidade

"Quem é você?", questiona a Lagarta, enquanto Alice se vê incapaz de responder. A maternidade, ao mesmo tempo que enriquece a identidade da mulher, também a desafia profundamente. A puérpera não é mais a mesma, mas ainda não compreendeu plenamente quem está se tornando.

Klein (1946) aponta que a maternidade inicial é permeada por intensos conflitos emocionais, nos quais a mãe oscila entre o amor avassalador e a exaustão psíquica. Entre a idealização e a realidade, surge um caminho de autodescoberta. A mulher que existia antes do parto ainda está lá, mas transformada. O desafio não é anular sua individualidade, mas integrá-la à nova versão de si mesma.

Winnicott (1965), em *O processo de amadurecimento e o ambiente facilitador*, fala sobre a importância de a mãe encontrar um equilíbrio entre sua identidade anterior e sua nova identidade materna. Esse processo de integração é fundamental para o desenvolvimento de um ego saudável, tanto para a mãe quanto para o bebê.

Fraiberg (1980), em *Fantasmas no quarto do bebê*, nos lembra que a maternidade reativa experiências da relação da mulher com sua própria mãe. Muitas das exigências que a mulher se impõe são ecos de vivências infantis, onde amor e aceitação estavam condicionados ao desempenho perfeito. A mãe precisa aprender a silenciar essa Rainha interna. O amor não está na perfeição, mas na entrega autêntica – com erros, acertos e muito aprendizado.

O jardim das flores falantes: a solidão no puerpério

No País das Maravilhas, Alice encontra um jardim cheio de flores que falam, mas que, apesar de sua beleza, são críticas e desdenhosas. Esse jardim pode ser comparado à solidão que muitas mulheres sentem no puerpério. Apesar de estarem cercadas por pessoas – parceiros, familiares, amigos –, muitas vezes se sentem incompreendidas ou julgadas. As flores falantes representam as vozes externas que, mesmo bem-intencionadas, podem soar como críticas: "Você está amamentando direito?", "Por que o bebê está chorando tanto?", "Você deveria estar mais feliz!".

A psicanálise nos ensina que a solidão no puerpério não é apenas física, mas também emocional. Winnicott (1965) fala sobre a importância do "holding", ou seja, do suporte emocional que a mãe precisa receber para poder, por sua vez, oferecer suporte ao bebê. Sem esse suporte, a mulher pode se sentir como Alice no jardim, cercada por vozes que não a entendem. É essencial, portanto, que a mãe encontre espaços de acolhimento e escuta, onde possa expressar suas dúvidas e medos sem julgamento.

Melanie Klein (1946) também aborda a solidão no puerpério ao falar sobre os estados depressivos que muitas mães experimentam. Segundo Klein, a maternidade inicial pode evocar sentimentos de perda e luto, tanto pela vida anterior quanto pela idealização da maternidade. A solidão, nesse contexto, é um reflexo da dificuldade em integrar a nova identidade materna com a pessoa que a mulher era antes.

O Gato de Cheshire: o sorriso que vai e vem

O Gato de Cheshire, com seu sorriso enigmático que aparece e desaparece, pode ser visto como uma metáfora para os altos e baixos emocionais do puerpério. Um momento a mulher está sorrindo, feliz com o bebê nos braços; no instante seguinte, pode se sentir sobrecarregada, ansiosa ou até mesmo triste. Esse vaivém emocional é natural e esperado, mas pode ser desconcertante para quem espera uma linearidade nas emoções.

A psicanálise nos lembra que o puerpério é um período de grande vulnerabilidade emocional. Melanie Klein, em sua teoria sobre os estados depressivos, fala sobre como a mãe pode experimentar sentimentos ambivalentes em relação ao bebê: amor e raiva, proteção e cansaço, alegria e tristeza. Esses sentimentos não são contraditórios, mas sim parte de um processo de adaptação à nova realidade. O sorriso do Gato de Cheshire nos lembra que é possível rir e chorar ao mesmo tempo, e que isso não diminui a capacidade da mulher de ser uma boa mãe.

Winnicott (1960) complementa essa ideia ao falar sobre a importância de a mãe reconhecer e aceitar suas próprias emoções, sem se culpar por sentir raiva ou frustração. A maternidade é um processo complexo, e é normal que a mãe experimente uma gama de sentimentos conflitantes. O desafio é aprender a navegar nesse mar emocional, encontrando equilíbrio e aceitação.

O chá do Chapeleiro Maluco: a desorganização do tempo

O chá do Chapeleiro Maluco é uma metáfora perfeita para a desorganização do tempo no puerpério. As horas se misturam, as noites viram dias, e a rotina do bebê dita o ritmo da casa. Essa sensação de que o tempo perdeu seu sentido pode ser angustiante, mas também pode ser vista como uma oportunidade para viver o presente de forma mais intensa.

A psicanálise nos lembra que o tempo no puerpério é um tempo de transição. Freud, em seus estudos sobre o luto, fala sobre como o tempo parece parar quando estamos passando por uma grande mudança. No puerpério, a mulher está em um processo de luto pela vida que tinha antes, ao mesmo tempo em que celebra a chegada do bebê. Esse duplo movimento – de perda e ganho – é parte fundamental da adaptação à nova realidade.

Winnicott (1965) também aborda a questão do tempo ao falar sobre a importância de a mãe encontrar pequenos momentos de descanso e autocuidado. A desorganização do tempo pode ser exaustiva, mas também pode ser uma oportunidade para a mãe se reconectar consigo mesma e com o bebê, vivendo cada momento de forma mais presente e consciente.

A Rainha de Copas: a voz do crítico interno

A Rainha de Copas, com sua tendência autoritária e ameaças constantes, pode ser vista como uma representação do crítico interno da mulher no puerpério. "Cortem-lhe a cabeça!" ressoa como os julgamentos que as mães enfrentam, seja de si mesmas ou de outros. Assim como Alice enfrenta a Rainha, a mulher puérpera precisa encontrar sua voz para desafiar essas críticas, confiando em sua intuição e na força que nasce do amor pelo filho.

A psicanálise nos ensina que o crítico interno é muitas vezes uma internalização das expectativas sociais e culturais. Melanie Klein fala sobre como a mãe pode internalizar um ideal de perfeição que é impossível de alcançar, gerando sentimentos de culpa e inadequação. É importante, portanto, que a mulher aprenda a questionar essas vozes internas, reconhecendo que a perfeição não é um objetivo realista, e que o amor e o cuidado já são mais do que suficientes.

Winnicott (1956) complementa essa ideia ao falar sobre a importância de a mãe se permitir ser "suficientemente boa", ou seja, reconhecer que não precisa ser perfeita para ser uma mãe amorosa e capaz. A maternidade é um processo de aprendizado constante, e é normal que a mãe cometa erros e enfrente desafios. O importante é que ela encontre apoio e compreensão, tanto de si mesma quanto dos outros.

O despertar: o retorno ao real

No final de sua jornada, Alice desperta e percebe que tudo não passou de um sonho. Para a mulher puérpera, o "despertar" é o momento em que começa a compreender que a intensidade desse período, embora real, é transitória. O puerpério é uma fase de adaptação, um processo que, assim como as aventuras de Alice, pode ser desafiador, mas também repleto de aprendizados e crescimento.

A psicanálise nos ensina que o despertar no puerpério é um processo gradual, em que a mãe começa a integrar todas as experiências vividas, reconhecendo que, embora o puerpério seja um período de intensa transformação, ele também é transitório. Winnicott (1965) fala sobre a importância de a mãe encontrar um equilíbrio entre sua identidade anterior e sua nova identidade materna, reconhecendo que ambas fazem parte de quem ela é.

Freud (1926) também aborda a questão do despertar ao falar sobre a importância de a mãe reconhecer e aceitar suas próprias emoções, sem se culpar por sentir raiva ou frustração. A maternidade é um processo complexo, e é normal que a mãe experimente uma gama de sentimentos conflitantes. O desafio é aprender a navegar nesse mar emocional, encontrando equilíbrio e aceitação.

Conclusão: o puerpério como terra de maravilhas

O puerpério, assim como o País das Maravilhas, é um território desconhecido, cheio de desafios e descobertas. É um período de intensa transformação, em que a mulher precisa aprender a navegar em um mundo novo, repleto de emoções contraditórias e expectativas sociais. Mas, assim como Alice, ela descobre que possui dentro de si a força necessária para enfrentar essa jornada.

A psicanálise nos oferece ferramentas preciosas para entender e acolher as experiências do puerpério. Winnicott, Klein, Freud e outros nos lembram que a maternidade é um processo de autodescoberta, em que a mulher precisa se permitir ser imperfeita, vulnerável e, ao mesmo tempo, incrivelmente forte. O puerpério, embora confuso e por vezes doloroso, também é uma terra de maravilhas, onde o amor, a resiliência e a transformação florescem.

No caos do puerpério, a mulher descobre que, apesar de tudo,
ela é – maravilhosamente – capaz.
Porque amar no puerpério é também aprender a se reinventar
com delicadeza.

Geórgia Ferreira Tavares Bueno,
Psicóloga Clínica e Neuropsicóloga – CRP 09/4299

Referências

DOLTO, F. *A imagem inconsciente do corpo*. São Paulo: Martins Fontes, 1984.

FRAIBERG, S. *Fantasmas no quarto do bebê*. Porto Alegre: Artmed, 1980.

FREUD, S. *Inibição, sintoma e ansiedade*. Edição Standard Brasileira das Obras Psicológicas Completas de Sigmund Freud, vol. 20. Rio de Janeiro: Imago, 1926.

KLEIN, M. Notas sobre alguns mecanismos esquizoides. *In*: *Inveja e gratidão e outros trabalhos*. Rio de Janeiro: Imago, 1946.

WINNICOTT, D. W. A preocupação materna primária. *In*: *Textos selecionados*: da pediatria à psicanálise. Rio de Janeiro: Francisco Alves, 1956.

WINNICOTT, D. W. A teoria da relação pais-bebê. *In*: *O ambiente e os processos de maturação*. Porto Alegre: Artmed, 1960.

WINNICOTT, D. W. *O processo de amadurecimento e o ambiente facilitador*. Porto Alegre: Artmed, 1965.

CAPÍTULO 07

Dificuldades alimentares na infância

Dos mitos às estratégias efetivas para lidar com a seletividade alimentar

O presente capítulo busca orientar cuidadores e profissionais de saúde que lidam com crianças seletivas acerca das dificuldades alimentares, seus aspectos comportamentais, fisiológicos e sensoriais. Além disso, discute os principais mitos e verdades sobre a seletividade e oferece estratégias para melhoria da condição.

Andressa Moraes G. da Silva Torres,
Glaucia Figueiredo Justo
e Lílian Boaventura F. Cuiñas

ANDRESSA MORAES G. DA SILVA TORRES

Nutricionista com ênfase em pediatria (UVA). Nutricionista Voluntária no Centro Multidisciplinar de Reabilitação (CMR) Intelectual e Autismo Lafayette Cortes da Apae-Rio. Pós-graduanda em Terapia Nutricional em Pediatria (UFRJ). Biomédica (Unipli). Mestre em Ciências da Saúde (Fiocruz).

Contatos: nutriandressamgt@gmail.com
Lattes: http://lattes.cnpq.br/9625487466858844
Instagram: @andressamoraes.nutri
21 97918 2111

GLAUCIA FIGUEIREDO JUSTO

UFOP/2008

Nutricionista Esp. Materno Infantil. Mestre (UFES/2011) e Doutora em Saúde Coletiva (IESC-UFRJ/2018). Professora do Curso de UVA/Barra da Tijuca (RJ). Nutricionista do Centro Multidisciplinar de Reabilitação (CMR) Intelectual e Autismo Lafayette Cortes da Apae-Rio.

Contatos: justo.glaucia@gmail.com
Lattes: http://lattes.cnpq.br/0265619381844964
Instagram: @glauciajusto_pratodacrianca
LinkedIn: https://www.linkedin.com/in/glaucia-justo-7310aa54/
21 98226 1332

LÍLIAN BOAVENTURA F. CUIÑAS

Nutricionista com ênfase em pediatria (UVA). Nutricionista Integrante do Ambulatório de Alergias Alimentares da UFF. Pós-graduada em saúde mental infantojuvenil (Censupeg). Educadora Perinatal (Coletivo Gesta). Pós-graduanda em Terapia Nutricional em Pediatria (UFRJ). Pós-graduanda em Terapia Alimentar (Faculdade EnsinE). Formada pelo Get Permission Institute. Aprimorada em Transtornos Alimentares na Infância e Adolescência pela USP.

Contatos: nutriboaventura@gmail.com
Lattes: https://lattes.cnpq.br/0143355715478090
Instagram: @nutrililianboaventura
LinkedIn: www.linkedin.com/in/nutrililianboaventura
21 97133 0450

A alimentação infantil é um assunto complexo e motivo de uma das maiores preocupações dos cuidadores. A recusa de alimentos habituais, o consumo de pouca quantidade, o desinteresse e a ingestão de um número restrito de alimentos, a rejeição de novos alimentos e a fobia alimentar são denominados como dificuldade alimentar na infância (DA), um termo abrangente e heterogêneo para as adversidades da alimentação na infância.

As DAs podem ocorrer por fatores como: curto período de amamentação, introdução inadequada da alimentação complementar, oferta de alimentos inapropriados, fome oculta (desnutrição de vitaminas e minerais), questões comportamentais e psicológicas, causas sensoriais atribuídas ao Distúrbio do Processamento Sensorial (DPS), distúrbios motores orais (que comprometem a mastigação e a deglutição) e causas orgânicas como gastrite, esofagite, alergia alimentar, doença celíaca e, até, constipação.

Apesar da constante preocupação, apenas 25% das crianças cujas famílias reportam problemas com a alimentação apresentam realmente DA. Essas crianças são descritas em três categorias: aquelas que não comem o suficiente (apetite limitado); aquelas que comem uma variedade restrita de alimentos (ingestão seletiva); e aquelas que apresentam aversão a comer (fobia alimentar).

É evidente que a primeira constatação de uma possível DA advém da família, mas cabe aos profissionais de saúde avaliar e orientar sobre os seguintes aspectos:

- A ocorrência de mudanças em relação à aceitação de novos alimentos, que geralmente ocorre ao término do 1º ano e é predominante entre os 18 e 24 meses, é conhecida como neofobia e, na maioria das vezes, se resolve espontaneamente.

- Crianças podem ter seletividade leve e serem denominadas "comedoras exigentes" quando mesmo expostas várias vezes ao mesmo tipo de alimento não conseguem consumi-lo. A constante recusa pode levar os cuidados a execução de práticas inadequadas e autoritárias, repercutindo em impactos na saúde física e mental, sendo mais suscetíveis a depressão, ansiedade e agressividade.
- Crianças altamente seletivas apresentam uma resistência mais acentuada e persistente à alimentação, para além da neofobia, em que as consequências são graves o suficiente para considerar um distúrbio alimentar. A quantidade de alimentos ingeridos está entre 10 e 15 e apresentam aversões sensoriais relevantes devido ao sabor, textura, cheiro, temperatura e/ou aparência, podendo levar à exclusão de um grupo inteiro de alimentos (cereais/tubérculos, leguminosas, verduras/legumes, frutas, leite/derivados e/ou carnes/ovos). Nesse grupo, a incidência é de apenas 1% a 4% dentre as DAs, e as crianças dentro do transtorno do espectro autista (TEA) têm alta prevalência nesse grupo.
- O medo ou recusa alimentar pode ser consequência de experiência altamente aversiva contínua ou relacionada a acontecimentos anteriores traumáticos, por exemplo: medo da alimentação após procedimentos orais invasivos e/ou dolorosos, medo da alimentação em crianças que não se alimentaram por via oral no tempo adequado devido ao uso de sonda ou que foram forçadas a comer.
- Frequentemente, os cuidadores geram uma expectativa equivocada em relação à quantidade e variedade de alimentos que devem ser ingeridos pela criança, muitas vezes incompatível com os sinais de fome e saciedade. Apesar da eminente preocupação, é observado um desenvolvimento adequado para idade. Entretanto, os cuidadores devem levar aos profissionais de saúde suas preocupações, para ser averiguada a necessidade de intervenção profissional.

Problemas como recusa alimentar, ingestão limitada de alimentos e problemas comportamentais na hora das refeições são frequentemente relatados por cuidadores de indivíduos com TEA. Diversos estudos apontam que a alta seletividade é constatada em 60,6% de crianças com TEA e somente 37,9% em crianças típicas.

Estudos mostram que crianças com TEA apresentam extrema sensibilidade ou sensibilidade reduzida a vários estímulos sensoriais, o que é característico do quadro de DPS. Essas alterações podem levar à aversão a cor, sabor e textura, e padrões restritivos e repetitivos de comportamento podem levar a um padrão ritualístico de ingestão do mesmo alimento/

refeição. Esses fatores são avaliados como possíveis causadores das dificuldades alimentares.

É importante ressaltar que as individualidades precisam ser observadas, sejam condições orgânicas patológicas, questões comportamentais adaptativas dos hábitos familiares e sensoriais que podem impactar a alimentação. Entretanto, as dificuldades alimentares, quando não identificadas de forma clara, podem levar à persistência do quadro, postergar uma intervenção e levar a agravos que irão repercutir na vida adulta.

A longo prazo, essa restrição alimentar desencadeia uma série de agravos à saúde, como: deficiência de macronutrientes e micronutrientes (vitamina A, B3, B12 e C), atrasos motores orais, problemas gastrointestinais, necessidade de nutrição por sonda para manutenção ou ganho de peso, bem como a necessidade de suplementação dos nutrientes que deveriam ser obtidos pelos alimentos.

Mitos relacionados à alimentação infantil

- A amamentação prolongada gera recusa dos alimentos?
  Mito. Segundo recomendação da Organização Mundial da Saúde (OMS), a amamentação deve seguir por dois anos ou mais e não tem evidência de que esteja associada à recusa dos alimentos. Além disso, pode garantir de 44% a 70% da energia que o bebê precisa, enquanto a alimentação ainda não se estabelece plenamente. O aleitamento, seja ele pela amamentação ou artificial, é o principal alimento até 1 ano de idade.

- A introdução alimentar BLW (alimentação guiada pelo bebê com a oferta de alimentos em pedaços grandes e macios) contribui para a seletividade?
  Mito. Independentemente da abordagem de introdução alimentar, a alimentação do bebê deve ter uma variedade alimentar, diversas texturas (líquidos, pastosos e sólidos) e formas de apresentação (grelhado, assado, cru etc.).

- A criança naturalmente tem preferência por "besteiras" (alimentos ultraprocessados)?
  Mito. Os alimentos ultraprocessados são ricos em gorduras, açúcares, realçadores de sabor, aromas artificiais, corantes e apresentam sempre o mesmo sabor, sendo altamente palatáveis. Já os alimentos naturais apresentam variação de sabor de acordo com a época do ano e forma de preparo, o que pode gerar frustração e rejeição. Esse é o motivo pelo qual alimentos naturais devem ser sempre oferecidos para consolidar o paladar e deve-se evitar a oferta de ultraprocessados.

- Crianças não devem brincar com a comida ou terem brinquedos à mesa? **Mito**. Crianças aprendem por meio de brincadeiras, quanto mais a criança se permitir experiências com o alimento, mais agradável e segura será sua relação com a comida.

- Deixar a criança com fome é uma boa estratégia para lidar com a recusa alimentar?
Mito. Crianças podem ter várias causas para o surgimento das dificuldades alimentares, dentre elas questões comportamentais, sensoriais e/ou orgânicas, que por vezes são difíceis de serem identificadas pelos cuidadores. Deixar a criança com fome, além de não resolver essas questões, pode levar ao adiamento de uma intervenção profissional efetiva e à persistência ou piora da dificuldade alimentar.

- A criança deve comer tudo que está no prato?
Mito. O adulto é o responsável pela montagem do prato, entretanto não é o indivíduo que será ativo na refeição (não é ele que irá efetivamente comer a comida), dessa forma o limiar de fome da criança pode não atender a sua expectativa e, assim, motivar situações de conflito durante as refeições. A OMS recomenda a alimentação responsiva, que é quando os adultos identificam e reconhecem os sinais de fome e saciedade da criança por meio de expressões faciais, movimentos corporais e comunicação verbal ou não verbal.

Estratégias para lidar com a recusa alimentar na infância

- Criar uma lista com os alimentos que a família não tem o hábito de consumir para não esquecer de oferecer à criança. A variedade de repertório alimentar é importante para a adaptação em outros ambientes como em escolas, viagens e passeios.
- O ato de se alimentar não é instintivo, mas uma ação aprendida. É importante que a criança observe as pessoas mastigando e aprenda movimentos rotineiros dessa atividade (cortar, espetar, levar o alimento à boca e mastigá-lo). Por isso, é ideal que a criança faça as refeições com a família, com foco na comida e não nas telas.
- Frequentar feira livre ou sacolões e solicitar o auxílio da criança, estimulando-a a tocar e cheirar os alimentos antes de colocar nos sacos.
- Coloque seu filho para alimentar bonecos, faça carimbo com legumes, simule que a beterraba é um batom. A interação com o alimento, mesmo sem intenção de comer, gera segurança para que a criança se

aproxime. Apesar de o objetivo central ser que a criança experimente o alimento, existem outras etapas que precisam ser vencidas, como: tolerar, cheirar, tocar e interagir.

- As crianças também possuem preferências alimentares. Excluir alguns alimentos dentro do grupo alimentar não configura seletividade. Por exemplo, se a criança exclui brócolis, mas come alface, repolho e couve, ela apresenta um consumo satisfatório do grupo das verduras.
- Enjoar de um alimento ou de uma preparação é comum. É importante entender que existem fases e que esse alimento deverá ser ofertado de formas diferentes para ser reintroduzido.
- Use os alimentos que a criança gosta para se aproximar de alimentos rejeitados. Se ela gosta de chocolate e não aceita nenhum legume, talvez a cenoura possa ser aceita em um bolo com calda de chocolate. A aceitação em uma preparação pode dar abertura para que a criança aceite a cenoura de outras formas.
- Identifique os padrões de preferência da criança. Se alimentos claros são os prediletos (arroz, purê, leite) e a criança não aceita feijão, talvez o feijão branco tenha mais chances de aceitação em relação ao preto.
- Incluir a criança/adolescente no preparo de algumas refeições simples, levando em consideração a idade e as habilidades adquiridas para que seja seguro.
- Não julgue os alimentos como porcaria ou lixo. O melhor caminho é uma alimentação equilibrada e sem terrorismo nutricional. Quando a alimentação saudável está consolidada como hábito familiar, as exceções ocorrem sem que haja prejuízo.
- Algumas situações podem impactar negativamente a alimentação, como a ocorrência de viroses e situações traumáticas como vômitos/engasgos. É preciso nunca desistir de oferecer os alimentos que foram rejeitados. Recomenda-se oferecê-los em pouca quantidade, para não assustar, e na presença de um alimento da preferência da criança.

Considerações finais

As dificuldades alimentares na infância podem ser conduzidas de maneira mais leve, lúdica e positiva para a criança. “Não comer ou comer mal” não é sinônimo de teimosia, mimo ou falta de educação. Pode ser comportamental, sensorial e/ou orgânico, ou mesmo uma percepção equivocada dos cuidadores.

Profissionais especializados, com experiência e atuação multidisciplinar são essenciais para avaliação e melhoria da condição. As melhores estratégias para condução da seletividade alimentar são individualizadas e devem promover uma relação positiva com o corpo e a comida.

Referências

BRASIL. Ministério da Saúde. *Guia alimentar para crianças brasileiras menores de 2 anos*. Brasília, DF: 2019. Disponível em: https://www.gov.br/saude/pt-br/assuntos/saude-brasil/eu-quero-me-alimentar-melhor/Documentos/pdf/guia-alimentar-para-criancas-brasileiras-menores-de-2-anos.pdf/view. Acesso em: 10 jan. 2025.

ESPOSITO, M. *et al.* Food selectivity in children with autism: guidelines for assessment and clinical interventions. *Int. J. Environ. Res. Public Health*. v. 20, p. 5092, 2023. Disponível em: https://www.ncbi.nlm.nih.gov/pmc/articles/PMC10048794/. Acesso em: 10 jan. 2025.

KERZNER, B. *et al.* A practical approach to classifying and managing feeding difficulties. *Pediatrics*, v. 135, n. 2, p. 344-353, 2015. Disponível em: https://pubmed.ncbi.nlm.nih.gov/25560449/. Acesso em: 10 jan. 2025.

PAGE, S. D. *et al.* Correlates of feeding difficulties among children with autism spectrum disorder: a systematic review. *J. Autism Dev. Disord*, v. 52, n. 1, p. 255-274, 2022. Disponível em: https://pubmed.ncbi.nlm.nih.gov/33666799/. Acesso em: 10 jan. 2025.

SOCIEDADE BRASILEIRA DE PEDIATRIA (SBP). *Guia de orientações:* dificuldades alimentares. Departamento Científico de Nutrologia. Brasília, DF: 2022. Disponível em: https://www.sbp.com.br/fileadmin/user_upload/23419b-Guia_de_Orientacoes-Dificuldades_Alimentares_SITE_P-P.pdf. Acesso em: 10 jan. 2025.

WORLD HEALTH ORGANIZATION (WHO). *WHO Guideline for complementary feeding of infants and young children 6-23 months of age*. Genebra, Suíça: WHO, 2023. Disponível em: https://www.who.int/publications/i/item/9789240081864. Acesso em: 10 jan. 2025.

CAPÍTULO 08

Amamentação psicoafetiva

Uma analogia entre a mãe e o tamboril

Este capítulo explora a amamentação como um fenômeno que transcende a nutrição biológica, sendo essencial para o desenvolvimento psíquico e afetivo do bebê. Utilizando a metáfora do tamboril, um instrumento musical que exige precisão e sensibilidade, o texto compara o papel materno ao transformar as necessidades do bebê em experiências emocionais significativas. Com base na psicanálise, são discutidas as contribuições de Freud, Klein, Winnicott e Bion, abordando temas como a "mãe suficientemente boa", a função de contenção, o desmame e o objeto transicional. A amamentação é vista como um ato de ressonância afetiva, fundamental para a construção da subjetividade infantil. Ao final, destaca-se sua importância clínica e cultural, reforçando seu impacto universal na constituição do psiquismo e das relações humanas.

Geórgia Bueno e Laura Drummond

GEÓRGIA BUENO

CRP 09/4299

Psicóloga clínica de base psicanalítica com mais de 24 anos de experiência em intervenção psicoterapêutica com crianças, adolescentes e adultos. Especialista em Neuropsicologia. Especialista em Psicologia Obstétrica, Perinatal e da Parentalidade. Mestre em Psicologia. Professora de graduação e pós-graduação da PUC-Goiás. Psicóloga responsável pelo grupo terapêutico de gestantes beneficiárias da medicina preventiva da Unimed Goiânia desde 2004. Cofundadora do Instituto Afeto e do projeto Conferência Goiânia de Perinatalidade e Parentalidade. Palestrante.

Contatos: georgiabueno16@gmail.com
YouTube: Psicanálise com Afeto
Instagram: @georgiabueno16 | @institutoafeto
62 98129 3529

LAURA DRUMMOND

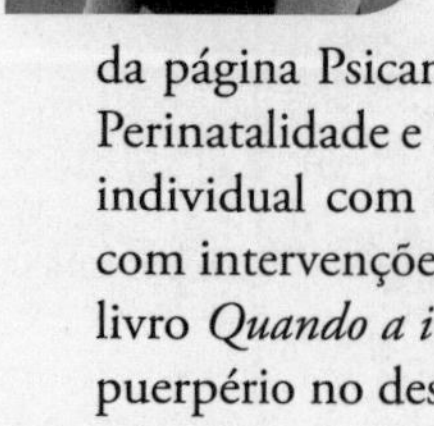

Psicóloga graduada em 2004 pela PUC-GO, mestre em Processos Clínicos pela PUC-GO, especialista em Psicologia Perinatal e da Parentalidade, especialista em Psicologia Escolar e Educacional, Doula. Professora em cursos de pós-graduação na área da psicologia. Psicóloga e palestrante do grupo terapêutico de gestantes de beneficiários da Medicina Preventiva da Unimed Goiânia, nos períodos de 2008 a 2009 e 2016 a 2020. Cofundadora do Instituto Afeto, da página Psicanálise com Afeto, no YouTube, e do projeto Conferência Goiana de Perinatalidade e Parentalidade. Atua na psicologia clínica com intervenção terapêutica individual com bebês, crianças, adolescentes, adultos, casais e gestantes, e também com intervenções terapêuticas em grupo com gestantes, casais e crianças. Coautora do livro *Quando a infância dói* (2024), com o artigo "A importância da gestação, parto e puerpério no desenvolvimento emocional do sujeito".

Contatos: lauradrummondpsi@gmail.com
YouTube: @lauradrummond6168; @PsicanalisecomAfeto
Instagram: @laura.drummond_ ; @institutoafeto
Facebook: @lauradrummond6168; @PsicanalisecomAfeto
62 99972 0456

A amamentação é um fenômeno universal que vai além da função biológica de nutrição. Enquanto ato de alimentação, garante a sobrevivência do bebê; enquanto experiência emocional, constitui a base para o desenvolvimento psíquico e afetivo. Desde os primórdios da psicanálise, a relação entre mãe e bebê tem sido um tema central, destacando a importância das primeiras interações para a formação da personalidade e da saúde mental.

A experiência da amamentação envolve um fluxo contínuo de trocas emocionais e afetivas, no qual a mãe precisa estar sintonizada com as necessidades do bebê. Inspirados nessa interação, propomos a metáfora do tamboril, um instrumento musical de origem portuguesa e espanhola, cujo som grave e ressonante exige sensibilidade e precisão do músico. Assim como o tamboril transforma golpes em música harmoniosa, a mãe, ao amamentar, transforma as demandas do bebê em experiências emocionalmente significativas. Essa analogia nos permite compreender a amamentação como um ato de continência, ressonância e transformação psíquica.

A teoria psicanalítica oferece um arcabouço valioso para aprofundar essa compreensão. De Freud a Winnicott e Bion, passando pelas contribuições de Melanie Klein, exploramos as múltiplas dimensões desse vínculo, que se desdobra em nutrição emocional, sustentação e preparação para a separação gradual da mãe.

Este texto está organizado em cinco seções. Na primeira, discutimos a amamentação como um ato psicoafetivo, destacando suas dimensões biológicas e emocionais. Na segunda, aprofundamos a teoria de Winnicott sobre a "mãe suficientemente boa" e sua relação com o ritmo do tamboril. Na terceira, abordamos a ressonância afetiva e a função de continência a partir das contribuições de Winnicott e Bion. Na quarta, tratamos do conceito de objeto transicional e do processo de desmame. Por fim, na quinta seção, refletimos sobre as implicações clínicas e culturais da amamentação, ressaltando sua universalidade e singularidade.

Seção 1: A amamentação como ato psicoafetivo

A amamentação é, antes de tudo, um ato de sobrevivência. Do ponto de vista biológico, o leite materno fornece os nutrientes necessários para o crescimento e o desenvolvimento do bebê. No entanto, a amamentação também é um ato carregado de significados emocionais. O contato físico entre mãe e bebê durante a amamentação estimula a produção de hormônios como a ocitocina, conhecida como o "hormônio do amor", que promove a criação de vínculos afetivos.

Freud (1905), em seus *Três ensaios sobre a teoria da sexualidade*, já destacava a importância das experiências orais para o desenvolvimento psicossexual. Para Freud, o seio materno é o primeiro objeto de desejo do bebê, e a satisfação oral obtida durante a amamentação é fundamental para a formação da libido. No entanto, Freud também reconhecia que a amamentação não se resume a uma experiência física; ela é também uma experiência emocional que deixa marcas profundas no psiquismo.

1.1 A perspectiva psicanalítica: Freud, Klein e Winnicott

Melanie Klein (1946), em sua teoria das relações objetais, ampliou a compreensão freudiana ao destacar o papel do seio materno como objeto parcial. Para Klein, o bebê vivencia o seio de maneira ambivalente: como "seio bom", quando satisfaz suas necessidades, e como "seio mau", quando frustra seus desejos. Essa divisão entre o bom e o mau seio é fundamental para o desenvolvimento do mundo interno do bebê, influenciando a formação de fantasias e defesas psíquicas.

Donald Winnicott (1956), por sua vez, introduziu o conceito de "preocupação materna primária" para descrever o estado psicológico da mãe nos primeiros meses de vida do bebê. Segundo Winnicott, a mãe suficientemente boa é aquela que se dedica quase exclusivamente ao cuidado do bebê, sintonizando-se com suas necessidades físicas e emocionais. A amamentação, nesse contexto, é um dos principais momentos em que a mãe exerce sua função de sustentação emocional.

O tamboril, com seu som grave e ressonante, é um instrumento que exige precisão e sensibilidade do músico. Ele simboliza a capacidade da mãe de sustentar e ecoar as emoções do bebê, criando um ritmo constante e previsível que ajuda o bebê a organizar sua experiência interna. Assim como o tamboril transforma a força bruta de um golpe em música harmoniosa, a mãe transforma as necessidades e angústias do bebê em experiências emocionais significativas e suportáveis.

Seção 2: A mãe suficientemente boa e o ritmo do tamboril

Winnicott (1960) descreve a mãe suficientemente boa como aquela que, nos primeiros meses de vida do bebê, está totalmente adaptada às suas necessidades. Essa adaptação não é perfeita, mas é "suficiente" para criar um ambiente facilitador para o desenvolvimento emocional do bebê. A mãe suficientemente boa é capaz de responder de maneira consistente e adequada às demandas do bebê, oferecendo-lhe um senso de segurança e confiança.

2.1 A amamentação como ato de sustentação emocional

A amamentação é um dos principais momentos em que a mãe exerce sua função de sustentação emocional. Winnicott (1956) descreve a amamentação como um ato de "preocupação materna primária", um estado psicológico em que a mãe se dedica quase exclusivamente ao cuidado do bebê.

O ritmo constante e previsível da mãe ao amamentar reflete o som cadenciado do tamboril, ajudando o bebê a organizar sua experiência interna e a desenvolver um senso de continuidade do ser, trazendo segurança e base para formação de sua personalidade. Essa sintonia é essencial para o desenvolvimento de um ego saudável, pois permite que o bebê se sinta contido e compreendido.

Seção 3: A ressonância afetiva e a função de contenção

Winnicott (1956) introduziu o conceito de "continência" para descrever a habilidade da mãe de absorver as projeções emocionais do bebê e devolvê-las de maneira organizada e suportável. Esse processo é fundamental para o desenvolvimento emocional do bebê, pois permite que ele experimente suas emoções de maneira segura e gradual.

Bion (1962) expandiu essa ideia com a teoria da função alfa, na qual a mãe atua como um "recipiente" para as emoções do bebê, transformando experiências brutas e caóticas (elementos beta) em conteúdos psíquicos organizados e significativos (elementos alfa). Essa função é essencial para o desenvolvimento da capacidade de pensar e simbolizar.

A mãe, como o tamboril, ressoa as emoções do bebê, ajudando-o a desenvolver um senso de segurança e confiança.

Seção 4: O objeto transicional e o desmame

Winnicott (1953) introduziu o conceito de "objeto transicional" para descrever o primeiro "não-eu" do bebê. O objeto transicional é um objeto que o bebê utiliza para navegar entre sua dependência inicial da mãe e sua crescente independência.

O desmame é uma etapa essencial na jornada de amadurecimento emocional do bebê. Winnicott (1965) descreve o desmame como um processo de "falha saudável", em que a mãe começa a se afastar gradualmente, permitindo que o bebê enfrente pequenas frustrações e desenvolva mecanismos para lidar com elas.

Assim como o músico diminui o ritmo do tamboril para permitir que outros instrumentos se destaquem, a mãe, durante o desmame, começa a se afastar, permitindo que o bebê explore outras formas de se alimentar e se confortar.

Seção 5: Implicações clínicas e culturais

A amamentação tem repercussões clínicas e culturais significativas. Seu impacto na clínica psicanalítica envolve a compreensão das dinâmicas emocionais da maternidade, enquanto sua prática varia conforme os contextos socioculturais. No entanto, independentemente das variações culturais, a experiência psicoafetiva da amamentação permanece universal.

O tamboril é um símbolo universal de ressonância e conexão, assim como a amamentação é uma experiência emocional compartilhada por todas as culturas.

Conclusão

A amamentação é muito mais do que um ato de nutrição; ela representa um encontro profundo entre mãe e bebê, um espaço de trocas psicoafetivas essenciais para a constituição do psiquismo. A metáfora do tamboril nos ajuda a visualizar esse processo como uma ressonância emocional, na qual a mãe ecoa, sustenta e transforma as experiências do bebê, ajudando-o a construir uma base segura para sua existência psíquica e relacional.

Ao longo deste capítulo, exploramos como a psicanálise ilumina as diversas camadas da amamentação, desde o prazer oral descrito por Freud até a função materna de continência, em Winnicott e Bion. Compreender a amamentação sob essa ótica permite não apenas um olhar mais sensível para a experiência materna, mas também uma abordagem clínica mais empática e cuidadosa diante dos desafios e angústias que podem surgir nesse período.

Assim como o tamboril exige do músico sensibilidade e precisão para criar harmonia, a mãe, ao amamentar, desempenha um papel fundamental na organização emocional do bebê, oferecendo-lhe um ritmo afetivo que o orienta no mundo. Esse vínculo inicial, permeado por trocas, frustrações e aprendizados, estabelece um modelo primário de relacionamento que reverberará ao longo da vida.

Dessa forma, a amamentação, quando compreendida além de sua função biológica, se revela como um campo de construção subjetiva e afetiva de imenso valor. É um ato de amor, presença e transformação, no qual a mãe e o bebê dançam juntos ao som do tamboril da vida psíquica.

Referências

BION, W. R. *Learning from experience*. London: Heinemann, 1962.

FREUD, S. *Three essays on the theory of sexuality*. Standard Edition, vol. 7. London: Hogarth Press, 1905.

KLEIN, M. Notes on some schizoid mechanisms. *In*: *Envy and gratitude and other works*. London: Hogarth Press, 1946.

WINNICOTT, D. W. Transitional objects and transitional phenomena. *In*: *Playing and reality*. London: Tavistock, 1953.

WINNICOTT, D. W. Primary maternal preoccupation. *In*: *Collected papers:* through paediatrics to psycho-analysis. London: Tavistock, 1956.

WINNICOTT, D. W. The Theory of the parent-infant relationship. *International Journal of Psychoanalysis*, 41, 585-595, 1960.

WINNICOTT, D. W. *The maturational processes and the facilitating environment*. London: Hogarth Press, 1965.

[illegible]

[illegible] ao longo da vida.

[illegible]

CAPÍTULO 09

Psicomotricidade e estimulação sensorial

Os benefícios da estimulação sensorial por meio de práticas psicomotoras

Neste capítulo, serão abordados os benefícios e a estreita relação entre a psicomotricidade e a estimulação sensorial; já que é por meio dos sentidos que conhecemos o mundo e adquirimos competências importantes para a aprendizagem, a coordenação motora, a interação social, a criatividade, a memória e o equilíbrio: habilidades importantes para o neurodesenvolvimento.

Imaculada Moraes

IMACULADA MORAES

É fisioterapeuta há 17 anos e há 14 se dedica ao desenvolvimento infantil por meio da psicomotricidade, neuropsicopedagogia, fisioterapia neurofuncional pediátrica e estimulação multissensorial Snoezelen. Especialista em Autismo e Saúde da Família, atualmente é integrante da equipe multidisciplinar do Centro de Atendimento ao Autismo e realiza atendimentos clínicos em seu consultório na cidade mineira de Leopoldina. Palestrante e professora em cursos e workshops, também realiza mentorias sobre o neurodesenvolvimento infantil.

Contato: Instagram: @imaculada.neurodesenvolvimento

Feche seus olhos e imagine você quando criança, feliz, brincando com seus irmãos ou colegas. Aposto que você quase pode sentir o cheiro, os barulhos, o toque e a sensação daquele momento, não é mesmo? Provavelmente, você teve uma infância recheada de experiências e vivências sensoriais, motoras e afetivas, que moldaram o adulto que é hoje com todas essas memórias tão vívidas.

O ser humano é repleto de "habilidades" que possibilitam a percepção do mundo e do ambiente que o cercam, e essas são aprimoradas com a idade, por meio das experiências adquiridas pelo sistema sensorial. Essas "habilidades" são chamadas de sentidos, essenciais para desenvolvimento motor, cognitivo, emocional e social; e o ato de estimular esses sentidos denomina-se estimulação sensorial.

O cérebro infantil está em uma fase de intensa plasticidade, ou seja, ele é altamente adaptável e responde de forma dinâmica às experiências sensoriais recebidas do ambiente. Essas experiências começam ainda no útero e continuam por toda a vida. À medida que a criança explora o mundo por meio de diferentes sensações, as redes neurais se organizam e reforçam-se entre si, proporcionando aprendizados. Assim, o desenvolvimento infantil depende da capacidade de organização sensorial, ou seja, da capacidade de interpretar as informações que recebe por meio de sentidos, sensações e experiências, e executar uma resposta adequada por meio de movimentos e/ou ações coordenadas e intencionais. Porém, nossa incrível habilidade de nos movermos, realizada por 640 músculos esqueléticos, só é eficaz quando nosso sistema nervoso central processa as informações sensoriais vindas do corpo e do meio externo, emitindo comandos neurais que executam movimentos coordenados.

A tarefa dos sistemas motores é contrária à da tarefa dos sistemas sensoriais. Apesar de serem inversos, os papéis se complementam, já que o processamento sensorial cria um mapa cerebral sobre o mundo externo e/ou estado corporal e o processamento motor cria uma representação interna cujo objetivo é o movimento ou ação adequados em resposta a esse mundo externo. É muito importante, portanto, que essa representação interna seja continuamente atualizada pelas informações sensoriais externas, para manter a eficácia das atividades motoras.

As primeiras sensações a se desenvolverem no ser humano e as consideradas bases para esse desenvolvimento sensório-adaptativo são as sensibilidades tátil, vestibular e proprioceptiva. Elas são essenciais para as interações precoces do indivíduo, pois são as responsáveis por processar as informações do corpo, agindo como mensageiras, estabelecendo relações diretas e influenciando outros sistemas.

O sistema vestibular, responsável por processar as informações de movimento, da ação da gravidade e das mudanças da posição da cabeça em relação ao corpo, nos informa quando estamos em movimento ou parados, bem como a direção e a velocidade desse movimento. Aliado ao sistema proprioceptivo, controla os músculos e as articulações, evitando que o corpo se choque com algum objeto. Sendo um dos primeiros a se desenvolver ainda na fase intrauterina e após o nascimento, o sistema vestibular é responsável por permitir o desenvolvimento de habilidades e controle postural. Vale lembrar que os sentidos agem de forma integrada e que alterações em um sistema podem influenciar outros.

Assim, a estimulação sensorial ajuda no aprimoramento da motricidade, como também o aprimoramento da motricidade desencadeia melhor e maior adaptação sensorial. A esse processo neurofisiológico, que organiza e interpreta essas informações sensoriais proveniente do meio e do próprio corpo, dá-se o nome de integração sensorial. Esse termo teve origem da neurobiologia ao referir-se à integração de estímulos em nível celular, porém, começou a ganhar enfoque com a terapeuta ocupacional, psicóloga educacional e neurocientista Anna Jean Ayres, na década de 1960, que usou esse termo ao desenvolver a Terapia de Integração Sensorial. Ayres foi a pioneira ao descrever que a criança tem a capacidade inata para responder ao meio de forma adaptativa, ou seja, através de desafios adequados às suas necessidades, ela pode responder com uma melhora do controle postural, melhora da atenção ou da coordenação de sequências motoras, por exemplo. Porém, enfatizou a importância de colocar a criança não somente como um receptor passivo desses estímulos sensoriais, mas sim como aquela que é capaz de elaborar e executar um plano de ação cada vez mais adequado aos estímulos e desafios que lhe foram apresentados.

Por isso, não basta somente apresentarmos diferentes texturas, sons, sabores, cheiros e movimentos às crianças de forma aleatória, essas experiências devem ter um significado, estarem associadas a uma experiência afetiva, ter uma função, para que, assim, possam ser transformadas em aprendizagens significativamente eficazes no seu dia a dia. E por meio da psicomotricidade também conseguimos aliar a ação motora, a afetividade e os estímulos sensoriais indispensáveis para aprendizagens realmente significativas.

Cito uma opção de intervenção extremamente sagaz: a psicomotricidade aliada a terapia multissensorial Snoezelen/MSE. Com origem na Holanda, nos anos 1970, seu nome origina-se da junção de duas palavras, SNUFFELEN = cheirar e DOEZELEN = relaxar. Com uma atuação lúdica, essa parceria visa, pela estimulação dos canais sensoriais, ao desenvolvimento psicomotor, à melhora da coordenação e do planejamento motor. A utilização de músicas, sons, aromas, projetores rotativos com estímulos visuais, fibras óticas, colunas de bolhas de água, piscina de bolinhas, balanço sensorial e tantas outras estratégias, também proporcionam diminuição da ansiedade e da agitação.

Você já deve ter percebido, caro leitor, o quanto a psicomotricidade pode ser versátil e proporcionar uma infinidade de estímulos sensório-motores. Cito, então, algumas atividades que podem ser feitas em casa mesmo, que irão estimular os sentidos e estreitar os laços entre vocês.

Brincadeira e recursos para estimular a visão

Definida como a habilidade de discriminar, processar e perceber corretamente aquilo que se vê, as brincadeiras que estimulam esse sentido podem usar objetos luminosos ou fluorescentes, com cores e formas diferentes.

Brincadeira	**Lanterna mágica**
Materiais usados	• Uma lanterna. • Um rolo de papelão (aqueles do papel higiênico, ou do papel-toalha). • Um pequeno pedaço de plástico colorido, adesivos divertidos.
Como fazer	Cole em uma das extremidades do rolo um pequeno pedaço de plástico colorido. Você pode colar no plástico adesivos de formas variadas, como o símbolo do Batman, por exemplo. Ligue a lanterna com o foco dentro do rolo e mire em direção à parede. Aí, a criatividade fica por conta de vocês!

Brincadeira e recursos para estimular a audição

Definida como a habilidade de discriminar sons, percepção de ritmos e reação aos mesmos, materiais sonoros podem promover o relaxamento ou um despertar, variando da necessidade da criança, auxiliando na organização rítmica, na percepção temporal e na comunicação.

Brincadeira	Jogo da memória sonora
Materiais usados	• Algumas caixinhas de fósforos vazias. • Alguns grãos de feijão. • Alguns botões. • Uma borracha. • Algumas moedinhas. • Algumas pedrinhas (ou o que sua criatividade permitir!).
Como fazer	Distribua a mesma quantidade de caixinhas para você e sua criança. Coloque os mesmos materiais em quantidades iguais em todas as caixinhas, as suas e as da criança. O objetivo do jogo é a criança ouvir o som da caixinha que você balançou e tentar descobrir em qual caixinha dela está o som igual.

Brincadeira e recursos para estimular o tato

Um dos sentidos mais estimulados por se tratar da resposta dos receptores da pele ao toque, à pressão, à temperatura, ao movimento, à textura e à dor, pode ser estimulado com objetos de formas, texturas, consistência e temperatura variadas, com pesos diferentes e que possam ajudar na percepção e na discriminação tátil.

Brincadeira	Caixa misteriosa
Materiais usados	• Uma caixa de papelão. • Diversos objetos com pesos, formas e texturas variadas. • Uma venda ou tecido para cobrir os olhos da criança.
Como fazer	Coloque dentro da caixa de papelão todos os materiais que selecionou. Cubra os olhos da criança e peça a ela que pegue um objeto da caixa. O objetivo é que ela o reconheça e o nomeie por meio do toque.

Brincadeira e recursos para estimular o olfato

Relacionado com a discriminação, processo e resposta a diferentes odores, o olfato também pode ser estimulado com aromas variados com o uso de difusores de ambiente, por exemplo. Esse é o único sentido que está ligado diretamente às nossas emoções, então, que tal usarmos isso a nosso favor e promovermos a afetividade?

Brincadeira	Escolha a brincadeira que você preferir, contanto que seja realizada de forma afetuosa
Materiais usados	• Óleo essencial de laranja doce ou lavanda. • Difusor de ambientes.
Como fazer	Durante sua interação com a criança, coloque a essência ou óleo essencial em um difusor de ambiente (em 300ml de água, 5 gotas). Essências cítricas, como de laranja, possuem propriedades que promovem a redução do estresse e a elevação do humor, além do aroma de lavanda, que, com suas propriedades ansiolíticas, é frequentemente utilizada para promover o relaxamento, deixando o ambiente aconchegante. Associado ao afeto recebido durante o ato de brincar, esse recurso será eficaz tanto no estímulo sensorial e motor, quanto na interação entre vocês, promovendo relaxamento e gerando novas memórias associadas ao prazer da atividade e afetividade vividas durante as práticas.

Brincadeira e recursos para estimular o sistema vestibular

Brincadeiras que estimulam as reações ao movimento e ao equilíbrio, juntamente com o proprioceptivo, estão entre as mais usadas nas práticas psicomotoras. Nesses casos, as atividades estimulam a capacidade de interpretar espacialmente cada segmento corporal, tanto em situações estáticas como nas atividades dinâmicas, como escaladas, balanços, escorregadores e cambalhotas.

Brincadeira	**Boliche humano**
Materiais usados	• Pinos de boliche.
Como fazer	Distribua os pinos de boliche na forma tradicional ou alinhados, como preferir. Peça à criança para se deitar no chão. O objetivo é ela rolar em direção aos pinos e derrubá-los com o próprio corpo, fazendo o papel da bola.

Brincadeira e recursos para estimular o paladar

Podem ser realizadas atividades que envolvam sabores e texturas, ao estimularmos a percepção, a discriminação e o processamento dos diferentes alimentos dentro da boca.

Brincadeira	**Desafio dos sabores**
Materiais usados	• Diversos copos com diferentes sabores de sucos. • Canudinho. • Caixa de papelão. • Figuras impressas em cartinhas referentes aos sabores dos sucos oferecidos.
Como fazer	Faça alguns furinhos na caixa de papelão para que possa atravessar os canudinhos. Coloque os copos com os sucos e feche a caixa, deixando a ponta dos canudos para fora. O objetivo é a criança beber o líquido dos copos, sem os ver, identificar o sabor e selecionar a cartinha com a imagem da fruta de que foi feito o suco.

Como você deve ter percebido, muitas dessas sugestões não estimulam somente um sentido, abrangem muito além! Por isso, a partir dessas ideias, podemos criar muitas outras situações que irão proporcionar estímulos sensório-motores, além de, claramente, aumentar a interação e a afetividade entre vocês.

Mas é importante ficarmos atentos: a qualquer sinal de desconforto ou mudança no comportamento da criança com qualquer um desses estímulos, pare e reavalie a intensidade. O objetivo é criarmos boas lembranças, boas sensações, estimular o aprendizado e as vivências sensório-motoras, mas o excesso pode ter efeitos contrários. Nesses casos, converse com um terapeuta ocupacional para avaliar possíveis disfunções de integração sensorial. Divirtam-se!

Referências

AYRES, A. J. Melhorar os resultados acadêmicos através da integração sensorial. *Journal of Learning Disabilities*, v. 5, n. 6, p. 338-343, 1972.

BRITES, L. *Estimulação sensorial e psicomotricidade*. Instituto Neuro Saber, 2020. Disponível em: https://institutoneurosaber.com.br/estimulacao-sensorial-e-psicomotricidade/. Acesso em: 7 set. 2024.

FONSECA, V. da. Psicomotricidade: uma visão pessoal. *Construção psicopedagógica*, v. 18, n. 17, p. 42-52, 2010.

KANDEL, E. R.; SCHWARTZ, J. H.; JESSELL, T. M. *Princípios de neurociência*. Porto Alegre: Artmed, 2023.

LEAL, P. S.; BASTOS, W. D. G.; COSTA, S. S. da. *et al.* Qualidade de vida dos indivíduos com diagnóstico de ansiedade e sua relação com aromaterapia. *Caderno Pedagógico*, [*S. l.*], v. 21, n. 13, p. e12561, 2024. DOI: 10.54033/cadpedv21n13-365. Disponível em: https://ojs.studiespublicacoes.com.br/ojs/index.php/cadped/article/view/12561. Acesso em: 16 fev. 2025.

LUZ, A. G. da. *Psicomotricidade*: um mergulho no mundo sensorial. Rio de Janeiro: Uerj, 2019.

MAGALHÃES, L. de C. *Integração sensorial*: uma abordagem específica de Terapia Ocupacional. Drummond AF, Rezende MB. Intervenções da terapia ocupacional. Belo Horizonte: UFMG, p. 45-60, 2008.

OLIVEIRA, A. M. A. *Estimulação sensorial em salas snoezelen*. 2016. Tese de Doutorado. Disponível em: http://hdl.handle.net/10400.14/20944. Acesso em: 7 set. 2024.

SERRANO, P. *et al. A integração sensorial no desenvolvimento e aprendizagem da criança*. Lisboa: Papa-Letras, 2016.

CAPÍTULO 10

O papel essencial da família no desenvolvimento e no tratamento de crianças com transtornos

Este capítulo apresenta brevemente os processos vivenciados pela família desde o momento da aceitação do diagnóstico da criança, passando pelas mudanças na dinâmica familiar, até a compreensão da importância de seu envolvimento ativo para alcançar resultados positivos em cada intervenção realizada.

Carmen Helena Castelo Campos
e Jéssica Campos Lago

CARMEN HELENA CASTELO CAMPOS

Terapeuta ocupacional e psicopedagoga. Formada pela Universidade Tuiuti do Paraná, é especialista em Psicopedagogia pelo Centro de Estudos Psicopedagógicos Jorge Visca Seção Curitiba; Sociopsicomotricista Ramain Thiers pelo Cesir – Núcleo Ramain-Thiers, órgão de formação filiado à Associação Brasileira Ramain-Thiers (ABRT); especialista em Neuropsicologia da Aprendizagem pela Itecne – Seção Curitiba; e em Reabilitação Neuropsicológica/Cognitiva pelo Centro de Estudos de Neurologia Prof. Dr. Antônio Branco Lefèvre – Divisão de Clínica Neurológica do Hospital de Clínicas, Faculdade de Medicina da Universidade de São Paulo (FMUSP). Pós-graduanda em Neurociência Aplicada a Dificuldades de Aprendizagem – Faculdade Unifahe, Brasília.

Contatos: camema_16@hotmail.com
Instagram: @carmencampospsicopedagoga_to
41 9998 6079

JÉSSICA CAMPOS LAGO

Psicóloga formada em 2018, com atuação especializada em transtornos do neurodesenvolvimento nas fases infantil e adulta. Pós-graduada em Neuropsicologia pelo Centro de Estudos de Neurologia Prof. Dr. Antônio Branco Lefèvre – Divisão de Clínica Neurológica do Hospital de Clínicas, Faculdade de Medicina da Universidade de São Paulo (FMUSP). Pós-graduanda em Desenvolvimento Infantil pelo CBI Miami.

Contatos: jclpsicologia@gmail.com
Instagram: @jessicaclneuropsicologa
41 99723 8893

O nascimento de um bebê é, geralmente, acompanhado de sonhos e expectativas dos pais e da família. No entanto, perceber complicações no desenvolvimento da criança pode trazer uma frustração inevitável e desafiante para todos.

Receber a notícia de que um filho possui condições neurológicas atípicas pode ser assustador e doloroso. O que fazer agora? Como agir? A sensação de não saber por onde começar é comum. E, assim, inicia-se uma longa jornada.

Primeiros passos

O conhecimento, a psicoeducação e a compreensão sobre uma síndrome/transtorno trazem o entendimento sobre as características que estarão presentes no comportamento e na cognição da criança, sendo a primeira e mais acessível ferramenta que os pais podem ter para saberem como agir e conviver com a situação. Lembre-se: o conhecimento facilita a aceitação e cria possibilidades.

Muitas crianças vêm para a estimulação já com idade avançada, por dificuldade dos pais em saberem qual caminho seguir logo no início dos sinais e sintomas. Quando se iniciam os anos escolares e as maiores necessidades de adaptação é que surgem preocupações como "Meu filho vai acompanhar a turma?", "Ele conseguirá se alfabetizar?", "Preciso de adaptações escolares?".

Por mais que seja na escola que geralmente aparecem as primeiras grandes demandas da criança, é importante lembrar aqui que é nos primeiros anos de vida que se tem as **janelas de oportunidade** do desenvolvimento humano. É nesse momento que a receptividade para a aprendizagem acontece com maior intensidade e a formação das sinapses ocorre de maneira única e especial, pois é o período de pleno e intenso desenvolvimento cerebral.

Existem várias janelas de oportunidade ao longo da vida, mas a mais crítica é a primeira infância. Nessa fase, ocorre um processo fundamental chamado neuroplasticidade, que envolve a formação e a consolidação de conexões neurais. Durante essa janela de desenvolvimento, o cérebro é mais maleável e capaz de absorver e processar informações de maneira mais eficaz, tornando-o um período de grande relevância para o aprendizado e o desenvolvimento cognitivo. As experiências vividas nessa fase é que vão estruturar as bases do conhecimento cognitivo e das habilidades.

A neuroplasticidade tem o auge do seu desenvolvimento nos primeiros anos de vida, quando a absorção das informações e o ganho de habilidades acontecem com maior facilidade. Isso é de extrema relevância quando iniciamos os estímulos na tenra idade, pois disponibilizamos aos nossos bebês a passagem de barreiras com maior facilidade, podendo despertar potenciais cuja perda travaria as possibilidades de um futuro melhor para cada indivíduo.

Por isso, lembramos aqui a importância do conhecimento, da aceitação e da psicoeducação logo no início do desenvolvimento da criança. Pois assim surge um olhar claro, que não é barrado pela piedade e sim reforçado com determinação e confiança de que existem caminhos a seguir e múltiplas habilidades a se conquistarem, independentemente das dificuldades.

Nota-se que a dificuldade de acreditar nas possibilidades de estímulo por meio das terapias e no contexto doméstico surge por falta de informação e crenças antigas, deixando-se escapar etapas importantíssimas do desenvolvimento infantil, sem saber que poderiam mudar destinos.

A culpa não é dos pais

Não é culpa dos pais os sinais e os sintomas de uma síndrome/transtorno. Veem-se muitos questionamentos e afirmações como "O que fiz de errado?", "Por que comigo?", "A culpa é do pai/mãe porque não cuidou direito"... No entanto, quando se trata de alterações genéticas e neurológicas, não existe alguém a se acusar. Lembre-se: a culpa só é um recurso se nos leva a uma mudança positiva, caso contrário ela se torna uma barreira.

Casos de sucesso

1º caso

Uma criança com Trissomia do cromossomo 21 (SD T21) chegou ao consultório aos seis anos de idade para realizar o processo de alfabetização.

O primeiro passo da profissional foi realizar uma avaliação específica e detalhada para conhecer e entender as possibilidades cognitivas e acadêmicas da criança. Ao final da avaliação, identificou-se uma dificuldade significativa para a aprendizagem, com prognóstico ruim para a possibilidade de alfabetizar.

Essa é a hora de explicar a situação aos pais para alinhar os objetivos, trabalhar a aceitação e iniciar cada passo, com paciência e confiança no processo. A profissional orientou a família e assim foi dado início ao trabalho de desenvolvimento de habilidades necessárias.

O caminho é longo e é nessas horas que a disponibilidade não somente de tempo, mas também de atenção, credibilidade, ânimo e confiabilidade no trabalho terapêutico faz a diferença.

A criança não tinha condições para atendimentos de repetição semanal, circunstância que impedia a chance de um desempenho positivo mais rápido ou com melhor eficiência, porém, as características de personalidade da criança, que era muito motivada para aprender, como também o estímulo da família foram de suma importância para que se percebesse progresso. Aqui, vemos como a determinação e a vontade da família refletem-se na força de vontade dos pequenos!

Essa criança recebeu estímulos desde os primeiros meses de vida, porém, seu comportamento era impulsivo e algumas vezes resistente para obedecer a comandos. Existiram desafios terapêuticos, pois ela muitas vezes só fazia o que queria, não aceitava ajuda e tentava resolver sozinha suas atividades da maneira que achava melhor.

Percebe como a personalidade e o comportamento têm seus ônus e bônus? Enquanto sua determinação a ajudava a progredir, seu jeito autônomo também gerava dificuldades para aceitar algumas intervenções. É importante lembrar aqui que cada criança terá suas particularidades, e cabe aos pais e aos terapeutas utilizar isso da melhor maneira possível, nem sempre tentando mudar a criança, mas reforçando seus potenciais.

Seus primeiros passos para a aprendizagem foram em uma escola com poucos recursos, era preciso mais. A família optou por buscar uma nova escola, mais alinhada com suas necessidades, e em conjunto com outras terapias vieram os resultados, fazendo com que a criança tivesse um desempenho acima do esperado. Uma superação!

Atualmente, com dez anos, a criança já é capaz de ler. Os erros na leitura estão ligados à impulsividade e ao atraso na linguagem, que são características da síndrome. O processo de aprimoramento da fluência e da compreensão ainda está em andamento e continuará, como parte dessa longa e linda jornada. Apesar do prognóstico inicial desfavorável para a leitura e tarefas acadêmicas, hoje a criança supera as expectativas e apresenta um futuro muito mais promissor.

2º caso

Uma criança com Trissomia do cromossomo 21 (SD T21) chegou ao consultório de psicopedagogia aos seis anos de idade para realizar o processo de alfabetização.

Uma criança que revelava possibilidades positivas com relação ao processo de alfabetização, pois tinha sido estimulada desde cedo, entretanto ocorrências durante esse período interferiram significativamente em seu desempenho: pandemia, mudança drástica de ambiente escolar e a falta de acolhimento no espaço acadêmico alteraram seu comportamento tornando-a uma criança insegura, desmotivada e fragilizada. Veja a importância dos olhares atentos ao desenvolvimento em todos os ambientes!

A família dessa criança é presente e interessada, sua mãe a acompanha em todas as suas atividades, porém, como muitas famílias, não conseguia fazer uma programação de sessões de estimulação com todas as terapias necessárias por questões logística e financeira. Como solução, era realizado o estímulo em casa; esse é um procedimento muito importante, pois os pais têm um convívio diário com a criança e, se forem bem orientados pelos terapeutas, podem auxiliar no desenvolvimento da aprendizagem da criança.

Nesse caso, a criança passava por um momento emocionalmente delicado e a queda no desempenho permanecia, sendo necessária a troca de escola. Lembramos aqui que o trabalho com a criança precisa de suporte em todos os ambientes e em participação multiprofissional, de acordo com suas necessidades e a especialidade de cada atendimento – quanto mais integrado é o acompanhamento, mais efetivamente acontecem as mudanças! Após a troca, logo puderam ser observadas mudanças positivas no comportamento e na motivação, destravando, finalmente, o seu desenvolvimento.

Atualmente, a criança lê com dificuldade, mas possui disposição e ânimo, mostrando cada vez mais sua capacidade de leitura e compreensão. Além disso, tem facilidades e habilidades importantes para desenho e pintura, situação de vislumbre para o futuro profissional. Lembra-se da importância de estar sempre de olho nas facilidades da criança? Nem sempre ela atingirá todo o desempenho exigido pela escola, mas sempre poderá encontrar dentro de suas facilidades o melhor caminho a seguir dentro do seu potencial individual.

Desafios familiares: do acolhimento à aceitação

O desenvolvimento da criança tem influência da família antes mesmo de ela estar no mundo. Cuidado pré-natal, alimentação, uso de substâncias, exposição ao estresse, problemas conjugais, tudo o que ocorre com o corpo da mãe e até mesmo de seus familiares anteriores fica marcado em suas características genéticas e reflete no processo de desenvolvimento cognitivo, emocional e comportamental da criança.

Isso se dá devido ao processo epigenético, ou seja, a interação entre os genes e o ambiente, pela qual "pequenas chaves" biológicas registram ações e situações e, em conjunto com as características e predisposições genéticas individuais, ativam ou desativam potenciais e dificuldades.

Essa breve explicação sobre a epigenética é apenas uma ilustração da importância da presença dos pais no desenvolvimento geral da criança. Leva-nos a retornar ao foco deste capítulo, que é o impacto do acompanhamento dos familiares no desenvolvimento dos indivíduos (Freitas-Silva & Ortega, 2014).

Tudo que se refere à vida de uma criança é estimulação. Brincadeiras, conversas, troca de afeto, convivência familiar e até mesmo a rotina domiciliar. É nos primeiros três anos de vida que vemos o boom de aquisições de habilidades e de plasticidade cerebral, afinal é ali que se dá o momento de maior desenvolvimento cerebral e onde ocorrem os aprendizados de base (Andrade *et al.*, 2005).

As primeiras experiências da criança ocorrem no convívio familiar, no relacionamento com os pais e familiares, tornando-os fonte primordial para seu desenvolvimento. A interação com o meio e com os estímulos apresentados em casa colaboram para o desenvolvimento saudável e para a aprendizagem que ocorrerá pelo resto da vida.

Talvez o maior desafio no acompanhamento terapêutico de uma criança seja o passo inicial da família, quando devem ocorrer a observação das primeiras dificuldades e a aceitação da necessidade de acompanhamento.

Síndromes e deficiências físicas possuem características marcantes que levam à visualização e consequente aceitação dos diferenciais da criança com maior facilidade. Enquanto isso, os transtornos do neurodesenvolvimento, do humor ou do comportamento podem apresentar sintomas mais sutis, levando à crença de que tudo está dentro da normalidade, pois as características mais marcantes podem vir a se apresentar apenas no início dos anos escolares ou mesmo na tenra idade. Mas não se entristeça caso sua criança já tenha mais de três anos. O processo evolutivo do indivíduo não tem fim, nunca é tarde para estimular e organizar a vida.

Falamos aqui sobre a importância da estimulação e do reconhecimento das dificuldades da criança. No entanto, devemos lembrar o impacto psicológico que os pais sofrem ao se depararem com os desafios da criação de um filho e a dificuldade de identificar se os sinais e os comportamentos observados são ou não comprometedores o suficiente para que se busque um acompanhamento profissional.

Quando os pais iniciam a jornada de aceitação e adaptação a uma terapia, abre-se um processo de mudança: cai por terra toda uma idealização, expectativas e sonhos para o filho que chegou. Questionamentos e reflexões vão tomando conta da família, que, ao mesmo tempo que lida com as emoções afloradas, deve encontrar forças para dar continuidade ao tratamento e manter um relacionamento afetivo e estimulante em casa.

Quanto maiores as dificuldades e exigências especiais da criança, maior a mudança na rotina e dinâmica familiar. A busca por intervenção, as correrias entre terapias, as expectativas, emoções cotidianas invadem os pais e a família em um contexto geral, levam a impactos no relacionamento conjugal e até mesmo nos irmãos, que por vezes sofrem com um sentimento de "abandono" diante das necessidades específicas da criança acometida por déficits no desenvolvimento.

Isso nos leva a crer que, diante de todo o processo, os profissionais que acompanham a criança devem aliar-se à família não apenas para orientar sobre as exigências e necessidades do tratamento da criança, como também acolher e oferecer recursos que auxiliem essa família a se fortalecer como um todo.

Entre as principais práticas de estimulação precoce, podemos colocar os acompanhamentos relacionados a intervenções motoras, sensoriais, proprioceptivas, fonoaudiológicas e sociais. Porém, é essencial o processo de treinamento de pais, no qual o acolhimento, a escuta e a capacitação de interações didáticas são feitas a fim de acrescentar e fortalecer o processo de estimulação, valendo aqui a observação de que as pessoas que possuem mais tempo e oportunidades de estimulação são a própria família (Marini, Lourenço & Della Barba, 2017).

Desde as idas e vindas aos terapeutas até a reformulação da rotina, mudanças e intervenções escolares, modificação de padrões de comportamento, acréscimos terapêuticos e didáticos, tudo acaba passando pelas mãos dos responsáveis, exigindo física e psicologicamente sua presença e comprometimento. Essa missão não deve ser um fardo pesado de se carregar, por isso é importante perceber que, quando a criança entra para um acompanhamento profissional, ela não entra sozinha, mas acompanhada de sua rede familiar.

A família não deve nem precisa lidar com tudo sozinha, por isso a equipe profissional que acompanha a criança está atenta às demandas e fraquezas de todos os envolvidos, proporcionando acolhimento, conhecimento e suporte necessário a todos.

Um importante tratamento facilitador que pode ser dado à família é o treinamento parental, além do acompanhamento terapêutico individual ou em grupo. Assim, abre-se a oportunidade de diálogo, expressões de emoções positivas e negativas, coerência do casal perante a educação dos filhos, junto do auxílio e orientação sobre recursos que podem ser utilizados física e psicologicamente durante o dia a dia (Fernandes *et al.*, 2009). O caminho das intervenções pode ser mais leve se o olhar for direcionado para a aceitação, o compromisso e o apoio necessário. Cada passo dado trará o conforto das conquistas e gratificações.

Referências

ANDRADE, S. A.; SANTOS, D. N.; BASTOS, A. C.; PEDROMÔNICO, M. R. M.; ALMEIDA-FILHO, N. de; BARRETO, M. L. Ambiente familiar e desenvolvimento cognitivo infantil: uma abordagem epidemiológica. *Rev Saúde Pública* [Internet], v. 39. n. 4, p. 606-611, ago. 2005. Disponível em: https://doi.org/10.1590/S0034-89102005000400014. Acesso em: 27 maio 2025.

FERNANDES, L. F. B.; LUIZ, A. M. A. G.; MIYAZAKI, M. C. de O. S.; MARQUES FILHO, A. B. Efeitos de um programa de orientação em grupo para cuidadores de crianças com transtornos psiquiátricos. *Estudos De Psicologia*, Campinas, v. 26, n. 2, p. 147-158, 2009 Disponível em: https://doi.org/10.1590/S0103-166X2009000200003. Acesso em: 27 maio 2025.

FREITAS-SILVA, L. R.; ORTEGA, F. J. G. A epigenética como nova hipótese etiológica no campo psiquiátrico contemporâneo. *Physis: Revista De Saúde Coletiva*, v. 24, n. 3, p. 765-786, 2014. Disponível em: https://doi.org/10.1590/S0103-73312014000300006. Acesso em: 27 maio 2025.

GRISI, S. J. F. E.; ULHÔA ESCOBAR, A. M.;SILVA GOMES, F. M. (ed.). *Desenvolvimento da criança*. Rio de Janeiro: Atheneu, 2018.

MARINI, B. P. R.; LOURENÇO, M. C.; DELLA BARBA, P. C. S. Revisão sistemática integrativa da literatura sobre modelos e práticas de intervenção precoce no Brasil. *Rev Paul Pediatr.*, v. 35, n. 4, p. 456-463, out./dez. 2017. Disponível em: http://dx.doi.org/10.1590/1984-0462/;2017;35;4;00015. Acesso em: 27 maio 2025.

MINETTO, M. F.; FRANCO, V. (org.). *Família, deficiência e inclusão*. Curitiba: Juruá, 2024.

CAPÍTULO 11

Brincar é coisa séria

A importância do lúdico na construção do ser humano

A ausência do brincar enfraquece a criatividade, a autonomia e a capacidade de lidar com frustrações. Este capítulo mostra como essa falta compromete o desenvolvimento infantil e impacta a vida adulta. Você vai entender por que brincar é essencial e como resgatar essa prática de forma consciente, garantindo uma infância mais rica e um futuro mais equilibrado. Brincar é coisa séria para todas as idades.

Roberta Cardoso

ROBERTA CARDOSO

Pedagoga, especialista em Psicopedagogia, Supervisão e Orientação Especial Escolar, Sexualidade e Psicologia, e Gerontologia. Palestrante. Com 24 anos de experiência na educação, dedicou 11 anos à gestão escolar como diretora de uma escola estadual, desenvolvendo projetos voltados à inovação pedagógica. É CEO da BrinkEduk e idealizadora e diretora do Circuito Educacional, uma iniciativa que conecta escolas, empresas e profissionais da educação para promover o aprendizado por meio de experiências interativas e metodologias ativas. Seu trabalho une teoria e prática, sempre com foco no desenvolvimento de crianças e jovens, preparando-os para os desafios do futuro.

Contatos: Instagram: @brinkedukvb e @roberta.cardosovilasboas
32 98844 6288

Há um grito de socorro que não ouvimos, mas que marca profundamente nossas vidas. Ele começa na infância, quando o espaço do brincar é tomado por pressões, expectativas e responsabilidades que não pertencem àquele tempo. Assim, um silêncio se instala lentamente, sem alarde, até que um dia você percebe que algo está faltando. Não é apenas a capacidade de criar ou se expressar. É a leveza, o fôlego, o brilho que transforma o simples em extraordinário.

Essa ausência do brincar não desaparece com o tempo. Ela se transforma. Torna-se a dificuldade de improvisar no trabalho, o desconforto diante de situações inesperadas, a rigidez emocional que limita conexões. Não percebemos, mas a incapacidade de brincar reflete em cada escolha profissional, em cada relação afetiva e, sobretudo, na maneira como encaramos os desafios do mundo.

Quando foi que o brincar deixou de ser importante? Quem nos convenceu de que era algo supérfluo, limitado apenas à infância? Este capítulo convida você a revisitar o impacto do brincar em todas as etapas da vida, explorando como sua ausência molda uma geração, da infância à terceira idade e como a redescoberta dessa prática pode ser a chave para uma existência mais plena e criativa.

As fases do brincar e suas relevâncias ao longo da vida

O brincar evolui conforme o ser humano cresce, adaptando-se às necessidades cognitivas, emocionais e sociais de cada fase da vida. A seguir, vamos explorar as fases principais e entender como o brincar vai se modificando ao longo do desenvolvimento.

Primeira infância (zero a dois anos) – brincadeira solitária

De zero a dois anos, o brincar é individual e essencial para o desenvolvimento motor e sensorial. A criança explora texturas, sons e movimentos, interagindo com o ambiente à sua maneira. Brinquedos como chocalhos, mordedores, cubos de encaixe e espelhos estimulam descobertas e percepções, favorecendo coordenação e curiosidade. Desde os primeiros anos, a musicalização e a leitura são elementos essenciais na construção das habilidades cognitivas, emocionais e sociais.

Segunda infância (dois a seis anos) – brincadeira paralela e associativa

As interações começam a surgir. Inicialmente, brincam lado a lado sem compartilhar objetivos, evoluindo para trocas e colaborações. Bonecos, fantasias, casinhas e blocos de montar estimulam o faz de conta, permitindo que expressem emoções e experimentem papéis sociais, fortalecendo a comunicação e a criatividade.

A fase dos sete anos – brincadeira cooperativa

As regras e a cooperação ganham espaço. Jogos de tabuleiro, esportes e brincadeiras de equipe exigem estratégia, paciência e negociação. Além da interação social, desafios como quebra-cabeças e jogos de perguntas impulsionam o raciocínio lógico e a curiosidade por novos aprendizados.

Pré-adolescência (10 a 12 anos)

A independência cresce, mas as interações em grupo seguem fundamentais. Esportes coletivos, desafios de raciocínio e brincadeiras competitivas como caça ao tesouro e jogos de cartas reforçam habilidades sociais e cognitivas. Além disso, atividades como música, teatro e desenho incentivam a expressão pessoal e o desenvolvimento criativo.

Adolescência (13 a 18 anos) – jogos de estratégia e interação social

Nesta fase, o brincar se transforma em desafios que estimulam o pensamento crítico e a interação além do ambiente escolar. Jogos de tabuleiro estratégicos, como xadrez, incentivam o planejamento e a tomada de decisões. Jogos de raciocínio lógico, como cubo mágico, desafiam a mente e promovem cooperação. Atividades em grupo, como campeonatos de jogos e oficinas lúdicas, ampliam as experiências sociais e desenvolvem habilidades como liderança e trabalho em equipe.

Idade adulta jovem (18 a 30 anos) – jogos para conexão e expansão social

Com a rotina agitada, os jogos se tornam ferramentas de lazer, conexão e aprendizado. Jogos modernos de estratégia, como Catan e jogos financeiros, estimulam a cooperação e a competitividade saudável. Desafios de lógica, como sudoku e quebra-cabeças 3D, aprimoram o foco e a resolução de problemas. Oficinas lúdicas e grupos de jogos promovem a socialização em diferentes ambientes, incentivando o desenvolvimento pessoal e a troca de experiências fora do círculo habitual.

Idade adulta (30 a 60 anos) e terceira idade (60+ anos) – jogos para estímulo e socialização ativa

O brincar permanece essencial para o bem-estar e a cognição. Jogos clássicos, como damas e dominó, trabalham memória e raciocínio lógico, enquanto jogos de estratégia, como Azul e Bloqueio, promovem interação e tomada de decisões em grupo. Oficinas de jogos oferecem um espaço para desafios intelectuais e sociais, incentivando a participação ativa em diferentes contextos, desde grupos comunitários até encontros recreativos, fortalecendo o senso de pertencimento.

Geração Z (1997-2012) – o desafio do brincar além do digital

Com a predominância da tecnologia, é essencial equilibrar o digital com experiências presenciais. Jogos de tabuleiro envolventes, como Dixit e Concept, estimulam criatividade e comunicação. Jogos de raciocínio lógico, como Genius e Detetive, desafiam o pensamento estratégico. Oficinas de jogos e eventos interativos incentivam a participação em ambientes diversificados, criando oportunidades para fortalecer habilidades socioemocionais e expandir a convivência para além do círculo escolar ou virtual.

O papel fundamental da família no brincar: protagonismo e participação ativa

O papel da família no desenvolvimento infantil é inegável, sendo a base para a formação de uma criança saudável, emocionalmente equilibrada e com uma personalidade sólida. O brincar não é apenas uma atividade recreativa, mas um meio vital para o crescimento cognitivo, social e emocional da criança. E, mais do que isso, o brincar é uma oportunidade para que a criança desenvolva o seu protagonismo, uma habilidade essencial para a vida adulta. Mas o que significa ser protagonista da própria vida?

Ser protagonista da própria vida vai além de gostar de um personagem, de imitar heróis ou se inspirar em figuras públicas. Protagonismo é ser o responsável por suas escolhas, por suas emoções, pela construção de sua identidade e pelo direcionamento da sua história. A criança, desde muito cedo, precisa aprender que ela é o centro da sua narrativa. E isso começa com o brincar. Quando a família incentiva o brincar livre e criativo, ela está, na verdade, ajudando a criança a explorar suas preferências, a descobrir quem ela é e, gradualmente, a moldar seu próprio caráter.

A criança que brinca é uma criança que aprende. Ela adquire habilidades cognitivas, sociais, emocionais e físicas ao interagir com o mundo à sua volta por meio do jogo. No entanto, não é apenas o ambiente escolar ou a interação com amigos que molda a experiência de brincar. A participação ativa da família é essencial para garantir que as crianças aproveitem ao máximo essa fase de desenvolvimento.

A criança precisa se sentir apoiada, encorajada e, principalmente, protagonista nas suas atividades. As interações familiares, seja por meio de brincadeiras conjuntas, seja por meio de estímulos que incentivem a criança a tomar decisões e agir por conta própria, são a chave para o fortalecimento da autoestima e da autoconfiança. No entanto, muitas vezes, a família, principalmente no contexto atual, encontra desculpas para não participar desse processo. O trabalho excessivo, a falta de tempo e as obrigações diárias são apontados como razões para a ausência de interação, mas é importante refletir sobre como essas desculpas não devem impedir a formação do protagonismo infantil.

As desculpas que impedem a participação familiar

A rotina intensa, o trabalho diário, a sobrecarga de responsabilidades: todos esses fatores contribuem para que muitos pais e responsáveis justifiquem a falta de tempo para brincar com seus filhos. "Estou muito cansado", "Tenho que trabalhar o dia todo", "Preciso descansar", "O pai/mãe não ajuda": essas são algumas das desculpas comuns. Embora essas preocupações sejam legítimas, elas não devem se tornar barreiras para o desenvolvimento da criança. Brincar não significa apenas um momento de lazer ou de diversão passageira. O brincar é uma necessidade básica para o crescimento da criança, sendo essencial para a construção de suas habilidades emocionais, cognitivas e sociais.

Ao contrário do que muitos pais acreditam, não é necessário dedicar horas intermináveis ao brincar. O simples fato de interagir, de compartilhar momentos de alegria, de fazer a criança se sentir especial e ouvida já contribui imensamente para o seu desenvolvimento. Não é a quantidade, mas a qualidade que importa. Mesmo em meio à rotina corrida, é possível integrar momentos lúdicos no cotidiano, como por meio de diálogos sobre as atividades do dia, a criação de histórias ou até mesmo pequenas brincadeiras no caminho para a escola ou durante o jantar.

O brincar como estímulo ao protagonismo pessoal

Quando a família assume um papel ativo no brincar, ela também está ajudando a criança a aprender sobre o seu papel na sociedade. Uma criança que brinca com os pais ou responsáveis tem a oportunidade de experimentar diferentes papéis sociais, como o de líder, de colaborador, de organizador, e de aprendiz. Cada brincadeira oferece uma chance única de ensaiar comportamentos e atitudes, promovendo o autoconhecimento e o desenvolvimento da personalidade.

Ser protagonista não significa ser o centro das atenções em todas as situações, mas sim ter autonomia para fazer escolhas, para lidar com os erros e aprender com eles, para decidir como se posicionar frente aos desafios.

Além disso, as brincadeiras proporcionam um espaço de aprendizado emocional. Elas ensinam a lidar com frustrações, a respeitar regras, a compartilhar, a negociar e a colaborar. Esses são aspectos essenciais da vida adulta, que se formam desde a infância, por meio de uma interação constante com os familiares.

Se a participação da família no brincar é tão essencial para formar crianças mais seguras e ativas, é fundamental que essa visão também esteja presente nas escolas. A criança não é apenas um aluno que absorve conteúdos, mas um ser em construção, que precisa vivenciar, experimentar e protagonizar seu próprio processo de conhecimento. Repensar o brincar na educação não é um detalhe, é uma necessidade para formar indivíduos mais preparados para os desafios do futuro.

Relato

Durante minha trajetória na educação, sempre percebi o impacto da falta de ludicidade no processo de aprendizado. Ao longo dos anos, vivenciei de perto os desafios de estudantes que, como eu, não tinham acesso a recursos pedagógicos que tornassem o aprendizado mais envolvente, dinâmico e significativo. A falta de estratégias lúdicas no meu próprio período escolar gerou um distanciamento entre o conhecimento e a minha maneira de aprender, dificultando o desenvolvimento das minhas habilidades cognitivas e emocionais.

Foi com base nessas experiências que percebi a importância da ludicidade como ferramenta de ensino. Durante minha infância, a ausência de recursos que estimulassem a criatividade, o raciocínio e a interação deixou lacunas difíceis de preencher. Eu mesma fui uma dessas crianças que lutaram para encontrar o próprio caminho no aprendizado, sem os estímulos necessários para desenvolver o pensamento crítico e a capacidade de aprender de forma mais autônoma.

A partir dessa vivência, nasceu a BrinkEduk, um espaço que visa exatamente ao oposto do que experimentei: uma abordagem que integra o brincar ao processo de ensino. A BrinkEduk não surgiu apenas como um reflexo de uma necessidade pessoal, mas como uma missão de transformar a realidade educacional, trazendo a ludicidade como elemento essencial na educação. O objetivo da BrinkEduk é oferecer um ambiente onde o brincar se torne parte do processo de desenvolvimento, permitindo que as crianças explorem suas habilidades e se envolvam com o aprendizado de uma maneira significativa e prazerosa.

Você já parou para pensar que, enquanto o mundo avança em tecnologia e velocidade, há algo que ainda nos falta? E, mais importante, será que estamos realmente preparando as gerações futuras para o que importa? O brincar, muitas vezes subestimado, é a chave para a formação de um adulto pleno, capaz de lidar com os desafios emocionais, sociais e criativos da vida. Mas, se o brincar for negligenciado, o que sobra? Uma geração que cresce sem as ferramentas necessárias para entender e enfrentar o mundo com empatia, criatividade e resiliência. A responsabilidade de mudar isso começa agora. Com você.

Referências

BODROVA, E.; LEONG, D. J. *Tools of the mind*: the Vygotskian approach to early childhood education. Upper Saddle River, NJ: Prentice Hall, 2007.

GINSBURG, K. R. The importance of play in promoting healthy child development and maintaining strong parent-child bonds. *Pediatrics*, v. 119, n. 1, p. 182-191, 2007.

VYGOTSKY, L. S. *Mind in society*: the development of higher psychological processes. Cambridge, MA: Harvard University Press, 1978.

CAPÍTULO 12

Formação da infância e o DNA das relações sociais

O objetivo deste capítulo é abordar o conceito de família e a formação da infância em preparação para a construção das relações humanas. Sendo assim, evidenciamos as diferenças entre sociobiologia e genética do comportamento. Propomos também uma análise do desenvolvimento da formação de identidade social da família com aspectos de neurofisiologia do comportamento.

Bruna Bacico

BRUNA BACICO

Graduação em Filosofia (Unisal) e pós-graduações (*lato sensu*) em Gestão Escolar (Unifatea); Arte, Alfabetização e Inclusão social (Unifatea); Psicopedagogia e Neuropsicopedagogia (Facuminas), Neurociência e Tecnologia Aplicada (Faculdade Brasília/ Neurowork); e pós-graduação em Neurociência com Ênfase em Neuromodulação. Mestre em Design, Tecnologia e Inovação (Unifatea), com ênfase ETCC em casos de transtornos do neurodesenvolvimento. Membro da Sociedade Brasileira de Neuropsicopedagogia. Pesquisadora na área de pedagogia salesiana; formação docente em Neurociência, Aprendizagem e Comportamento. Técnica em Neurofeedback, palestrante, escritora e professora de pós-graduação. Consultora educacional, orientadora educacional, membro do grupo de pesquisa em filosofia para crianças e adolescentes como professora colaboradora pela Universidade Federal de Goiás (UFG). Idealizadora do projeto Neurociências para Família pelo Instituto Philosteca (marca de registro de propriedade intelectual pelo INPI: philosteca®). Coautora dos livros *Quando a infância dói* – vol. 1 e *Neuromodulação: potencializando a aprendizagem* – vol. 2, ambos pela Editora Literare Books International. Autora do livro *Flippo, o menino curioso*.

Contatos: brunanascimentobacico@gmail.com
Instagram:@brunabaciconeurocientista
YouTube: @brunabaciconeurocientista
@Philosteca Educação
12 93085 5656
12 98899 5479

Genética social, infância, família. DNA das relações sociais

Este estudo analisa a evolução histórica do conceito de família, adotando uma perspectiva humanista e existencial. A investigação ressalta comportamentos emergentes nas interações sociais em diversos contextos, como família, escola e ambiente profissional, destacando sua influência no desenvolvimento infantil. Questões sobre legado sociobiológico e estratégias para a formação de identidades sociais autênticas também são abordadas, além dos desafios contemporâneos enfrentados pela família em função da globalização e das mudanças sociais. O conceito de "genética social" é introduzido para elucidar as complexas inter-relações dentro do núcleo familiar, enfatizando vínculos biológicos, sociais e emocionais. A trajetória da família revela a conexão intrínseca entre os indivíduos e a importância de construir laços significativos para o desenvolvimento do caráter e da identidade.

É possível apontar uma variedade de modos de viver e tipos de família, cada um com sua singularidade e maneira de interagir socialmente. As pessoas costumam assimilar comportamentos ao observarem seus pais, educadores e líderes espirituais, influenciando a percepção sobre como devemos agir, quem somos e o que não devemos nos tornar. São numerosas as reflexões que surgem durante as diferentes fases do crescimento humano.

Na sociedade contemporânea, evidencia-se uma distorção na dinâmica familiar, na qual crianças assumem responsabilidades desmedidas. Para compreender a evolução social, é imperativo reavaliar os conceitos de família e infância, promovendo um ambiente saudável e propício ao diálogo. A reestruturação educacional deve incluir a ressignificação da infância dos adultos, permitindo a superação de legados prejudiciais. Viktor Frankl sugere que a transformação da dor em significado é possível e necessária, sublinhando a relevância de reações positivas diante da adversidade. Além disso, cuidar da própria jornada em busca de sentido, seguindo a singular narrativa que será moldada por nossos sentimentos, pensamentos e ações.

Ao nos aprofundarmos na compreensão desse fenômeno científico relacionado aos elementos que formam a sociedade, é possível observar o conceito de família e a construção do comportamento sociobiológico, claramente presente nas distintas formas de sociedade e destacado em diversos perfis do grupo social: a família. Mas, afinal, o que realmente é?

As organizações atuais têm raízes que remontam a períodos primitivos da humanidade, como a barbárie e a selvageria. A evolução dessas instituições, como a família, é evidente pelas pesquisas do antropólogo Lewis Henry Morgan, que, em sua obra, analisa os diferentes tipos de família ao longo da história. Ele descreve a dinâmica e as transformações que a estrutura familiar sofreu, refletindo normas e tradições distintas em cada época. Para entender essa evolução, é importante considerar as descobertas feitas durante a trajetória humana, que pode ser dividida em três períodos principais: estado primitivo, barbárie e civilização, cada um subdividido em níveis. No contexto do desenvolvimento infantil, os estudos de neurofisiologia mostram que os processos neurológicos impactam as interações familiares e a formação social das crianças, levando em conta também os fatores genéticos.

Desvendando os mistérios da genética social

A genética social se apresenta como uma luz orientadora, questionando a perspectiva convencional que separa a natureza da educação. Ao entender o papel recíproco entre os genes e o contexto social, essa área inovadora proporciona uma visão revisitada sobre a maneira como se manifesta o comportamento humano. **Vai além da simples identificação de genes que estão ligados a características sociais**. Ela engloba investigação da maneira como os genes, em conjunto com o contexto social, moldam comportamentos, afetam escolhas e desempenham um papel na criação de redes sociais. Essas redes estão relacionadas ao modo como o ser humano aprende interação social. Nas relações humanas, o comportamento precisa ser ensinado. E cada família que se forma precisa conscientizar-se dessa função social pela qual é responsável.

Toda criança, ao ser criada pela mãe, pelo pai ou pelos avós, em sua condição natural busca pelo conhecimento de como deve relacionar-se no convívio social. A natureza humana remete a um hábito, em aprender o sentido da vida de modo biológico, filosófico e teológico.

Falar da estrutura familiar nos dias de hoje é necessário. A família é, então, constituída por quem, que elo familiar é esse?

O elo familiar: um microcosmo social

A família, considerada a unidade fundamental da sociedade, desempenha uma função essencial na passagem de valores, regras e condutas. A genética social analisa de que maneira os genes podem afetar a interação dentro da família, os modos de se relacionar e a herança de características sociais entre as gerações.

Pesquisas indicam que a hereditariedade pode influenciar a propensão a determinados comportamentos, tais como extroversão ou agressividade. Contudo, é importante ressaltar que a genética não é um fator absoluto na formação do comportamento. O contexto familiar, a formação educacional e as vivências pessoais ajustam a manifestação dos genes, impactando o crescimento da pessoa.

Teias sociais: um mosaico de interações

As interações sociais, formadas por uma complexa rede de conexões, são moldadas por diversos elementos, entre eles a genética. A genética social investiga de que maneira os genes podem afetar a construção de vínculos sociais, a seleção de parceiros e a integração em grupos sociais.

Estudos sugerem que fatores genéticos podem estar associados à tendência a desenvolver certas características de personalidade, como extroversão e sociabilidade, que afetam as interações entre as pessoas. Ademais, a genética pode também afetar a propensão à influência social e à adesão a convenções e princípios.

Impossível imaginar em tempos passados que, hoje, seria possível, juridicamente, união estável entre pessoas do mesmo sexo, prestação de alimentos ao cônjuge culpado pela separação ou a afetividade como princípio que enseja a validação de fatos em direitos, como é o caso, exemplificativamente, da mãe ou do pai socioafetivo, contrariando o tão seguro exame de DNA ou a manutenção do nome de dois pais, para que não haja conflito entre o pai biológico e o pai afetivo.

A sociedade do século XXI é uma sociedade plural, complexa, diferenciada; logo, é evidente que, para haver família, alguns pensadores em suas teorias afirmam que não é preciso haver homem e mulher, pai e mãe, apenas pessoas conjugando suas vidas intimamente, por um afeto que as enlaça.

Na sociedade contemporânea, novos valores inspiram ressignificar. Funda-se uma nova ordem social contestadora da concepção tradicional de família. A característica fundamental da família é o afeto, o autocuidado.

Desse modo, podemos dizer que pouco importa a "espécie" ou "tipo" de família na qual o indivíduo está inserido, o que deve ser levado em consideração é o seu fundamento, que deve ser a plena realização do ser humano, a fim de concretizar o bem-estar de seus membros.

A influência da genética social e da estrutura familiar na saúde mental das crianças

A infância representa uma fase fundamental na trajetória de desenvolvimento humano, moldando não apenas a identidade individual, mas também o tecido social em que estamos inseridos. A genética social, um conceito que investiga a inter-relação entre fatores biológicos e o ambiente social, desempenha um papel significativo na formação da personalidade, das interações sociais e da saúde mental das crianças. No presente capítulo, exploramos como diversas configurações familiares, bem como considerações éticas e morais, influenciam o bem-estar emocional dos jovens, em particular aqueles que não crescem sob a tutela de figuras parentais biológicas.

Genética social e o desenvolvimento infantil

O conceito de genética social sugere que, embora a hereditariedade tenha um papel preponderante nas características que definem um indivíduo, as experiências sociais e o ambiente em que a criança é inserida são igualmente determinantes. Crianças que têm a oportunidade de crescer em lares estáveis, onde recebem apoio emocional e social adequado, tendem a desenvolver habilidades de resiliência e competências sociais mais robustas. Em contrapartida, aquelas que enfrentam cenários de instabilidade familiar, negligência ou até mesmo abuso podem sofrer consequências significativas e duradouras em sua saúde mental.

É de suma importância que tanto os cuidadores quanto a sociedade em geral se comprometam a promover uma cultura de aceitação e inclusão, garantindo que todas as crianças, independentemente de sua formação familiar, tenham acesso a um ambiente repleto de amor e apoio. A infância necessita de cuidado o tempo todo e de estrutura familiar que promova desenvolvimento sociobiológico saudável; a ética da responsabilidade parental deve ser enfatizada, destacando que o amor e o suporte emocional são determinantes para o desenvolvimento saudável dessa criança e adolescente.

DNA das relações sociais: formação da totalidade do ser humano		
Sentimento	⟶	Corpo
Pensamento	⟶	Alma
Comportamento	⟶	Espírito

No âmbito da filosofia, da sociologia, da teologia, de estudos genéticos, os aspectos psicossocioemocionais da condição da natureza humana buscam pela formação da mater e do pater. Uma célula da vida em nosso ser biopsicossocialespiritual em busca de sentido da vida, de referência, de recobrar a presença de um pai e de uma mãe que, além de criarem sua prole, sobrepõem nossa condição de seres mortais, requer significado, pois somos em nosso DNA das relações sociais seres transcendentais: corpo, alma, espírito. O modo como fomos criados à imagem e semelhança de Deus estrutura nosso ser mortal (sentimento, pensamento, comportamento), em seres para além de uma matéria e forma (corpo, alma, espírito).

A fecundidade da paternidade e da maternidade, como referência à obra da criação em que aprendemos na infância, vem hoje ressignificar a estrutura da sociedade, dando matéria e forma às nossas relações sociais. Sabemos que existe diversidade de estruturas familiares, cada qual com seus princípios, valores e práticas religiosas. Para que a infância da criança e do adulto se desenvolva e potencialize uma vida de fé-atitude, precisa remeter-se aos comportamentos de tratar a vida em sua totalidade.

Por todo caminho que trilhamos para promover o desenvolvimento humano, temos que nos empenhar para que as gerações futuras tenham a acessibilidade de uma vida estruturada. Tudo começa com uma rede de interesses políticos, sociais e de valorização da dignidade no contexto da vida familiar. Somos responsáveis em desenvolver consciência de formação da identidade social e aumentar pertencimento, afinal, somos dependentes uns dos outros para a construção do DNA das relações sociais de felicidade na existência da vida no planeta Terra. Sejamos corresponsáveis.

O ser humano está essencialmente relacionado ao amor, que é sua principal dimensão. A justiça em relação a alguém se manifesta por meio do amor, aplicando-se tanto a Deus quanto aos outros. Amar uma pessoa implica não vê-la como um objeto de prazer (João Paulo II, 1994, p. 186).

Na condição neurobiológica, somos um sistema integrado para que haja vida saudável e feliz e para o desenvolvimento do aperfeiçoamento da consciência crítica. Na formação do conceito de infância, é na família que se adquire a estrutura para viver bem consigo mesmo e com os outros. Sejamos a população que se importa em fazer a diferença na vida das pessoas, sejamos pais, professores, terapeutas, médicos, sejamos humanos promotores de uma cultura de paz, da cultura do aprender e de influenciarmos melhoria de nossa condição genética social. Nosso bom comportamento importa e faz com que a felicidade na infância aconteça por toda a vida.

Referências

BEIGUELMAN, B. Genética e ética. *Ciência e cultura*, v. 42, n. 1, p. 61-69, jan.1990.

FOUCAULT, M. *Microfísica do poder*. 8. ed. Rio de Janeiro: Graal, 1979.

LIPOVETSKY, G. *A era do vazio*. São Paulo: Manole, 2005.

MOREIRA, M. C. N. *et al*. Adoecimentos raros e o diálogo associativo: ressignificações para experiências morais. *Ciência & saúde Coletiva*, v. 24, n. 10, p. 3673-3682, 2019.

RABINOW, P. Artificialidade e ilustração: da sociobiologia à bio-sociabilidade. *Novos Estudos CEBRAP*, n. 31, p.79-94, out. 1991.

WOJTYLA, K. *Amor e responsabilidade*: estudo ético. São Paulo: Loyola, 1982.

WOJTYLA, K. *Persona y acción*. Madrid: Ediciones Palabra, 2011.

PARTE III

EDUCAÇÃO, APRENDIZAGEM E O CONTEXTO ESCOLAR

CAPÍTULO 13

"Só te aceito com seus pais aqui!"

A relação escola e família nos momentos de indisciplina

A indisciplina é um fenômeno multifatorial que impacta, além do aluno, a escola e a família. Superar os impactos desse fenômeno requer ações integradas e colaborativas. Prevenção e intervenção são essenciais, como estratégias de programas de educação socioemocional, comunicação clara, envolvimento ativo dos pais na vida escolar. A cooperação é fundamental para um ambiente de aprendizagem produtivo.

Sirlon Martins da Silva

SIRLON MARTINS DA SILVA

Psicólogo, com formação em Terapia Cognitivo-Comportamental. Especialista em Neuropsicologia e Neuropsicopedagogia. Tem oito anos de experiência como avaliador e psicoterapeuta de crianças e adolescentes com transtorno de Neurodesenvolvimento. Professor de Educação Básica por mais de 20 anos, com experiência da Educação Infantil ao Ensino Médio. Professor de Educação Especial na APAE de Divino por seis anos. Atuou como Especialista em Educação na Rede Pública por oito anos. Formado em Letras. Especialista em Educação e Educação Inclusiva. Palestrante e Capacitador com ampla experiência. Escritor de livros infantis. Professor de Ensino Superior no curso de Psicologia do Centro Universitário Univértix de Matipó/MG. Atualmente, cursa o Mestrado em Educação na Universidade Federal de Ouro Preto/MG.

Contatos: sirlonsemiotica@hotmail.com
Instagram: @sirlonmartins
32 99912 6882

A indisciplina é um tema complexo que envolve diversos fatores, sendo uma das principais queixas de educadores. Nossas reflexões sobre o tema têm a indisciplina como comportamentos disruptivos de menor gravidade, sendo violações de regras escolares (Silva & Pereira, 2022).

Quando esses comportamentos se tornam mais frequentes, as escolas notificam aos pais e responsáveis sobre o comportamento inadequado das crianças, para ter, na família, um apoio para solução dessas questões. A parceria entre família e escola parece ser mais eficaz para a resolução da indisciplina. Estudos indicam que quando pais e escola trabalham juntos, as taxas de sucesso escolar aumentam, melhorando o comportamento e a motivação dos estudantes (Santos, 2020).

Com breves reflexões sobre a indisciplina e a relação entre escola e família, apresentaremos sugestões de experiências exitosas de atuações escolares e familiares no processo de intervenção frente às questões de indisciplina, buscando apontar luzes que possam refletir sucessos da parceria entre escola e família.

Indisciplina e família: impactos

A indisciplina afeta as relações na escola e impacta as relações familiares: há constrangimento da família na comunidade escolar; busca de culpados e troca de responsabilizações que geram desgastes nos envolvidos.

Sendo resultado de fatores sociais, culturais, econômicos, psicológicos, pedagógicos e, por que não destacar também, fatores políticos, sua frequência impacta ainda a qualidade da educação, visto que parte do tempo destinado à aprendizagem em sala de aula é utilizada para tentativas de manter a disciplina dentro dela (Moriconi & Belanger, 2015).

Para tentar compreender comportamentos de indisciplina, partindo da frequência do envolvimento de estudantes na prática dessas condutas, deve-se também analisar as condições familiares que podem explicar tais atos (Silva, 2007).

Nesse sentido, a frequência nos eventos de indisciplina pode se relacionar com práticas intermediárias de controle do comportamento dos filhos; com a maior tolerância dos pais com horários dos filhos; a presença ou ausência de equilíbrio de severidade e liberdade dada aos filhos; o envolvimento dos filhos com atividades ilícitas como drogas e furtos, por exemplo; além de influências de práticas religiosas pela família e pelos estudantes.

Um controle mais rígido dos pais como acompanhamento de locais em que os filhos se encontram e suas companhias; rigidez nos horários para chegar em casa; presença de pelo menos um dos responsáveis constantemente em casa; bem como envolvimento e participação dos filhos em programações religiosas podem ser fatores que impedem os filhos de se envolverem em indisciplina.

Evidenciando o aspecto multifatorial da indisciplina, Silva & Pereira (2022) promovem reflexões sobre a elevação da frequência da indisciplina em sala de aula, sobretudo de atos que impedem ou perturbam o bom andamento das aulas. A autoridade do professor em sala de aula, conforme o texto, é questionada de alguma forma pela ação de indisciplina dos alunos, contudo, atos que representam esse questionamento recebem na pesquisa respostas relacionadas a pouco frequentes.

Família e escola, escola e família: entre laços

A família, como uma construção social, possui suas normas, com práticas culturais e sociais que reforçam seus valores. Esses evoluem ao longo da história. Como construção social, a família é influenciada por todas as esferas que formam a sociedade, como o Estado, os meios de produção, as relações de trabalho (Biroli, 2014).

A relação entre a escola e a família faz parte de uma ideologia de colaboração, evidencia a importância e a necessidade do diálogo e da parceria entre elas. Hoje a família se volta para o seu interior, para o cuidado e o afeto entre seus membros. A escola mudou com a democratização do acesso, ampliação do tempo de permanência na escola, mudanças pedagógicas. Essas mudanças promovem impactos na família, como a organização do tempo, o clima familiar e, até mesmo, o local de residência (Nogueira, Dessen & Souza, 2024).

Os impactos das transformações de instituições icônicas na formação da sociedade resultam em discussões constantes sobre o limite das funções e papéis tanto da escola, como da família: quem educa? Quem ensina?

Tais impactos podem ser divididos em positivos, como aqueles que promovem avanços no processo de ensino e aprendizagem, prevenção a problemas de ordem educacional, como o abandono escolar, entre outros, e impactos negativos, que fragilizam o engajamento entre escola e família. Na escola, esses impactos resultam de exigências da parte dos professores, como maior responsabilidade e envolvimento da família no processo de ensino e aprendizagem. Do outro lado, surgem de exigências familiares, como atribuir aos professores funções que fogem ao seu papel profissional (Saraiva-Junges, 2024).

Por parte dos professores, o desejo da presença e participação dos pais na escola; presença dos pais em reuniões; comparecimento dos pais nas reuniões individuais para tratativas específicas de seus filhos, como questões emocionais e/ou de aprendizagem. Voltando para a família em relação à escola, percebem-se anseios voltados às dificuldades parentais que expressam frustrações no processo de educação dos filhos. Assim, ressalta-se a terceirização de tarefas educativas de responsabilidade dos pais; imposição de limites no comportamento dos filhos fora da escola; além de exigências clientelistas da parte dos pais (Saraiva-Junges, 2024).

E é a criança que atuará como veículo de comunicação entre a escola e a família, às vezes de forma implícita e, em outros momentos, de maneira explícita. Ou seja, de alguma forma a criança sempre transmitirá informações entre as partes dessa relação (Nogueira, Dessen & Souza, 2024).

"Só te aceito com seus pais aqui!"

Nesse processo de comunicação, considerando o cenário apresentado, tem sido comum pais serem "convidados" a comparecerem à escola para tratativas relacionadas à incidência de seus filhos em episódios de indisciplina. Assim como também é comum a relação tendenciosa de associar o comportamento de indisciplina à origem social dos estudantes. Em muitos momentos a escola parece apontar a família como incapaz, incompetente frente o trabalho educativo. Essa tendência faz com que essas famílias sejam colocadas no banco dos réus e forneçam explicações simplistas para os constantes episódios de indisciplina nas escolas.

Por outro lado, a família contemporânea tende a culpabilizar a escola, sobretudo os professores, alegando deficiências na formação, dificuldades na mediação da relação com os estudantes e entre os estudantes, atitudes discriminatórias, entre outras alegações. Parte dessa culpabilização vem das tentativas de transferir à escola funções que tradicionalmente são da família, como horários de permanência nas ruas, escolha de companhias apropriadas, forma de vestir em determinadas ocasiões, entre outras. Bem como também dos anseios não correspondidos de tratamentos diferenciados, por parte da escola, aos filhos (Nogueira, Dessen & Souza, 2024).

Não há como fazer um julgamento. Não é possível estabelecer um único responsável para um fenômeno multifatorial. Nesse sentido, sempre é necessário trazer à memória que as duas instituições, escola e família, constantemente passam por transformações que precisam ser consideradas ao buscarmos formas de enfrentamento para a indisciplina.

Quando a escola solicita a presença dos pais devido ao envolvimento de seus filhos em episódios de indisciplina, é importante destacar que, na maioria das vezes, não se trata de um incidente isolado ou inédito para os envolvidos. Em diversas ocasiões, já houve tentativas de obter a participação da família na vida escolar do aluno sem sucesso. É provável também que as alternativas da escola para resolver a questão de forma independente, sem a colaboração dos pais, já tenham sido esgotadas (Silva, 2020).

Por outro lado, a família não atender de imediato a convocação da escola não implica, necessariamente, em negligência com filhos ou desvalorização da escola. É necessário considerar que, em muitos momentos, há que se negociar ausências no trabalho, rede de apoio para outros filhos menores, disponibilidade de transporte, entre outras especificidades que cada família possa ter.

É importante que os pais e responsáveis atuem em parceria com a escola para que a indisciplina escolar seja adequadamente tratada e a comunicação eficaz entre pais e escola é essencial para lidar com problemas comportamentais (Nogueira, Dessen & Souza, 2024).

A família deve adotar uma postura colaborativa, comparecendo às reuniões agendadas e escutando atentamente as preocupações dos educadores. Em caso de incompatibilidade de horário, é de bom tom informar à escola e, juntos, encontrarem uma solução para o reagendamento. É fundamental que os pais demonstrem interesse genuíno pelo desenvolvimento escolar de seus filhos, participando ativamente das atividades propostas pela escola (Mello, 2005).

É importante que os responsáveis busquem compreender as dificuldades enfrentadas pelas crianças e pelos adolescentes, oferecendo apoio emocional e orientação adequada (Biroli, 2014). A presença dos pais na escola deve ser vista como uma oportunidade de fortalecer laços e construir uma relação de confiança mútua, essencial para o sucesso educacional e social dos alunos. Portanto, a cooperação entre escola e família é um fator determinante para promover um ambiente escolar mais harmonioso e produtivo.

Evitando o convite da escola

Há ações que podem evitar a convocação da família para tratativas relacionadas ao envolvimento dos filhos em indisciplina. Investir em prevenção e intervenção na indisciplina é essencial para garantir um ambiente de aprendizagem seguro e produtivo.

A prevenção, por parte da escola, pode acontecer por meio de implementação de programas de educação socioemocional, com atividades contínuas que desenvolvam habilidades como empatia, autocontrole e resolução de conflitos. É importante o investimento em formação continuada dos professores, com estratégias de comunicação não violenta, mediação e resolução de conflitos.

Os gestores podem promover estratégias de comunicação clara sobre as regras da escola e suas aplicações. Promoção de espaços para diálogo e ouvir os estudantes, dando voz aos seus medos, preocupações e acolhimento de suas sugestões pode ser muito eficiente. Para além dos muros da escola, a parceria com a comunidade também ajuda na prevenção da indisciplina, com promoções de palestras e eventos extracurriculares.

A família pode evitar ser chamada. Algumas atitudes de prevenção podem ser desenvolvidas, como a participação ativa na vida escolar dos filhos, acompanhando o desempenho acadêmico e comportamental, visitando a escola esporadicamente e sempre comparecendo às reuniões e eventos escolares. Em casa, a criação de uma rotina diária que inclua horários fixos para estudo, lazer e descanso promoverá a disciplina e a organização. Um diálogo respeitoso, aberto e assertivo com os filhos, mantendo uma comunicação aberta e sincera, ouvindo suas preocupações e orientando-os em suas dificuldades. O envolvimento em atividades educativas, culturais e espirituais fora do ambiente escolar. E, sobretudo, o reforço de valores como respeito, responsabilidade e empatia, estabelecendo regras claras em casa.

É importante lembrar que os pais e responsáveis precisam ser um modelo de comportamento positivo, demonstrando atitudes de respeito, cooperação e resolução pacífica de conflitos, visto que o exemplo fala mais que as palavras.

Contudo, ainda assim, a indisciplina pode ocorrer. Até porque, como fenômeno multifatorial, apenas a escola e a família não conseguiriam agir para evitá-lo. Nesse sentido, diante de episódios de indisciplina na escola, há ações de intervenções que demonstram ser eficientes como o autorregistro, nas quais os alunos envolvidos no episódio de indisciplina são convidados a registrarem, por meio de escrita, o referido episódio. Assim ocorre uma reflexão dos atores sobre seus atos, despertando outras formas de resolução de conflitos. Pode-se buscar professores e/ou mediadores treinados para resolver conflitos entre estudantes de maneira pacífica e construtiva. Programa de tutoria em pares, onde um ajuda o outro a se comportar melhor na escola. Monitoramento e feedback regular sobre o comportamento dos alunos e estabelecer planos de melhoria com metas claras. Além de programa de mentores para alunos com histórico de indisciplina, proporcionando orientação e apoio personalizados.

É necessária a consciência da cooperação e da responsabilidade de todos na promoção de um ambiente propício à aprendizagem.

Finalizando, mas sem esgotar o assunto

A indisciplina escolar é um problema multifacetado que requer uma abordagem integrada envolvendo família, escola e comunidade. A partir das reflexões, observa-se que a escola tem desafios significativos quando as expectativas institucionais entram em choque com as realidades familiares. A família talvez tenha dificuldades em lidar com suas transformações contemporâneas, visualizando a escola através de um modelo imaginário de educação e função que talvez não corresponda à sua função legítima.

Ainda na penumbra da relação entre escola e família, percebemos que a indisciplina precisa de mais espaço de estudo e investigação, o que evidencia a importância da pesquisa a ser desenvolvida a partir dessas reflexões.

Referências

BIROLI, F. *Família*: novos conceitos. São Paulo: Boitempo, 2014.

MELLO, S. L. *A família contemporânea em debate*. São Paulo: Cortez, 2005.

MORICONI, G. M.; BÉLANGER, J. *Comportamento dos alunos e uso do tempo em sala de aula*: evidências da Talis 2013 e de experiências internacionais. São Paulo: FCC, 2015.

NOGUEIRA, M. A.; RESENDE, T. O estudo da relação família-escola na sociologia da educação. *Relação família-escola*: as bases para uma cultura colaborativa. Curitiba: Juruá, 2024.

SANTOS, A. R. *Interação família-escola*: impactos positivos no desempenho escolar. Ilhéus: Editus 2020.

SARAIVA-JUNGES, L. A. As famílias frente às demandas dos professores e os professores frente às demandas das famílias no Brasil. *Relação família-escola*: as bases para uma cultura colaborativa. Curitiba: Juruá, 2024.

SILVA, L. C. *Disciplina e indisciplina na aula*: uma perspectiva sociológica. 284f. 2007. Tese (Doutorado em Educação). Faculdade de Educação, Universidade Federal de Minas Gerais. Belo Horizonte, 2007. Disponível em: http://www.bibliotecadigital.ufmg.br/dspace/bitstream/1843/FAEC7DAR7T/1/tese_em_pdf_luciano_campos_da_silva.pdf. Acesso em: 5 maio 2025.

SILVA, L. C.; NOGUEIRA, M. A. Indisciplina ou violência na escola? Uma distinção possível e necessária. *In*: *A síndrome do medo contemporâneo e a violência escolar*. Belo Horizonte: Autêntica, 2008.

SILVA, L. C.; PEREIRA, E. A. *Percepções sobre o comportamento de indisciplina de meninas e meninos na escola*. São Paulo: FCC, 2022.

SOUZA JÚNIOR, M.; GALVÃO, A. M. DE O. História das disciplinas escolares e história da educação: algumas reflexões. *Educação e Pesquisa*, v. 31, n. 3, p. 391-408, set. 2005.

CAPÍTULO 14

Impactos da desigualdade social no aprendizado das crianças

Como a aprendizagem pode ser limitada por condições precárias na infância

Compreender os conceitos históricos da pobreza infantil é essencial para construir uma sociedade mais justa e igualitária. A análise das raízes e consequências desse problema multifacetado, influenciado por fatores econômicos, sociais, culturais e políticos, nos permite identificar oportunidades de intervenção e transformação. Entre as ferramentas de maior impacto está a educação, que se destaca como o principal meio para quebrar o ciclo da pobreza e ampliar perspectivas com menos limitações.

Marinqui Helena de Paula

MARINQUI HELENA DE PAULA

Desde muito criança, precisou enfrentar os desafios do trabalho, pois seus pais não tinham condições de atender aos sonhos e objetivos que ela almejava para sua vida. Essas experiências moldaram sua força, determinação e vontade de construir um futuro melhor. O desejo de explorar diferentes áreas do conhecimento e causar um impacto positivo na sociedade foi o que a levou a escolher a Pedagogia e iniciar a graduação aos 27 anos. Após concluir a faculdade, foi aprovada em seu primeiro concurso público na cidade de Muriaé/MG, onde trabalha há mais de cinco anos, criando laços significativos e transformadores com seus alunos. Pós-graduada em Alfabetização e Educação Especial, compartilha, diariamente, no Instagram @reflexoesdemayrink, reflexões literárias. Acredita profundamente no poder da escola e, igualmente, no poder dos livros para adquirir conhecimento e expandir o senso crítico. É necessário refletir para evoluir!

Contatos: marinqui.paula@prof.edu.muriae.mg.gov.br
Instagram: @reflexoesdemayrink
YouTube: @reflexoesdemayrink

Crianças precisam ser acolhidas, cuidadas, amadas e ter todos os seus direitos respeitados. No entanto, não é bem assim que acontece na realidade, pois, em lugares esquecidos, existem crianças que batalham para sobreviver em meio a todas as situações nebulosas que as rodeiam. Barreiras que afetam todo o seu desenvolvimento como criança, que tem seus direitos mais básicos de sobrevivência roubados, mesmo sendo garantidos pelo Estatuto da Criança e do Adolescente.

O tratamento dado à criança em situação de pobreza é muito evidente em sua vida escolar, deixando um triste legado, que é a perpetuação da pobreza na família, pois muitas delas não conseguem romper com esse círculo vicioso da desigualdade. As situações precárias que assolam a vida de uma criança comprometem seu desenvolvimento em todos os âmbitos da vida, chegando até a vida adulta, limitando esse indivíduo de viver de forma digna.

A pobreza limita as oportunidades mais básicas da criança, até mesmo antes de ela nascer; uma infância digna já lhe é negada quando lhe faltam condições necessárias para que a mãe usufrua de uma gravidez humanizada e respeitosa, caindo muitas vezes na taxa de mortalidade infantil. Ou seja, o bebê em extrema pobreza já nasce de forma indigna sem ter um parto respeitoso, e essa criança já sai do hospital predestinada a viver à margem da sociedade, totalmente sem perspectiva.

As famílias carentes que, geralmente, têm mais de um filho são ainda mais penalizadas pela precariedade em que vivem, as moradias são totalmente inadequadas, à margem de rios, barranceiras e lugares de alta periculosidade, pois o pouco dinheiro que entra, em muitos casos, é provido também pelo trabalho da própria criança e não é suficiente para alimentar toda a família.

Além disso, os pais que cresceram em condições de pobreza sentem muita dificuldade de reconhecer a importância da educação na vida dos filhos, desestimulando-os da vida escolar e dando mais importância ao trabalho, visto que é por meio do trabalho que eles estão conseguindo sobreviver.

A pobreza afeta diretamente a estrutura familiar de uma criança, as dificuldades financeiras aumentam o estresse entre todos os membros da família, por conta da necessidade de trabalhar longas horas para garantir o sustento da casa, além disso, essa precariedade aumenta significativamente a taxa de divórcio entre os casais e consequentemente o abandono de crianças em situações de risco. Esses fatores, juntos, criam um ambiente que pode ser profundamente desestabilizador para uma família, impactando o bem-estar e as oportunidades das crianças.

A educação dos filhos, que poderia ser uma luz no fim do túnel, visto que é uma das ferramentas mais poderosas para eliminar a pobreza, é arrastada no âmbito escolar porque eles não conseguem ter um desenvolvimento pleno, criando um ciclo de pobreza cruel e perverso que limita suas oportunidades.

A pobreza não apenas priva o ser humano do essencial para sua sobrevivência, mas também sufoca seus sonhos, limita suas oportunidades e apaga as possibilidades de um futuro melhor.

A convenção sobre os Direitos da Criança das Nações Unidas garante o direito de brincar da criança, pois isso permite que ela aprenda sobre o mundo ao seu redor, ajudando-a a desenvolver habilidades cognitivas e, também, a fortalecer vínculos sociais e emocionais. Porém, esses direitos são roubados da criança desde muito cedo, afastando-as desses cenários, utópicos para muitos.

Nem todas as crianças conseguem estudar, mas quando conseguem, chegam à escola e não conseguem se desenvolver. Alguns casos podem até ser confundidos com problemas cognitivos, o que nem sempre é verdade, pois a maioria dos profissionais da educação não recebe formação específica suficiente para identificar corretamente os sinais de transtorno de aprendizagem ou neurodivergências. Muitas vezes, os professores, por terem que lidar com turmas muito cheias, apresentam grande dificuldade em observar com eficiência e também em ter uma escuta individualizada dos alunos. A metodologia de ensino também pode influenciar para um diagnóstico errôneo do aluno. É muito importante que haja um diálogo entre família e escola.

A fome prejudica significativamente o aprendizado das crianças, pois elas podem apresentar diversas dificuldades.

"Ele não conseguia aprender... a fome era maior que a curiosidade, que o desejo pelo novo" (Renata Duarte Simões, Professora de uma escola pública no ES, em relato à especialização EPDS, sobre uma criança em situação de pobreza).

Batalhar pela sobrevivência se torna uma luta cotidiana, e permanecer na escola acaba se tornando um martírio, especialmente ao imaginar que a próxima refeição só virá no dia seguinte, no mesmo local. Muitas vezes, a criança sente fraqueza durante as aulas e, ao ser questionada, revela que não se alimentou em casa, sendo necessário oferecer-lhe comida antes que consiga continuar estudando. Essa carência de nutrientes adequados prejudica a saúde física e mental da criança, causando impactos significativos no longo prazo. Essa realidade ilustra de forma clara a limitação do ser humano na infância mediante a desigualdade, comprometendo não apenas o aprendizado, mas também o pleno desenvolvimento necessário para uma vida saudável e digna.

Ela não consegue se concentrar nas atividades propostas, tem dificuldades de memória, concentração, sente-se cansada e totalmente sem energia, muitas vezes, com sensações de desmaios por falta de uma alimentação nutritiva. A realidade é que muitas dessas crianças dependem da merenda escolar para ter, pelo menos, uma refeição diária. Famílias em situação de vulnerabilidade dependem da escola para que seus filhos se alimentem e não é raro que a criança, nessa situação, peça ao professor para poder levar a merenda para casa, pois não tem como se alimentar depois. Presenciar uma criança chamar a professora e dizer que não consegue estudar porque está com muita fome é devastador.

É essencial que a criança, ao chegar à escola, não seja estigmatizada, porque isso afeta significativamente sua autoestima, fazendo-a se afastar de seus colegas de classe, por se sentir diminuída. Pelo contrário, ela deve ser acolhida por todo corpo escolar, com um olhar mais humano, sem estereotipá-la. A escola precisa preparar os alunos para um encontro humanizado com os colegas que chegam, sem rejeições. É importante que a escola também seja um elo que acolhe e ensina que as diferenças precisam ser respeitadas para a construção de uma sociedade mais justa.

Fazer uma sondagem bastante profunda em relação a essa criança é muito importante. Mas é bom lembrar que nem sempre o corpo docente pode contar com a parceria da família para sanar dúvidas que surgem durante o percurso escolar da criança. Quanto mais vulnerável é a criança, mais difícil construir laços fortes entre a escola e a família, atitude essa que é essencial para o desenvolvimento da criança.

Uma criança que vive em situação degradante pode reagir de diversas maneiras: ser uma criança mais sensível, agressiva, chorosa, afrontosa, pois ela sente a necessidade de colocar para fora, de alguma maneira, frustrações, tristeza, dor, sentimentos que ficam remoendo sua mente e que ela tenta exteriorizar de alguma forma, comprometendo seu aprendizado e sua saúde mental.

É comum que crianças em situação degradante de pobreza, muitas vezes, influenciadas pelo meio em que vivem, sejam expostas constantemente à violência, desenvolvam comportamentos mais agressivos e indisciplinas, atrapalhando seu convívio com os colegas de classe e com o professor. Geralmente, elas tendem a rejeitar a disciplina, criando um ambiente escolar inseguro e hostil. Além disso, há crianças que precisam trabalhar em atividades domésticas, oficinas mecânicas, ou como ambulantes, entre outros.

As crianças que moram na zona rural ainda sofrem privações múltiplas, incluindo não ter acesso à escola perto de sua casa e os pais não conseguirem enxergar na educação uma garantia de um futuro melhor para a família. Isso porque entendem que o trabalho braçal é indispensável para complementar a renda, pois a prioridade é a sobrevivência imediata da família, ainda que pouca, deixando os estudos em segundo plano, limitando ainda mais o seu desenvolvimento acadêmico.

Muitas crianças não têm acesso a uma educação de qualidade, o que limita suas oportunidades futuras, e quando têm acesso – geralmente no ensino público, depois de seus pais terem enfrentado filas de madrugada para conseguir uma vaga –, ao chegar à escola, apenas o material básico para a sua vida escolar lhes é oferecido. E combinado com a ausência de salas bem equipadas, professores que se sintam valorizados e bem remunerados, além da falta de referência familiar ou de pessoas próximas, leva à percepção de que os estudos não valem a pena.

Como dito pela filósofa Djamila Ribeiro, não deveria ser normal que, para conquistar um diploma, uma pessoa precise caminhar 15 quilômetros para chegar à escola, estude com material didático achado no lixo ou tenha que abrir mão de almoçar para pagar transporte.

Ainda é importante lembrar que um estudo feito pela Unicef Brasil afirma que as crianças negras e indígenas são as mais propensas a enfrentar a pobreza de diferentes realidades. Ademais, o racismo estrutural, que é aquele que está embutido nas estruturas sociais, econômicas e políticas da sociedade, bem como a discriminação racial, agravam a situação das crianças negras, diminuindo o acesso dos pais ao mercado de trabalho, agravando ainda mais porque coloca as crianças em situações degradantes, privando-as de melhores oportunidades. E isso inclui não somente o acesso a uma educação de qualidade, mas também o acesso à saúde e à nutrição.

A pobreza está entre as principais causas da evasão escolar, gerando a limitação do ser humano na infância por conta da desigualdade. Esse fenômeno compromete tanto a saúde física quanto a mental das crianças, impedindo-as de frequentar a escola e acompanhar as atividades pedagógicas. Consequentemente, essas crianças perdem a oportunidade de desenvolver habilidades cognitivas, sociais e emocionais fundamentais para sua vida adulta. Além disso, é importante ressaltar que muitas dessas crianças só têm contato com livros e outros bens culturais por meio da escola, o que torna a desigualdade ainda mais evidente e limitante.

Eu mesma pude vivenciar como a falta de recursos afetou diretamente minha vida escolar, pois eu tive que sair da casa dos meus pais ainda criança para trabalhar, sem poder estudar nem em horário regular e nem à noite, pois não tinha idade suficiente.

Infelizmente, o meu caso não é isolado. É urgente refletirmos profundamente sobre como a desigualdade tem limitado a vida das pessoas enquanto seres humanos, para podermos construir um futuro melhor para as próximas gerações.

São inúmeras as barreiras a serem superadas para que o curso da sua vida possa mudar durante o caminho árduo da miséria. Nesse contexto, a limitação do ser humano na infância mediante a desigualdade se torna evidente, pois muitas vezes a falta de recursos compromete o pleno desenvolvimento das crianças. A permanência na escola é muito positiva para a vida da criança, é a entrada para outro universo, a esperança que não pode ser retirada delas. É nela que a criança vai aprendendo não somente conteúdo, mas também a enfrentar desafios, respeitar os outros, confiar em si própria, ser questionadora, sentir-se capaz de fazer a diferença ao seu redor.

É uma cadeia complexa e desafiadora, mas que é possível de ser superada pela oportunidade de estudo, pois ela oferece às pessoas as habilidades necessárias para melhorar suas vidas. Abrindo portas para oportunidade de emprego e aumento de renda.

É muito importante entender que as condições desiguais de acesso ao conhecimento influenciam significativamente o desempenho escolar dos alunos e devem ser tratadas como o verdadeiro motivo desse baixo rendimento, e não como uma suposta incapacidade associada a crianças com notas baixas ou formação precária. Essas limitações precisam ser quebradas para que a sociedade possa avançar, garantindo a todos igualdade de oportunidades e um futuro mais promissor.

Referências

ASSIS, S.; FERREIRA, K.; YANNOULAS, S. Educação e pobreza: limiares de um campo em (re)definição. *Revista Brasileira de Educação*, Rio de Janeiro, v. 17, n. 50, p. 329-351, maio/ago. 2012.

BRASIL. *Estatuto da Criança e do Adolescente*. Lei 8.069/90. São Paulo, Atlas, 1991.

BRASIL. Departamento de Atenção Básica. *Guia alimentar para a população brasileira*. 2. ed. 1. reimpr. Brasília, 2014.

MONTERASTELLI, A. *Outra Saúde*, 14-7-2022.

RIBEIRO, D. *Pequeno manual antirracista*. São Paulo: Companhia das Letras, 2019.

UNICEF. Pobreza multidimensional na infância e adolescência no Brasil-2017-2023.

CAPÍTULO 15

Educação, aprendizagem e contexto escolar no século XXI

A educação transforma a aprendizagem em fonte de libertação, espaços escolares em ebulição

A função da escola e as práticas dos professores são alvos constantes de questionamentos no contexto social, principalmente quando se discute a educação escolar como ponto fundamental na formação do sujeito.

Gal Lyra

GAL LYRA

Mestra em Teologia – Educação e Religião pela EST PPG RS (2008). Pedagoga (1983). Psicanalista Clínica (1996) Psicopedagoga Clínica, Hospitalar e Institucional (2000), Neurocientista Clínica (2019), Neuropsicopedagoga Clínica (2018). Trabalha com crianças e adolescentes no tocante a Dificuldades de Aprendizagem. Escritora dos livros *Dislexia: a escrita nas entrelinhas*; *Formando palavras, comunicando com o mundo*; e *Só se aprende lendo e escrevendo*, pela Editora Oikos (São Leopoldo/RS). Atualmente, é especialista em Biofeedback e Neurofeedback (2016). Atua no Hottis Instituto de Psicologia e como Psicopedagoga Clínica na cidade de Carangola/MG.

Contatos: hottislyra@gmail.com
Instagram: @hottisjanuario.
Currículo Lattes: http://lattes.cnpq.br/6874069564363982.

Desafios em comum: um novo professor, quando chega à escola, deve utilizar o planejamento e os materiais elaborados pelo professor anterior. Conhecer a turma com que irá trabalhar e ser autor de seu planejamento traz em si a liberdade de uma criação condizente com o lugar em que os conteúdos serão aplicados e de uma apropriação didática que alcance todos os professores e alunos de uma maneira bem mais eficiente. Além disso, o docente, o próprio elaborador das aulas, é quem vai ministrá-las, o que garante que os objetivos centrais sejam priorizados e que ajustes possam ser feitos durante o processo.

É um trabalho artesanal e cuidadoso que demanda muito estudo e muita responsabilidade também. Assumir claramente o planejamento das próprias aulas confere o benefício de creditar sentido à prática docente. A motivação com certeza será outra. José Pacheco, criador da Escola da Ponte, expõe que é preciso mudar o modelo de aula que temos hoje para uma educação que una firmeza e carinho. A formação docente é um dos campos do conhecimento educacional mais discutidos em congressos, simpósios e nas reuniões pedagógicas de prática docente nas instituições do país, demonstrando a relevância que essa questão tomou no Brasil, quiçá em outros países. Nos cursos de licenciaturas também percebemos a grandeza do trabalho do professor.

Um primeiro ponto de partida para a realização profissional é compreender o significado da carreira docente em toda a sua extensão, incluindo o compromisso com sua formação e os possíveis reflexos que incidirão sobre a sua vida pessoal e profissional. É necessário, também, destacar a conveniência de desenvolver uma formação em que trabalhar as atitudes seja tão importante quanto o restante dos conteúdos. A formação precisa ter um alto componente de adaptação à realidade diferente do professor.

Um dos grandes objetivos de todo curso válido deve ser o de poder experimentar e também proporcionar a oportunidade para desenvolver uma prática reflexiva competente. O professor não se forma apenas na graduação, no seu curso de licenciatura, mas também no dia a dia escolar, pois as mudanças cotidianas requerem, com certeza, mudanças na sua prática pedagógica. Falar em formação de professores é também falar em formação continuada, em que a identidade profissional passa a ser construída.

À guisa de conclusão, faremos algumas considerações de como o professor poderá (re)conquistar sua identidade enquanto categoria profissional, a fim de que possa rever o que constitui o fundamento de sua prática e criar meios de conhecer e relacionar-se com o conhecimento dos seus alunos, e assim, com ele, construir seu processo de aprendizagem.

A escola não é responsável sozinha pelas transformações sociais, porém é nela que acontece a intervenção pedagógica, a didática, resultando no processo de ensino/aprendizagem; fato este que reestrutura toda a vida do sujeito da aprendizagem. É necessário que ela tenha consciência da sua importância para desenvolver no educando a formação crítica e dar condições para que ele possa participar das decisões da sua comunidade, seja no âmbito local ou mundial. Ou seja, deve estar relacionada ao cotidiano dos alunos, desde o aspecto local ao global. O corpo não suporta um conhecimento morto que não possa ser integrado com a vida. Diante disso, a escola deve deixar de ser uma agência transmissora de informações e transformar-se em um lugar onde a informação seja produzida e o conhecimento seja significante.

O sujeito necessita estar presente nas transformações da sociedade educacional na tríade educação, aprendizagem e contexto escolar.

Metaforizando, não podemos deixar nossos Josés de mãos vazias, é preciso ter força e fé no amanhã, o mar não vai secar enquanto existirem profissionais querendo fazer a diferença. Fica como sugestão a leitura do poema *José*, de Carlos Drummond de Andrade.

Eis José! Não é um bom momento para se procurar um professor?

No tocante à aprendizagem, tem que ser extremamente significativa, pois a tendência do ser humano é aprender com o prazer, prazer de ser, prazer de fazer, prazer de concluir e prazer de reproduzir, passar para outros o quanto é importante participar da sociedade do conhecimento. Somente o conhecimento vai libertar o homem de suas amarras. Assim, cabe a nós, professores, nos incentivarmos ao máximo para gerar motivação, a válvula propulsora do vir a ser. A didática nos diz: o corpo vai rejeitar o saber que nos atingia a alma. Cabe nesse instante uma revolução em todas as células do nosso corpo para que o **saber** tome sua posição de liberdade.

Superando a simples adaptação ao meio, o ser humano transforma-o por causa das suas necessidades e é pelo trabalho que ele busca instrumentos e caminhos para criar um mundo de objetos significativos e úteis que garantam a sobrevivência. É também pelo trabalho que o ser humano torna-se homem. Por isso, é possível, a partir do trabalho, compreender o desenvolvimento dos complexos sociais e adaptativos vividos pelo homem. Em uma visão marxista, o trabalho pode ser considerado uma atividade educativa e emancipatória do homem, momento de articulação entre consciência e mundo, entre subjetividade e objetividade. Porém, chega o momento em que o trabalho se converte em mercadoria, por conta da economia capitalista. A realidade do trabalho tem se tornado cada vez mais complexa, sendo influenciada pela evolução tecnológica, pela evolução das linguagens e, consequentemente, pela revolução das representações.

O docente necessita se reconhecer dentro do seu papel de formação e formador, na construção desta nova escola que tanto buscamos e queremos: um espaço para abrir seus horizontes sem medo de errar, ou, se errar, procurar o acerto a fim de consolidar uma formação que o leve a ter direitos sobre seu saber. Só assim mesmo poderá mostrar para seu aluno que tudo é possível, basta sonhar, basta querer. Dentro de cada um de nós existe sempre espaço para aprender, e é nesta perspectiva que, juntos, formaremos a escola do século XXI que tanto queremos, para que a autonomia seja sinônimo de esperança neste espaço em construção.

Para sempre lembramos das lições que nos foram passadas pelos nossos professores, que tinham lugar de destaque: na família, na sociedade constituída, o respeito permeava seu entorno; e é esse docente que ansiamos. Com uma formação adequada, resgataremos toda a doçura e responsabilidade de uma educação que traz a nostalgia do que era velado, porém doce e cheio de amor e aprendizagem.

O termo “desenvolvimento” é facilmente associado ao aumento de estruturas físicas e orgânicas do indivíduo, porém, ele é mais amplo, pois determina o processo ordenado e contínuo que principia com a própria vida e abrange todas as modificações comportamentais físicas e da estimulação variada do ambiente. Já a aprendizagem é o resultado da estimulação do ambiente sobre o indivíduo, abrange os hábitos que formamos, os aspectos de nossa vida afetiva, a assimilação de valores culturais. Enfim, a aprendizagem se refere a aspectos funcionais amadurecidos por meio da estimulação recebida pelo indivíduo ao longo de sua vida. O processo de ensino-aprendizagem é, em sua natureza, complexo e permeado por fatores políticos, econômicos, culturais e sociais. Partindo desse pressuposto, destacam-se algumas categorias fundamentais importantes no processo de aprendizagem, como o empirismo ou ambientalismo, no qual o professor é o centro do processo de aprendizagem, que organiza as informações do meio externo para serem interligadas pelos alunos, assim, estes se tornam apenas receptores de informações. Esse modelo de ensino é fechado e acabado, e o conhecimento consiste no acúmulo de informações e fatos isolados. Há uma maior preocupação com a forma de ensinar bem para o aluno aprender, pois o conhecimento não está no sujeito, mas nos livros e professores, sendo o aluno apenas uma "tábula rasa" ou recipiente vazio, para despejar os conhecimentos.

Para que o processo de aprendizagem se construa, é necessário observar o sujeito como um grande todo e não um ser fragmentado, vítima de um sistema que não tem um olhar de transformar e, sim, de engavetar saberes. Todo saber é útil e se faz necessário no decurso da vida. O saber alimenta os aspectos do canto do povo de um lugar, ou seja, todos saímos culturalmente de um lugar nosso que fará conexões com toda nossa trajetória de saber e de construir o mundo que idealizamos sem uma cópia grotesca do que querem fazer de nós. Meros seres de reprodução sem respeitar qualquer condição patológica ou não inerente ao sujeito aprendente.

Referências

AQUINO, J. G. *Do cotidiano escolar*: ensaios sobre a ética e seus avessos. São Paulo: Summus, 2000.

BRANDÃO, C. R. *O que é educação*. 33. ed. São Paulo: Brasiliense, 1995.

BURKE, T. J. *O professor revolucionário*: da pré-escola à universidade. Petrópolis: Vozes, 2003.

DEMO, P. *Educar pela pesquisa*. 5. ed. Campinas: Autores associados, 2002.

FREIRE, P. *Pedagogia da autonomia*: saberes necessários à prática educativa. São Paulo: Paz e Terra, 1996.

NÓVOA, A. *Formação de professores*. 2. ed. São Paulo: Unesp, 1998.

PLACCO, V. M. N. de S.; ALMEIDA, L. R. de (orgs.). *O coordenador pedagógico e os desafios da educação*. São Paulo: Peirópolis, 2008.

TUNARI, L. M. História da formação de professores. *Revista Brasileira de Educação*, p. 61-88, Maio/Jun./Jul./Ago. 2000.

CAPÍTULO 16

Olhar e atenção às marcas invisíveis da infância

Reflexos da infância, da invisibilidade ao protagonismo

A infância exige olhar profundo e compreensão desde cedo. O impacto psicológico ecoa na vida adulta e fundamenta o futuro. Neste capítulo, abordaremos uma visão sobre aprendizagem com alunos que nos relatam as adversidades enfrentadas e as dores da infância. Afinal, a aprendizagem acontece por uma soma de múltiplas funções e habilidades que carregamos dentro de nós.

Lílian Ladeira

LÍLIAN LADEIRA

Pós-graduada em Neuropsicopedagogia Clínica, Institucional e Hospitalar, Psicopedagogia Clínica e Institucional; especialista em Educação Especial e Inclusiva; graduada em Pedagogia; tem experiência nas áreas educacional e clínica e em transtornos do neurodesenvolvimento. Docente há 22 anos como professora e coordenadora pedagógica de escolas públicas e privadas, da Educação Infantil ao Ensino Fundamental II. Fundadora da Clínica Möbius & Mymmos (especialidades multiprofissionais) onde exerce a função de dirigente e Neuropsicopedagoga.

Contatos: lilianladeira7@gmail.com
Instagram: @lilianladeira.neuropsi
32 98443 9271
32 99906 2424

A importância de ter um olhar sensível, atenção à escuta e observação enquanto educador, permite uma prática que constitui sujeitos produtores de suas próprias histórias, cultura, linguagem, identidade. Afinal, o aprendizado escolar, a educação, vai muito além de ler e escrever. Estar atento às crianças, oferecer aos alunos a descoberta de experiências significativas para a vida, a fim de que seu desenvolvimento seja ampliado e multiplicado, possibilita o enriquecimento das múltiplas linguagens e construções de mundo, em que cada um possa crescer seguro em sua singularidade e estar aberto às diferenças. Saber reconhecer e interpretar o outro.

As ações humanas produzem o desenvolvimento como forma de equilíbrio e o progresso se organiza a cada passo. Transformando o "Ser e Estar" no mundo, proporcionando aprendizados em oportunidades.

O educador tem atuado como grande super-herói nas instituições, no entanto, o sucesso no contexto escolar, na vida e rotina diária dos educandos não se restringe à sua responsabilidade. Cabe à família assumir o papel fundamental na sua formação. A articulação entre escola e família faz-se necessária a todo tempo, não podendo a educação ocorrer de forma isolada da participação familiar. Os valores e princípios transmitidos a uma criança desempenham critérios importantes que irão fazer a diferença na sua formação integral. Deixam marcas que impactam as demais relações do indivíduo, podendo refletir na escola de forma **positiva** ou **negativa**, potencializando ou não o processo de ensino e de aprendizagem.

Os fatores ambientais, emocionais, às vezes interferem e dificultam oferecer condições positivas para o desenvolvimento pessoal. No entanto, quando se tem apoio e incentivo familiar, o engajamento e o desempenho fazem com que se estabeleçam resultados positivos e habilidades sejam alcançadas.

A aprendizagem em si está relacionada ao desenvolvimento pessoal, em que a base fundamentada irá permitir o aperfeiçoamento de conhecimentos, habilidades, valores, competências. No entanto, as questões emocionais e do ambiente podem ser fatores desencadeadores de emoções, marcas que permanecerão e serão determinantes para o insucesso na aprendizagem.

As emoções dão sentido à vida, são fonte essencial da aprendizagem, fazem parte da evolução, do desenvolvimento da criança e do adolescente. Muitos problemas referentes à saúde mental na escola podem ser por sofrimento emocional, quando alunos enfrentam dificuldades e não conseguem corresponder às expectativas.

É preciso haver prazer em conhecer, descobrir e significar as etapas da vida. Na educação, temos quatro pilares fundamentais a serem respeitados para o desenvolvimento do ser: **aprender a conhecer, aprender a fazer, aprender a conviver, aprender a ser**.

Eles representam muito mais do que a educação nas salas de aula. É conhecimento para a vida, aquisição de experiências, desenvolvimento de habilidades e personalidade. Sempre serão marcas que influenciarão nosso comportamento e que poderão afetar, trazendo prejuízos sociais, afetivos e profissionais. Preocupar-se, ter olhar atento e tomar medidas para redução do impacto negativo por toda uma vida, é construir no outro **autorregulação (emocional, comportamental)** para desenvolvimento e interação positiva que possam ocorrer diante das dificuldades enfrentadas.

As intervenções preventivas desenvolvem comportamentos positivos, havendo maiores possibilidades no futuro de realização de intervenções corretivas com respostas mais significativas. O ambiente estruturado e organizado proporciona, além de objetivos, um lugar onde possam aprender e tenham expectativas positivas, incentivos e direcionamento para enfrentar a realidade do processo.

Muitas crianças têm dificuldades em gerenciar as emoções, e não têm o olhar familiar, o que gera dores e frustrações, que se refletem na escola. Tudo isso as leva a desistir das tarefas, desviar a atenção e a interação, não desenvolver o aprendizado com segurança e de acordo com cada etapa. Para todas essas abordagens, não existe uma receita correta, mas, sim, caminhos para trilhar. O conjunto de medidas em sintonia proporciona a melhora e o desenvolvimento consciente para a vida adulta. Assim, as condutas, o comportamento e a formação serão trabalhados a fim de minimizar os prejuízos a longo prazo e otimizar o potencial.

Nesse contexto, o despreparo em ouvir, observar, perguntar e não perceber os sintomas pode postergar a identificação precoce de muitos fatores que irão refletir na vida escolar, revertendo-se como fracasso, pois existem situações complexas, sendo necessárias estratégias individuais, intensivas.

No entanto, a escola tem o dever de estar engajada, com profissionais treinados e orientados para direcionar e equilibrar o processo. O importante é a organização dos dados, do tempo, sem esquecer que toda etapa anulada fica marcada com ansiedade, estresse e, se não for controlado, destrói sonhos, curiosidades, adolescência e vida adulta.

Ampliar o despertar para o "olhar atento" traz respostas às marcas invisíveis da infância e ao papel fundamental da educação, e aponta para a necessidade de construir um contexto escolar no qual todos se sintam especiais. Vivemos uma era marcada por competições, excelência, progressos e avanços tecnológicos, que exigem dos jovens e da educação em si uma revisão dos valores.

Podemos dizer que todos nós trazemos memórias, características de nossa origem. Com as diversas mudanças das etapas da vida, nos sentimos atropelados. A impressão é que não conseguiremos reter tudo, dar conta, manter o controle, conter a ansiedade, e muitos se perdem no contexto educacional.

Precisamos compreender, ter calma para lidar com os processos de "mudança"!

Segundo Fischer (2002), o processo de mudança na aprendizagem tem 8 fases: **ansiedade, alegria, medo, ameaça, culpa, depressão, aceitação gradual e avanço**.

Ufa! Quantos desafios para ultrapassar, alçar cada fase.

Na sala de aula, aprender exige, a todo tempo, sair da zona de conforto, se desafiar, encarar o novo, aceitar e enfrentar o caminho que é necessário percorrer.

A maturidade ajuda no equilíbrio das emoções e a ponderar as dores que interferem e fazem ter aquela vontade de desistir.

O autoconhecimento também é outro fator que se identifica com a maneira como as pessoas aprendem e lidam no dia a dia, superando os traumas do passado.

Diante de muitas observações, estudos e experiências vivenciadas no ambiente escolar, várias perguntas podem ser feitas, entre elas: **qual o benefício de ser sempre um aprendiz?** Hoje existe certeza e alegria em dizer: é muito mais que superar desafios, é orgulho, é se sentir protagonista da própria história. Afinal, o **eu posso, eu consigo, eu faço parte, sou aprendiz** e reconhecer as habilidades da vida fazem toda diferença diante dos métodos ativos de ensino, preconizam a autonomia e o protagonismo. Estabelecer objetivos facilita a tomada de decisão diante das oportunidades.

A falta de independência nos comportamentos dos alunos nos ambientes escolares leva a dificuldades futuras referentes às iniciativas diante dos desafios.

No entanto, conhecer, diferenciar, flexibilizar, incluir, promover a autonomia, colaborar com pais e profissionais, é parte fundamental de uma formação eficaz.

Contudo, com uma **autoavaliação** é possível deixar uma **ferramenta** capaz de auxiliar a aprendizagem e o desenvolvimento: "o reconhecer".

Ao adaptar a prática, estamos não apenas conhecendo melhor nossos educandos, mas também equipando-os para lidar com o futuro, como cidadãos autônomos, resilientes e adaptáveis, confiantes no seu potencial.

Algumas questões reflexivas e desafiadoras foram lançadas a adolescentes e jovens: **afinal, qual a sua dor? A infância dói quando ela termina? O que é ser um adulto? Como podemos, em nossas práticas, cultivar equilíbrio e navegar pela aprendizagem com independência? Quais os desafios enfrentados na infância no ambiente educacional?**

Confira as respostas:

"A infância é um período mágico da vida, repleto de descobertas, brincadeiras e inocência. No entanto, a transição para adolescência foi dolorosa para mim, me deixou dores emocionais e psicológicas. Hoje, na luta para vencer o ensino médio." (J. A. L.)

"Claro que dói para sempre, é marcada por muita alegria e momentos que não compreendemos também. No entanto, as preocupações são mínimas e quando termina, somos confrontados com exigências da vida adulta, pressão social e expectativas familiares." (M. O. C.)

"O processo de mudança gera sentimento de perda, como se estivéssemos deixando para trás não apenas o tempo, mas uma parte de nós mesmos." (O. F. L.)

"A infância é um conjunto de pureza, onde construímos laços afetivos. É na escola que acontece a formação, e muitas vezes vem a separação e a saudade dos momentos compartilhados. Existem pessoas que representam a nossa família. A tia S. M será para sempre uma inspiração." (A. G.)

"Quando criança, tinha a esperança de tudo ser possível, os sonhos pareciam todos ao meu alcance. Ao crescer, somos confrontados com limitações e realidades desanimadoras. E ninguém fala disso, ou, enquanto criança não compreendia." (B. C. M.)

"Ser um adulto e não ter uma base familiar chega a gerar um sentimento de tristeza ao ver muitos sendo acompanhados para as avaliações externas, a família vibrando. Compartilhar o primeiro emprego e todos celebrarem e não cobrarem seu primeiro salário. O medo do desconhecido, a vida adulta vem acompanhada de incertezas sobre o futuro: escolhas profissionais, relacionamentos amorosos e responsabilidades financeiras. É uma mistura de saudades, inclusive da tia do portão (M. G. F.) da escola que sempre me deu os melhores conselhos e ligava para minha mãe quando não chegava no horário na escola." (G. A. P.)

"Embora seja difícil cultivar o equilíbrio, deixar a infância para trás, cada fase da vida tem belezas, aprendizados, tristezas, lembranças boas e outras nem tanto. Mas as possibilidades de conquistar o nosso espaço dependem de nós fazermos diferente." (H. H. M.)

"A adaptação escolar sempre foi um problema, como chorava! Todos riam, a professora não dava confiança, minha mãe achava que era birra. Não conseguia aprender a ler, foi muito triste. Hoje, aos 15 anos, pedi ajuda para alguns professores que convenceram minha mãe a me ajudar. Estamos passando por alguns médicos e vou mudar minha história." (L. F. F. S.)

"O bullying verbal e físico que outras crianças da escola faziam comigo. Como dói! Muitas pessoas podem desenvolver certos tipos de traumas em relação a isso e não querem mais frequentar a escola." (S. R.)

A educação pode modelar a autoavaliação, mencionando a importância do processo da aprendizagem e do desenvolvimento pessoal. Ao criar um ambiente e um contexto em que alunos se sintam confortáveis e confiantes, eles podem expressar suas fraquezas, revelando o crescimento e o aprendizado contínuos. Onde as marcas passam a ser avaliadas por si mesmas, com habilidade de compreender que é necessário se reconhecer sem culpas.

Reforçar a promoção da confiança, da autonomia e do engajamento do educando no cenário atual é desafiador. São necessários observação, olhar, reflexão, troca. A escola como um todo precisa ser um contexto rico em possibilidades, desafios, acolhimento, relações respeitosas, ambientes provocativos, linguagens múltiplas.

Não basta apenas preparar o espaço, é necessário resolver problemas, dar condições práticas, observar, escutar, registrar, estar presente, valorizar, promover contextos convidativos. Como dizia Paulo Freire (1996): "Educar é impregnar de sentido o que fazemos a cada instante".

Fica o convite a pais, educadores e educandos para refletir sobre a importância da infância. Quem não tem infância perde a melhor etapa da vida, é nela que construímos arquivos que nos levam ao desenvolvimento saudável. O Eu das crianças, adolescentes, jovens e adultos representa habilidades que os tornarão autores da própria história.

Quando nos colocamos como eterno aprendiz, nos tornamos gênios no autoconhecimento, no autocontrole, capazes de reciclar os traumas, inovar e usar tudo a seu favor para se reinventar.

Preparar para as intempéries da vida é muito mais do que tudo que se faz necessário no contexto escolar, como na matemática, no português, na física etc.

Não basta aplicar somente valores. Nutrir diariamente a resiliência, o amor, são características saudáveis para mudanças de paradigmas: o ser capaz de desafiar suas dores e gerir novos voos. E você? Tem traído seus sonhos por conta das suas marcas invisíveis?

Referências

BRITES, L. *Crianças desafiadoras*. São Paulo: Gente, 2019.

CURY, A. *Ansiedade*: como enfrentar o mal do século: a Síndrome do Pensamento Acelerado: como e por que a humanidade adoeceu coletivamente, das crianças aos adultos. São Paulo: Saraiva, 2014.

CURY, A. *Pais brilhantes, professores fascinantes*. Rio de Janeiro: Sextante, 2003.

FISCHER, R. M. *Mudança e transformação organizacional*. São Paulo: Gente, 2002.

FREIRE, P. *Pedagogia do oprimido*. 51. edição. São Paulo: Editora Paz & Terra, 1996.

CAPÍTULO 17

Passo a passo para a inclusão

Como a educação transforma a realidade de pessoas neurodivergentes

A inclusão na educação é necessária para garantir que todos os estudantes, incluindo as pessoas neurodivergentes, tenham acesso igualitário ao aprendizado. No Brasil, isso é assegurado pela Constituição de 1988, e para cumprir esse direito, é necessário respeitar a diversidade, promover a acessibilidade e capacitar professores. Essas ações ajudam a criar um ambiente escolar inclusivo, valorizando a diversidade e permitindo que todos os alunos alcancem seu potencial.

Wynea Vieira de Queiroz Albuquerque Ferreira

WYNEA VIEIRA DE QUEIROZ ALBUQUERQUE FERREIRA

Psicóloga e Neuropsicóloga, especializada em Terapia Cognitivo-Comportamental, atua há mais de 11 anos com o objetivo de ajudar crianças e adolescentes a desenvolver habilidades socioemocionais. Com formação em Neuropsicopedagogia e Psicologia Positiva pela Associação de Psicologia Positiva Americana, trabalha em colaboração com as famílias para fortalecer vínculos e criar um ambiente propício ao desenvolvimento. Especialista na avaliação de crianças de zero a seis anos, uma fase crucial para o crescimento cognitivo e emocional e terapeuta ABA. Fundadora da Clínica Integrar, que possui uma equipe multidisciplinar capacitada e muito dedicada a respeitar o ritmo individual de cada um, atendendo crianças, e não o diagnóstico.

Contatos: wyneaqueiroz@gmail.com
32 98401 2408

A importância da inclusão

A inclusão na educação é um conceito fundamental que visa garantir que todos os estudantes, independentemente de suas necessidades, diferenças ou habilidades, tenham acesso igualitário à educação. Esse modelo tem como objetivo incluir alunos com deficiência, transtornos ou altas habilidades em escolas regulares, promovendo assim a diversidade e combatendo o preconceito.

No Brasil, a inclusão é assegurada por lei, conforme o art. 208 da Constituição Federal de 1988. Para que esse direito seja efetivamente cumprido, é essencial respeitar a diversidade dos estudantes, fomentar a participação social, criar um ambiente acolhedor e inclusivo, promover a acessibilidade e formar professores capacitados para atender às diversas necessidades dos alunos.

O *Manual de inclusão e equidade na educação*, desenvolvido pela Unesco, destaca que a inclusão é um processo que ajuda a superar barreiras que limitam a presença e participação dos estudantes. Já a equidade garante que a educação de todos seja tratada com igual importância.

Como trabalhar a inclusão na prática?

1. **Trabalhos colaborativos**: envolver os alunos em projetos colaborativos para atingir objetivos comuns, incentivando a empatia e o respeito mútuo, sempre com a orientação de um professor.
2. **Adaptação de métodos de ensino**: ajustar materiais e avaliações para atender às diversas necessidades de aprendizagem, oferecendo suporte adicional quando necessário.

3. **Programas de educação individualizados**: criar planos específicos para estudantes com necessidades especiais, com objetivos, acomodações e modificações claras.
4. **Formação continuada**: oferecer treinamentos contínuos para professores, famílias e alunos, incentivando o envolvimento de todos os interessados no processo decisório.
5. **Uso de tecnologia assistida**: integrar dispositivos e softwares específicos para facilitar a participação dos alunos nas atividades e melhorar a comunicação.

Ao implementar essas práticas, as escolas podem criar um ambiente inclusivo que valoriza e respeita a diversidade, garantindo que todos os alunos tenham a oportunidade de alcançar seu pleno potencial.

Profissionais de apoio como agente fundamental na implementação da inclusão

Esses profissionais podem ser assistente educacional ou professor de apoio, dependendo da necessidade do aluno, e seu papel é fundamental na vida escolar, especialmente quando se trata de crianças e adolescentes que precisam de um pouco mais de atenção e cuidado para alcançar seu pleno potencial. Esse profissional se torna uma ponte importante entre o aluno, a sala de aula e o aprendizado efetivo.

Primeiramente, eles se apresentam como uma figura acolhedora, que escuta e entende as necessidades individuais dos alunos. E trabalha em colaboração com os professores regulares para adaptar o conteúdo e as atividades às capacidades e interesses dos estudantes. Isso pode envolver a criação de materiais personalizados, a introdução de métodos de ensino alternativos ou o suporte individualizado para reforçar o aprendizado.

Além disso, desempenham papel importantíssimo na promoção de um ambiente escolar inclusivo. Ajudam a criar um espaço onde todos os alunos se sintam valorizados e parte integrante da turma, independentemente de suas dificuldades ou diferenças. Esse ambiente inclusivo não apenas melhora o desempenho acadêmico, mas também fortalece a autoestima e a confiança dos alunos.

O impacto positivo dessa abordagem é visível não apenas no desenvolvimento acadêmico, mas também no crescimento pessoal dos estudantes. Alunos que experimentam um ambiente inclusivo tendem a apresentar maior autoconfiança, melhores habilidades sociais e um senso de pertencimento mais profundo. Além disso, a diversidade em sala de aula enriquece o aprendizado de todos, promovendo a troca de experiências e perspectivas diferentes.

Quais alunos têm direito ao professor de apoio

- **Deficiência física**: alunos com dificuldades de locomoção, coordenação motora ou outras limitações físicas que impactam a participação nas atividades escolares.
- **Deficiência auditiva**: alunos com perda auditiva que necessitam de auxílio na comunicação, como intérprete de Libras ou outros recursos.
- **Deficiência visual**: alunos com cegueira ou baixa visão que necessitam de auxílio na leitura, escrita e orientação espacial.
- **Deficiência intelectual**: alunos com dificuldades no desenvolvimento cognitivo que necessitam de auxílio nas atividades pedagógicas.
- **Transtorno do espectro autista (TEA)**: alunos com TEA que necessitam de auxílio no desenvolvimento social, emocional e comportamental, bem como no acompanhamento das atividades escolares.

A necessidade de um professor de apoio deve ser avaliada por uma equipe multidisciplinar, que considerará as necessidades individuais de cada aluno.

Papel do professor de apoio para alunos neurodivergentes

Um professor de apoio desempenha papel fundamental na vida de um aluno neurodivergente, levando em conta o aumento dos diagnósticos do transtorno do espectro autista (TEA) – o que não significa que existem mais pessoas com autismo atualmente do que no passado, mas sim que há uma melhor compreensão e identificação do transtorno. Vamos enfatizar o que esse profissional pode oferecer, como suporte personalizado para promover a inclusão e o desenvolvimento dos alunos. Esse atendimento não precisa ser necessariamente de forma individual, dependendo da avaliação e orientação da equipe multidisciplinar para cada um.

Suporte individualizado

- **Auxílio nas atividades escolares**: o professor de apoio pode ajudar o aluno a compreender as instruções, realizar as tarefas e organizar o material escolar.
- **Adaptação do material didático**: o professor de apoio pode adaptar as atividades e os materiais didáticos para atender às necessidades específicas do aluno, utilizando recursos visuais, jogos e outras estratégias.
- **Mediação da comunicação**: o professor de apoio pode auxiliar o aluno a se comunicar com os colegas e professores, utilizando recursos como pranchas de comunicação ou outros sistemas alternativos.

- **Auxílio na organização e no planejamento**: alunos com TEA podem ter dificuldade em organizar suas tarefas e planejar suas atividades. O professor de apoio pode ajudá-los a desenvolver essas habilidades.

Suporte social e emocional

- **Auxílio na interação social**: o professor de apoio pode auxiliar o aluno a interagir com os colegas, ensinando habilidades sociais e mediando conflitos.
- **Promoção da autonomia**: o professor de apoio pode auxiliar o aluno a desenvolver sua autonomia e independência, incentivando-o a tomar decisões e realizar tarefas por conta própria.
- **Gerenciamento de comportamentos desafiadores**: alunos com TEA podem apresentar comportamentos desafiadores, como crises de ansiedade ou agressividade. O professor de apoio pode auxiliar o aluno a gerenciar esses comportamentos, utilizando estratégias de intervenção comportamental.
- **Criação de um ambiente seguro e acolhedor**: o professor de apoio pode auxiliar na criação de um ambiente seguro e acolhedor para o aluno, onde ele se sinta à vontade para expressar suas emoções e necessidades.

Colaboração com a equipe escolar

- **Comunicação com pais e professores**: o professor de apoio deve manter contato frequente com os pais e professores do aluno, informando-os sobre o progresso dele e trocando informações sobre as melhores estratégias de intervenção.
- **Participação nas reuniões de planejamento**: o professor de apoio deve participar das reuniões de planejamento da equipe escolar, contribuindo com suas observações e sugestões.

Outras funções

- Auxiliar o aluno nos momentos de higiene, alimentação e locomoção, caso necessário.
- Acompanhar o aluno em atividades extracurriculares.
- O trabalho do professor de apoio deve ser sempre individualizado e centrado nas necessidades de cada aluno, e o mais importante é ajudá-lo a adquirir autonomia, não só nas atividades escolares, mas também na sua independência em um modo geral.

A influência da inclusão na vida dos alunos

A inclusão também prepara os estudantes para a vida em uma sociedade diversa e interconectada, em que a habilidade de trabalhar com pessoas de diferentes origens e capacidades é essencial. Assim, ao investir em práticas inclusivas, as escolas não apenas cumprem seu papel educacional, mas também contribuem para a formação de indivíduos mais empáticos e preparados para os desafios do futuro.

É vital que todos os envolvidos no processo educacional, desde gestores até professores e familiares, estejam comprometidos com essa visão. Juntos, eles podem construir um sistema educacional que realmente reflete o potencial e a dignidade de cada estudante, independentemente de suas diferenças.

A interação com colegas de diferentes origens e habilidades estimula a criatividade e a resolução de problemas, preparando os estudantes para um mundo em que a colaboração e a inovação são fundamentais.

As histórias de sucesso de alunos que prosperaram em ambientes inclusivos são inúmeras, demonstrando que, quando as barreiras são removidas e as oportunidades são igualitárias, todos têm a chance de brilhar. Esse tipo de educação não apenas molda indivíduos mais completos, mas também contribui para uma sociedade mais justa e solidária.

Portanto, a inclusão na educação deve ser vista como um investimento no futuro, em que cada estudante é respeitado e valorizado por suas contribuições únicas. Com comprometimento e práticas eficazes, podemos transformar a realidade da educação, tornando-a um espaço verdadeiramente acolhedor para todos.

Desafios da inclusão

Para que a inclusão ocorra de fato, é preciso enfrentar diversas dificuldades, principalmente em países como o Brasil, entre elas:

- **Infraestrutura**: muitas escolas ainda não possuem infraestrutura adequada para atender às necessidades de todos os alunos, como rampas de acesso, banheiros adaptados e equipamentos de comunicação, materiais de qualidade e com adaptações necessárias a cada um.
- **Formação de professores**: nem todos os professores estão preparados para lidar com a diversidade e implementar estratégias de ensino inclusivas.
- **Preconceito**: o preconceito e a discriminação ainda são obstáculos para a inclusão, tanto dentro como fora da escola.

A educação inclusiva é um direito de todos os alunos e um desafio que exige a colaboração de todos os envolvidos no processo de ensino e aprendizagem. Ao superar os desafios e implementar práticas inclusivas, as escolas podem se tornar ambientes de aprendizagem que atendam a todos os alunos, promovendo a igualdade de oportunidades e o desenvolvimento de cidadãos mais conscientes.

Referências

BRASIL. *Constituição (1988)*. Constituição da República Federativa do Brasil de 1988. *Diário Oficial da União*: seção 1, Brasília, DF, 5 out. 1988. Disponível em: https://www.planalto.gov.br/ccivil_03/constituicao/constituicao.htm. Acesso em: 5 maio 2025.

BRASIL. *Lei nº 7.853, de 24 de outubro de 1989*. Dispõe sobre o apoio às pessoas portadoras de deficiência, sua integração social, institui a Coordenadoria Nacional para Integração da Pessoa Portadora de Deficiência – Corde, e dá outras providências. *Diário Oficial da União*: seção 1, Brasília, DF, 25 out. 1989. Disponível em: https://www.planalto.gov.br/ccivil_03/leis/l7853.htm. Acesso em: 5 maio 2025.

BRASIL. *Lei nº 8.069, de 13 de julho de 1990*. Dispõe sobre o Estatuto da Criança e do Adolescente e dá outras providências. *Diário Oficial da União*: seção 1, Brasília, DF, 16 jul. 1990. Disponível em: https://www.planalto.gov.br/ccivil_03/leis/l8069.htm. Acesso em: 5 maio 2025.

BRASIL. *Lei nº 12.764, de 27 de dezembro de 2012*. Institui a Política Nacional de Proteção dos Direitos da Pessoa com Transtorno do Espectro Autista e dá outras providências. *Diário Oficial da União*: seção 1, Brasília, DF, 28 dez. 2012. Disponível em: https://www.planalto.gov.br/ccivil_03/_ato2011-2014/2012/lei/l12764.htm. Acesso em: 5 maio 2025.

BRASIL. *Lei nº 13.146, de 6 de julho de 2015*. Institui a Lei Brasileira de Inclusão da Pessoa com Deficiência (Estatuto da Pessoa com Deficiência). *Diário Oficial da União*: seção 1, Brasília, DF, 7 jul. 2015. Disponível em: https://www.planalto.gov.br/ccivil_03/_ato2015-2018/2015/lei/l13146.htm. Acesso em: 5 maio 2025.

BRASIL. Ministério da Educação. *Parecer CEB/CNE nº 13, de 24 de setembro de 2009*. Diretrizes Operacionais para o atendimento educacional especializado na Educação Básica, modalidade Educação Especial. *Diário Oficial da União*, Brasília, 2009b. Disponível em: http://portal.mec.gov.br/dmdocuments/pceb013_09_homolog.pdf. Acesso em: 17 fev. 2025.

SANTANA, A. M. de. *et al.* Educação socioambiental: uma perspectiva a partir da inserção do(a) assistente social na escola. *Interfaces Científicas-Humanas e Sociais*, v. 7, n. 3, p. 9-20, 2019. Disponível em: http://periodicos.set.edu.br/humanas/article/view/4742. Acesso em: 25 jan. 2024.

TANNÚS-VALADÃO, G.; MENDES, E. G. Inclusão escolar e o planejamento educacional individualizado: estudo comparativo sobre práticas de planejamento em diferentes países. *Revista Brasileira de Educação*, v. 23, 2018. Disponível em: https://www.scielo.br/j/rbedu/a/mJJDHWr3xyVzztRdVjdhJSg/abstract/?lan g=pt. Acesso em: 25 jan. 2025.

CAPÍTULO 18

Práticas pedagógicas inclusivas

Uma reflexão sobre o posicionamento do professor para além da técnica

O capítulo discute a importância das práticas pedagógicas inclusivas na educação, enfatizando que a inclusão de alunos com deficiência exige conhecimento técnico, sensibilidade e postura adequada do professor. Destaca a necessidade de formação contínua, adaptações metodológicas e compromisso ético para garantir a participação efetiva desses alunos. Além disso, aborda o papel das políticas públicas e da sociedade na construção de um ambiente escolar mais acessível e acolhedor.

Ana Paula Silva Andrade Jorge

ANA PAULA SILVA ANDRADE JORGE

Pedagoga, Mestre em Cognição e Linguagem pela Universidade Estadual do Norte Fluminense Darcy Ribeiro – UENF (2020). Especialista em Coordenação Pedagógica e Supervisão Escolar pela Universidade Cândido Mendes; em Arteterapia pela Faculdade Fleming Cerquilho; e em Psicopedagogia Clínica e Institucional pelo Centro Universitário Faveni. Professora efetiva da Rede Municipal de Educação de Muriaé/MG, atualmente cedida à Secretaria de Educação na função de Coordenadora Municipal da Educação Especial. No Ensino Superior, atua na Faculdade Santa Marcelina (Fasm) nos cursos de Ciências Biológicas e Pedagogia. Representante da Secretaria de Educação na Junta Reguladora da Pessoa com Deficiência e Tesoureira do Conselho Municipal da Pessoa com Deficiência. Pesquisadora e palestrante com diversos artigos publicados sobre formação de professores e educação especial. Organizadora do livro *Diálogos e práticas inclusivas* (2024) e autora da *Metodologia dos 3 A's para educação inclusiva.*

Contatos: ana.jorge@edu.muriae.mg.gov.br
Instagram: @ana_pjorge

Será que todas as crianças aprendem juntas na escola? Apenas a presença do professor é suficiente para influenciar positivamente a aprendizagem dos alunos? Impossível, não é mesmo? É preciso mais; é necessário conhecimento e sensibilidade do regente para conduzir os processos de ensino.

Durante muito tempo, pensou-se que as crianças com deficiência não precisavam frequentar as escolas, acreditando que elas seriam incapazes de aprender, o que não é verdade. Elas aprendem de formas diferentes! Portanto, ao abordar o tema "Educação especial", é impossível não refletir sobre as práticas pedagógicas utilizadas nas escolas. A prática e a promoção da educação inclusiva caminham de forma intrínseca, de maneira que uma está totalmente sujeita à outra. Não é possível que um aluno atípico se desenvolva se a prática não o permite fazer.

Potencializar a aprendizagem por meio de um ensino coerente, com práticas pedagógicas que atendam ao público da contemporaneidade, é desafiador, considerando que as crianças com deficiência, antes negligenciadas, agora, cada vez mais, acessam as escolas regulares. Portanto, compreender e se apropriar dos diferentes conceitos para a promoção da inclusão é de suma importância no âmbito educacional.

Primeiramente, precisamos compreender o que é prática pedagógica e por que ela é tão importante. Freire (1986) apresenta uma concepção de prática pedagógica dialógica, na qual a construção do conhecimento se dá entre o professor e o aluno, ou seja, juntos, aprendendo e ensinando mutuamente. Nessa perspectiva, a prática pedagógica pode ser pensada como expressa Fernandes (1999, p. 159):

> [...] prática intencional de ensino e aprendizagem não reduzida à questão didática ou às metodologias de estudar e de aprender, mas articulada à educação como prática social e ao conhecimento como produção histórica e social, datada e situada, numa relação dialética entre prática-teoria, conteúdo-forma e perspectivas interdisciplinares.

Como explicitado por Fernandes (1999), a aula se constitui por meio de uma teia de relações interpessoais em determinado espaço de tempo, sendo o conhecimento construído a partir dessas relações. Para Rios (2008), o ato pedagógico, baseado no bem comum e na transformação social, deve ser pautado na ética, consequentemente, promovendo a justiça, a solidariedade e o diálogo. Nesse sentido, podemos definir prática pedagógica como o caminho escolhido para alcançar um objetivo no processo de ensino. E, nesse caminho, escolhemos as diferentes formas de caminhar, mas é importante termos clareza de que todos os processos de aprendizagem perpassam pela troca, pelo diálogo e pela sensibilidade do professor regente em identificar a necessidade do seu aluno. Trata-se de uma ação reflexiva, na qual o regente precisa se desprender de todas as suas crenças e se permitir reinventar, experimentar e acreditar que é possível.

Durante muito tempo, acreditei que minha formação me faria capaz de ensinar, mas foram os desafios de receber alunos com deficiência que me fizeram perceber que é preciso mais que uma formação técnica para fazer a diferença na vida dos alunos. Para isso, vamos basear nossa reflexão nas palavras expressadas por Verdum (2013), que afirma que a dimensão ética deve articular-se com a dimensão técnica (domínio dos saberes); a dimensão estética (sensibilidade na relação pedagógica); e a dimensão política (que diz respeito à participação na construção coletiva da sociedade e ao exercício dos direitos e deveres).

Domínio dos saberes

A inclusão de alunos com deficiência exige, primeiramente, conhecimento técnico, profissionais capacitados e comprometidos. Movimentos, mudanças sociais e o protagonismo das famílias atípicas impulsionam a formação de educadores, levando o poder público a regulamentar essa capacitação. No Brasil, a educação é coordenada pelo MEC e amparada pelas leis vigentes.

A Lei de Diretrizes e Bases da Educação Nacional (LDBEN), nº 9.394/1996, determina que a formação mínima para magistério seja mediante o nível superior. Ademais, o documento prevê que o professor seja capaz de conduzir o processo de ensino e aprendizagem de todos e executar a gestão da sala de aula, atendendo à diversidade, utilizando diferentes métodos, técnicas e recursos para garantir o desenvolvimento dos conteúdos e a cognição dos discentes, estimulando hábitos de colaboração entre eles e o pleno desenvolvimento de todos. Todavia, na maioria das vezes, a prática evidencia outra realidade, por isso a importância do conhecimento técnico, da busca por saberes, permitindo que, diariamente, o professor relacione teoria à prática.

Sensibilidade e a postura do educador

Outro aspecto importante a considerar na promoção da educação inclusiva, para além da prática pedagógica, é a postura adotada pelo professor. Freire (1986) e Rios (2008) destacam a importância da formação e da postura do professor, que ensina por meio de suas atitudes e gestos, modos de ser e estar no mundo, atitudes em relação à realidade e à convivência social. Daí a necessidade de o docente ser, estar e se sentir preparado diante da diversidade. Em outras palavras, a confiança do professor em relação à aprendizagem do seu aluno transmite segurança para que o mesmo se supere e evolua em seu processo de aprendizagem, enquanto uma postura pejorativa e inflexível, além de não estimular seu sentimento de pertencimento ao grupo, influencia diretamente em seu desenvolvimento escolar.

Atuando em ambientes educacionais, acompanhando centenas de alunos da educação especial, observo como a postura e o posicionamento adotados pelos profissionais tornam a escola mais ou menos inclusiva. As experiências positivas vivenciadas por alunos atípicos em suas respectivas instituições tomam forma e se propagam na comunidade, de maneira que outros pais se sentem seguros em matricular seus filhos em tais escolas. Um acolhimento, uma atenção para a família, que muitas vezes já está calejada dos desafios da inclusão social, são ações que, aos poucos, ajudam a superar as barreiras atitudinais que inevitavelmente impedem que a inclusão de fato aconteça nas escolas.

Contudo, embora o movimento inclusivo esteja ganhando força dentro das escolas, traçando caminhos para se estabelecer e conquistando adeptos e defensores que refutam comportamentos conservadores e anseiam por garantir a escola não somente como direito de todos, mas como lugar de acesso e permanência de todos, infelizmente, ainda há Marias e Joãos sem receber com qualidade esses serviços. Algumas vezes, isso ocorre por falta de engajamento e comprometimento com a causa por parte dos profissionais. Afinal, ainda precisamos lidar com certos costumes, estigmas e reveses que estão incutidos na vivência educacional dos alunos com deficiência, como barreiras arquitetônicas, atitudinais e pedagógicas.

No que tange às barreiras arquitetônicas, a Lei nº 10.098/2000 regulamenta a acessibilidade, e as adequações vêm sendo feitas ao longo dos últimos anos, porém o que gostaria de destacar aqui são as atitudes adotadas pelos profissionais da educação, que precisam de fato transparecer a sua crença inclusiva. É o "querer fazer". Sabemos que não há uma receita, afinal, cada aluno é único e precisa ser olhado de forma exclusiva. Reconheço os desafios de uma sala de aula com muitos alunos, muitas vezes em defasagem, e o quanto isso pode ser desafiador, mas não estamos falando de atitudes gigantescas que comprometam o trabalho educacional, mas de ações possíveis e factíveis dentro da escola. A primeira delas, após se tornar um profissional, é acreditar no aluno, acreditar que, mesmo que ele não aprenda todos os conteúdos ou no ritmo do grupo, ele vai aprender. Ele vai evoluir em relação a ele mesmo e nunca deve ser comparado aos demais. Talvez esse aluno não desenvolva certas habilidades acadêmicas, mas aprenda sobre empatia, convivência e atividades da vida diária. Sempre há possibilidades de novas aprendizagens.

Algumas ações simples que impactam a vida do aluno e promovem a inclusão: acolhimento; igualdade de oportunidades para o aluno, ainda que ele não usufrua (na educação infantil, por exemplo, a oportunidade de participar ativamente da rodinha deve ser disponibilizada, ainda que o aluno não participe); envolver o aluno nas atividades de grupo e/ou conversas da turma; não fazer comentários sobre o aluno para terceiros na sua presença; conversar com os colegas de turma de forma clara e transparente sobre a situação do colega, evitando comportamentos de ciúmes e competitividade; contar com a colaboração dos colegas para incluir o aluno; fazer pequenas adaptações na organização do espaço e dos materiais, caso necessário; não terceirizar a responsabilidade do seu aluno somente para o profissional de apoio; e adaptar atividades, assegurando as especificidades do aluno.

A inclusão é capaz de trazer melhorias não somente ao aluno que está sendo incluído, mas a todos ao seu redor. Os próprios colegas aprendem a respeitar e conviver com as diferenças, o professor desenvolve novas formas de lidar com essa diversidade e, de uma maneira ampla, a comunidade envolvida promove a socialização.

Construção política e social

A inclusão escolar vem sendo tema de estudos e debates na sociedade contemporânea, impulsionando movimentos na defesa de uma comunidade mais justa e igualitária. Tais movimentos ainda hoje buscam diminuir o preconceito e a exclusão das pessoas com deficiência, permitindo que estas usufruam de seus direitos. Assim, as diversas políticas públicas são de fundamental importância para a promoção de uma educação inclusiva. Sassaki (2004) acredita que a inclusão social é formada pela adaptação da sociedade para poder incluir as pessoas com deficiência em seus sistemas sociais gerais, consequentemente, essas também se preparam para assumir seus papéis na sociedade. Movimentos ativistas pela causa, a apropriação dos direitos sociais e o maior acesso à informação desencadeiam movimentos políticos e sociais que buscam trazer mais dignidade e acessibilidade àqueles que, em algum momento, tiveram seus direitos negligenciados.

Um grande passo para a inclusão social das pessoas com deficiência é a instituição de mecanismos fortalecedores desses direitos, como a criação de equipes de mediação de sistemas e a presença e/ou criação de conselhos de defesa da pessoa com deficiência.

Contudo, é necessário ressaltar que a reestruturação das instituições não deve ser apenas uma tarefa técnica, mas depende, acima de tudo, de mudanças de atitudes, de compromisso e disposição dos indivíduos. Nessas circunstâncias, o processo de inclusão social é também o da inclusão escolar, que permitirá o desenvolvimento cognitivo e social desse indivíduo. Nesse sentido, é preciso que a sociedade de maneira geral se envolva no processo de inclusão, para que ocorra uma mudança de comportamento em que a pessoa com deficiência é respeitada, incluída e valorizada. Sob essa ótica, o professor, para além da prática pedagógica, é também um propagador popular, cujas atitudes, ações e falas não só norteiam, mas desencadeiam novas mudanças sociais.

Finalizamos com a pergunta: como fazer a inclusão na escola? A resposta é clara: não há receita pronta, há receitas sendo escritas, com as tentativas de acertar baseadas no conhecimento técnico, nas experiências vividas por cada professor, que vão mostrando o caminho a ser trilhado e a receita a ser construída. O importante é estarmos procurando essa resposta. Porém, um ingrediente primordial para essa receita é uma prática pedagógica para além da técnica, envolvendo a formação do professor, os espaços e tempos escolares, a organização do trabalho, as parcerias, crenças e expectativas docentes, implementando na educação uma prática pedagógica flexível e reflexiva, com olhar sempre atento para inclusão dos alunos com deficiência.

Referências

BRASIL. Lei nº 9.394, de 20 de dezembro de 1996. Estabelece as diretrizes e bases da educação. *Diário Oficial da União*, Brasília, DF, 23 dez. 1996.

FERNANDES, C. À procura da senha da vida-de-senha a aula dialógica? *In*: VEIGA, I. Passos A. (org.). *Aulas*: gênese, dimensões, princípios e práticas. Campinas Papirus, 1999.

FREIRE, P; SHOR, I. *Medo e ousadia*: o cotidiano do professor. 10. ed. São Paulo: Paz e Terra, 1986.

RIOS, R. R. *Direito da antidiscriminação, discriminação direta, indireta e ações afirmativas*. Porto Alegre: Livraria do Advogado, 2008.

SASSAKI, R. K. Inclusão: acessibilidade no lazer, trabalho e educação. *Revista Nacional de Reabilitação (Reação)*, São Paulo, Ano XII, mar./abr. 2009, p. 10-16.

VERDUM, P. Prática pedagógica: o que é? O que envolve? *Revista Educação por Escrito* – PUC/RS, Porto Alegre, v. 4, n. 1, p. 91-105, jul. 2013.

CAPÍTULO 19

Leitura e contação de histórias para as crianças autistas

Estratégias pedagógicas para promover o aprendizado e a integração social da criança autista por meio da leitura

A infância dói quando os direitos das crianças são negados. Muitos ainda desconhecem a importância da leitura e os benefícios que ela proporciona ao público infantil, especialmente às crianças autistas. Este capítulo tem como objetivo destacar o papel dos livros no ambiente escolar e familiar, além de demonstrar como eles contribuem para o desenvolvimento cognitivo e emocional das crianças autistas.

Vanda Pinheiro de Lacerda Freitas

VANDA PINHEIRO DE LACERDA FREITAS

É formada em Letras e possui mestrado profissional pela Universidade Federal de Juiz de Fora. Faz parte do quadro permanente de Professores da Educação Básica da Secretaria Estadual de Educação de Minas Gerais, ministrando aulas de Língua Portuguesa. Atuou como Professora de Educação Infantil por 23 anos na Secretaria Municipal de Educação do Município de Miradouro, Minas Gerais. Fez especialização em Educação Especial e é autora de dois livros infantis: *Estrelinha, a calopsita* e *Dá licença, sou autista.*

Contatos: pinheirolacerda@gmail.com
Instagram: @vandapinheirolacerda

A leitura e a contação de histórias no contexto escolar

No contexto escolar, a leitura e a contação de histórias são vistas como ótimas estratégias para desenvolver a linguagem, a imaginação e a empatia nas crianças. Cabe, porém, esclarecer que há diferenças entre estas duas práticas. A primeira acontece com a utilização do livro físico e a segunda acontece de forma oral a partir de um texto já memorizado pelo contador. Vale lembrar que a arte de contar histórias é ancestral. Para Busatto (2007), tal prática está intrinsecamente ligada às necessidades humanas de comunicação e conexão. Ela menciona que, desde os primórdios, as histórias eram compartilhadas oralmente em círculos familiares ou comunitários, sendo usadas como ferramentas para ensinar lições de vida, transmitir tradições e fortalecer laços sociais. Na antiguidade, os contadores de histórias desempenhavam o papel de guardiões do saber, perpetuando mitos, lendas e narrativas que explicavam o mundo e conferiam sentido à existência.

No mesmo prisma, Maldonado (2007) destaca que a leitura de livros infantis e a contação de histórias são práticas complementares e importantes para o desenvolvimento infantil. A leitura envolve interação com o texto escrito, enquanto a contação estimula a imaginação e a comunicação interpessoal por meio da experiência sensorial e emocional. Além disso, a leitura é mais estruturada e focada no conteúdo, enquanto a contação é mais livre, dinâmica e permite improvisações, favorecendo a participação da criança.

Ainda nesse viés, a educadora Maria Montessori (2010), em seu livro *A mente absorvente*, enfatiza a importância da narrativa no desenvolvimento da imaginação e da linguagem infantil. No entanto, ela acreditava que a linguagem é fundamental para o desenvolvimento da mente e da imaginação das crianças. Uma citação que reflete sua visão sobre a educação e o desenvolvimento da criança é: "a primeira tarefa da educação é agitar a vida, mas deixá-la livre para se desenvolver". Essa ideia pode ser interpretada como um reconhecimento de que as histórias e narrativas desempenham um papel crucial em estimular a imaginação e a expressão linguística das crianças.

Além das contribuições relatadas, a leitura pode ajudar os alunos com TEA a desenvolver sua percepção de mundo, especialmente no entendimento da linguagem figurada, um desafio comum para autistas. Tony Attwood (2007), especialista em autismo, destaca que muitas crianças no espectro têm dificuldade para entender metáforas e expressões não literais, ressaltando a importância de uma comunicação clara. A literatura infantil, rica em figuras de linguagem, oferece oportunidades para discutir e facilitar o entendimento dessas expressões, contribuindo para melhorar a compreensão e as interações sociais.

Outro aspecto de desenvolvimento a ser ressaltado com a prática de leitura de livros infantis é a utilização de contos cumulativos que são uma forma encantadora de narrativa que se caracteriza pela repetição e acumulação de elementos ao longo da história. Essa estrutura permite que os leitores se envolvam ativamente, antecipando o que vem a seguir e participando da construção da trama. Além disso, esses contos costumam ter um ritmo envolvente, o que os torna ideais para a leitura em voz alta, especialmente para crianças. Edi Fonseca, formadora de professores e coordenadora de projetos do Instituto Avisa Lá, destaca que os contos cumulativos são uma excelente ferramenta para o desenvolvimento da linguagem e da criatividade das crianças. Ela ressalta que esses contos, que se repetem e acumulam elementos ao longo da narrativa, ajudam os pequenos a compreenderem a estrutura das histórias, além de estimularem a memória e a participação ativa durante a contação. Essa abordagem lúdica e interativa é fundamental para o aprendizado e a formação de leitores mais críticos e criativos, pois a repetição não só facilita a memorização, mas também reforça a compreensão e a apreciação da história.

Na mesma vertente para o desenvolvimento cognitivo da criança está o método de leitura com pausa protocolada ou leitura dialógica. O estudo realizado por Zevenbergen & Whitehurst (2003), intitulado *Dialogic Reading: a shared picture reading intervention for preschoolers*, foca na leitura dialógica como uma intervenção para melhorar as habilidades de leitura em crianças pequenas. Eles propuseram a leitura dialógica como uma abordagem interativa de livros ilustrados que visa envolver ativamente as crianças no processo de leitura, promovendo o desenvolvimento de suas habilidades de linguagem e compreensão de textos. A partir desse estudo, pode-se inferir que esse método de leitura de livros tem se mostrado uma ferramenta eficaz para promover o desenvolvimento de habilidades comunicativas e sociais em crianças autistas. Durante a leitura, o mediador faz pausas estratégicas para estimular a participação ativa da criança, conduzindo-a a fazer previsões, produzir inferências e levantar hipóteses sobre a narrativa. A cada pausa, faz perguntas e conduz o aluno a antecipar a passagem seguinte, levando-o a diversas interpretações. Essas interrupções na leitura permitem que a criança processe as informações no seu próprio ritmo e incentivam a interação, ampliando o vocabulário, a compreensão de histórias e a capacidade de expressar ideias. Além disso, o método favorece a construção de vínculos afetivos entre a criança e o mediador, promovendo um ambiente acolhedor que potencializa o aprendizado.

Aliado aos recursos da leitura infantil estão também os contos de fada, que contribuem sobremaneira para o desenvolvimento da criança. Bruno Bettelheim (2002), em *A psicanálise dos contos de fadas*, explora a importância dos contos de fadas no desenvolvimento emocional e psicológico das crianças. Ele argumenta que essas histórias oferecem uma forma de entender e lidar com os conflitos internos e as ansiedades que as crianças enfrentam. Bettelheim analisa como os contos de fadas abordam temas universais, como o crescimento, a perda e a busca por identidade, permitindo que as crianças se identifiquem com os personagens e suas jornadas. Além disso, ele destaca que a narrativa simbólica dos contos ajuda as crianças a processar suas experiências e emoções de maneira segura e construtiva. Em suma, o autor vê os contos de fadas como ferramentas valiosas para o desenvolvimento psicológico infantil.

Como escolher livros literários para crianças autistas?

A escolha adequada de livros é essencial para o engajamento de crianças com TEA. No artigo *Seleção de obras literárias infantis para crianças com transtorno do espectro autista: reflexões sobre suportes e formas de apresentação*, Magali Lippert da Silva Almeida aborda aspectos cruciais para a inclusão de crianças com TEA por meio da seleção adequada de obras literárias infantis.

A autora destaca a importância de escolher suportes físicos apropriados para os livros destinados a essas crianças. Ela sugere que materiais como plástico, tecido e papel cartonado são mais adequados para crianças pequenas, considerando suas necessidades sensoriais e motoras. Além disso, enfatiza a necessidade de atenção ao tamanho e formato das fontes, bem como às características visuais, como cor e brilho do papel, evitando a sobreposição de ilustrações que possam causar sobrecarga sensorial.

Almeida também ressalta a relevância da mediação de leitura, apontando que a escolha criteriosa dos materiais pode facilitar a inclusão e o desenvolvimento cognitivo e emocional das crianças com TEA. A autora conclui que a seleção cuidadosa de obras literárias, considerando suportes e formas de apresentação, é fundamental para promover uma experiência de leitura mais acessível e enriquecedora para essas crianças.

Quais são as melhores estratégias para realizar a leitura com uma criança autista, que possui transtorno de déficit de atenção e hiperatividade (TDAH)?

Realizar a leitura para crianças com transtorno do espectro autista (TEA) e transtorno de déficit de atenção e hiperatividade (TDAH) exige estratégias adaptadas às suas necessidades sensoriais, cognitivas e emocionais. A seguir, algumas sugestões:

1. Escolha de livros adequados

- **Livros com estrutura clara**: histórias curtas, com uma sequência lógica e bem definida, ajudam na compreensão.
- **Ilustrações atrativas, mas não sobrecarregadas**: evite páginas com muitos detalhes que possam distrair ou sobrecarregar visualmente.
- **Temáticas de interesse**: descubra os interesses da criança (animais, máquinas, personagens específicos) para prender sua atenção.

2. Adapte o ambiente

- **Espaço tranquilo**: minimize distrações, como barulhos e objetos que possam desviar o foco.
- **Posição confortável**: ofereça um lugar acolhedor para a criança se sentar e se concentrar.

3. Estimule a atenção e o envolvimento

- **Sessões curtas**: planeje leituras rápidas e aumente gradualmente o tempo, respeitando a tolerância da criança.
- **Faça pausas**: permita que a criança processe a história e descanse, se necessário.
- **Ofereça escolhas**: permita que ela escolha entre dois ou três livros para aumentar o engajamento.

4. Apoie com estratégias visuais

- **Cronômetro visual**: para ajudar a criança a entender a duração da atividade, use um temporizador visual ou um relógio.
- **Quadros de rotina**: inclua a leitura como parte de uma rotina visual que a criança possa seguir.

5. Promova a autonomia

- Incentive a criança a virar páginas, apontar para figuras ou até mesmo tentar ler partes da história a depender da idade.
- Respeite o ritmo da criança.
- **Evite forçar**: se a criança parecer desinteressada ou inquieta, encerre a atividade e retome em outro momento.
- **Valide o progresso**: reconheça pequenos avanços, mesmo que sejam mínimos.

Essas estratégias, combinadas com paciência e observação, podem transformar a leitura em um momento prazeroso e educativo para crianças com TEA e TDAH.

Referências

ALMEIDA, M. L. da S. Seleção de obras literárias infantis para crianças com transtorno do espectro autista. *Ciência da Informação em Revista*, Maceió, v. 11, e15494, p. 1-13, 2024. Disponível em: https://doi.org/10.28998/cirev.2024v11e15494. Acesso em: 5 maio 2025.

ATTWOOD, T. *The complete guide to Asperger's syndrome*. Jessica Kingsley Publishers, 2007.

BARCELLOS, A. P.; NEVES, M. *Contação de histórias:* práticas e reflexões. São Paulo: Cortez, 1995.

BATTISTELLO, V. C. M. A contação de histórias para crianças autistas. *Letras de hoje*, Porto Alegre, v. 55, n. 3, p. 342-350, jul.-set. 2020. Disponível em: https://revistaseletronicas.pucrs.br/fale/article/view/36496/26417. Acesso em: 5 maio 2025.

BETTELHEIM, B. *A psicanálise dos contos de fadas*. Trad. Arlene Caetano. 16. ed. Rio de Janeiro, 2002.

BRASIL. Ministério da Educação. *Base Nacional Comum Curricular*. Brasília, DF: MEC, 2017.

BUSATTO, C. *A arte de contar histórias no século XXI*. Petrópolis: Vozes, 2007.

CANDIDO, A. *Direito e literatura*. São Paulo: Edusp, 2002.

DONVAN, J.; ZUCKER, C. *Outra sintonia*: a história do autismo. São Paulo: Companhia das Letras, 2015.

GRUPO COMPANHIA DAS LETRAS. Por que as crianças adoram os contos acumulativos? Blog da Companhia das Letras, 6 nov. 2020. Disponível em: https://www.companhiadasletras.com.br/BlogPost/5586/por-que-as-criancas-adoram-os-contos-acumulativos. Acesso em: 5 maio 2025.

IENK, T.; KOSTYCZ, R. D. *Maternidade e autismo*: impactos e percepções a partir do diagnóstico. Disponível em: https://www.iessa.edu.br/revista/index.php/fsr/index. Acesso em: 5 maio 2025.

INSTITUTO AVISA LÁ. Equipe. Disponível em: https://avisala.org.br/index.php/equipe/. Acesso em: 5 maio 2025.

LIBÂNEO, J. C. *A educação inclusiva*: um desafio para a escola. 2. ed. São Paulo: Cortez, 2013.

MALDONADO, M. T. *A leitura na educação infantil*: teoria e prática. São Paulo: Cortez, 2007.

MONTESSORI, M. *A mente absorvente*. São Paulo: Melhoramentos, 2010.

REVISTA ACB: Biblioteconomia em Santa Catarina. Florianópolis, v. 23, n. 1, p. 92-106, dez./mar., 2018.

UNESCO. Declaração de Salamanca e linha de ação sobre necessidades educativas especiais. Salamanca, Espanha, 1994.

ZEVENBERGEN, A. A.; WHITEHURST, G. J. Dialogic reading: a shared picture book reading intervention for preschoolers. *In*: VAN KLEECK, A.; STAHL, S. A.; BAUER, E. B. (Eds.). *On reading books to children*: parents and teachers. Mahwah, NJ: Lawrence Erlbaum Associates, 2003. p.177-200.

CAPÍTULO 20

O ensino superior como espaço de resgate e recomeço

O capítulo explora o ensino superior como um espaço de recomeço para estudantes com infâncias dolorosas. Com 24 anos de experiência, a autora destaca a inclusão como transformadora, contextualizando o aumento de matrículas de estudantes com deficiência e das estratégias para uma educação inclusiva no ensino superior.

Fernanda Abrão

FERNANDA ABRÃO

Desde 1999, essa educadora se dedica com paixão ao ensino superior. Formada em Letras e em Publicidade e Propaganda, possui mestrado em Letras e diversas pós-graduações em áreas estratégicas como Comunicação Alternativa e Tecnologia Assistiva, Educação Inclusiva e Especial, Políticas de Inclusão e Gestão Escolar. Sua trajetória é movida pelo compromisso com a autonomia estudantil e com a formação de indivíduos íntegros, críticos e transformadores. Atuante como docente e autora de conteúdos didáticos para a Educação a Distância (EAD), destaca-se na criação de materiais que aliam acessibilidade, inovação e intencionalidade pedagógica. Com ampla experiência em gestão educacional, coordenou o Núcleo EAD e presidiu a Comissão Própria de Avaliação (CPA) na Faminas. Após sua atuação como Diretora de institutos, hoje lidera a Gerência de Educação a Distância da Faminas Virtual, que integra o Centro Universitário Faminas e a Faculdade de Minas/BH. Nesse papel, sua atuação é estratégica: orienta, supervisiona e inspira equipes e estudantes, garantindo processos de ensino-aprendizagem de excelência. Além do ambiente acadêmico, sua liderança também se manifesta em ações de impacto social. Como Presidente do Conselho Municipal da Pessoa com Deficiência de Muriaé, reafirma diariamente seu compromisso com uma educação acessível, plural e verdadeiramente transformadora.

Contatos: professorafernanda@gmail.com
Instagram: @abraofernada

O tema da infância dolorosa e suas consequências é de extrema relevância, considerando o impacto duradouro que os traumas infantis podem ter na formação de adultos e na saúde mental dos jovens no ensino superior. A compreensão aprofundada desse contexto é fundamental para o desenvolvimento de estratégias eficazes de prevenção e intervenção.

Educadores atuam como facilitadores e mentores, inspirando e orientando jovens a perseguirem seus objetivos acadêmicos. No contexto de estudantes com deficiência, essa função exige sensibilidade e compromisso adicionais para compreender e atender às necessidades específicas de cada indivíduo. A criação de um ambiente acolhedor e inclusivo é fundamental para que esses estudantes se sintam valorizados e capazes de alcançar seu pleno potencial.

Ao longo de anos dedicados à educação superior, testemunhei histórias marcantes de superação que ressaltam a importância da inclusão como ferramenta essencial para transformar trajetórias de vida. A possibilidade de oferecer um ambiente acolhedor e acessível, especialmente para jovens que enfrentaram infâncias dolorosas, não é apenas um desafio, mas uma missão que carrego com profundo compromisso.

O ensino superior representa mais do que uma conquista acadêmica; para muitos jovens, ele é um espaço de resgate e recomeço. Trabalhar com a inclusão é reconhecer que, por trás de cada matrícula, existe uma história única, muitas vezes marcada por desafios emocionais, sociais e financeiros. De acordo com o Censo da Educação Superior de 2022, o Brasil registrou quase 10 milhões de matrículas no ensino superior. Dessas, 79.302 são de estudantes com deficiência, representando cerca de 0,79% do total de matrículas em cursos presenciais e a distância. Em comparação, o censo de 2020 registrou 19.689 alunos com deficiência, indicando um aumento significativo na inclusão desses estudantes nos últimos anos. Ao oferecer condições que favorecem a permanência e o sucesso desses estudantes, estamos, na verdade, auxiliando na reconstrução de sonhos e no fortalecimento de sua autoestima.

A importância da inclusão no processo educacional

A inclusão é a base para criar um espaço onde todos os estudantes se sintam pertencentes e valorizados. Na prática, isso significa adotar uma visão integral do indivíduo, compreendendo suas vivências e respeitando suas necessidades. Essa abordagem é essencial para jovens que chegam ao ensino superior carregando traumas de infância. É nosso papel, como educadores, proporcionar um ambiente que permita o florescimento dessas potencialidades.

No Centro Universitário Faminas, em Muriaé, vejo diariamente como as práticas inclusivas podem transformar vidas. O Núcleo de Apoio Psicopedagógico (NAP), por exemplo, oferece suporte essencial para estudantes e famílias, garantindo que questões emocionais ou barreiras acadêmicas sejam enfrentadas de maneira colaborativa. Ressalta-se também o trabalho do Núcleo de Educação Especial, composto por pedagogas e psicopedagogas, que acolhem e orientam o trabalho dos professores e coordenadores. Essas equipes são responsáveis por planejar e implementar Planos de Desenvolvimento Individual (PDI), essenciais para o desenvolvimento cognitivo e psicopedagógico dos estudantes assistidos. Essa articulação entre diferentes núcleos permite que cada aluno receba um atendimento personalizado e eficaz.

Relações intergeracionais e apoio psicopedagógico

Um aspecto singular no contexto da Faminas é a presença de famílias que já têm um histórico com a instituição. Relatos emocionantes destacam ex-alunos que agora veem seus filhos matriculados em cursos diversos, perpetuando uma tradição acadêmica e reafirmando a confiança na instituição. Essa continuidade é fortalecida por iniciativas como o núcleo de apoio psicopedagógico, que oferece suporte essencial para alunos e famílias em desafios acadêmicos e emocionais. Mila Lima de Paula é um desses exemplos de mãe, egressa e, desde sempre, ativista da causa da inclusão e luta pelos direitos da pessoa com deficiência e, em seu relato, aponta como no ensino superior encontrou um espaço de recomeços:

> Há 20 anos, minha maior luta como mãe atípica é provar para o mundo que minha filha é capaz! Durante este processo, os educadores verdadeiramente comprometidos foram meu maior esteio. Até que compreendêssemos o processo de aprendizagem dela, o profissionalismo e comprometimento deles foi ainda mais crucial. No percurso, encontrei dra. Karla Filó que passou a ser a viga mor na construção da pessoa que ela está se tornando. Neurodivergente e entusiasta, minha filha me ensina todos os dias. Juntos, os profissionais – hoje, já do ensino universitário – e eu estamos levantando uma grande obra com a edificação de um ser humano eficiente e disposto a aprender.

Outro relato importante é o da pedagoga e psicopedagoga profa. Alessandra Soares Monteiro, que nos faz refletir sobre a importância de profissionais capacitados no Ensino Superior que possam atuar de forma significativa e efetiva junto a esses jovens.

Sobre a sua experiência e os desafios e conquistas, ela nos relata:

> Sou graduada em Letras e Pedagogia, mestre em Educação, e minha trajetória na inclusão educacional começou como professora de Sala de Recurso em uma escola estadual no Rio de Janeiro. Foi nessa experiência que compreendi a importância de olhar além das barreiras e buscar caminhos para garantir, de fato, o direito à educação para todos. Esse contato direto com os estudantes despertou em mim um compromisso profundo com a acessibilidade e a equidade no ensino, que se tornou um propósito de vida. Buscando aprimorar minha prática e compreender melhor as diferentes dificuldades de aprendizagem, concluí duas pós-graduações: uma em Neuropsicopedagogia e outra em Psicopedagogia, com ênfase em Psicodiagnóstico. Essas formações me permitiram ampliar minha atuação, levando esse conhecimento para o ensino superior, à frente do NAP. Nosso trabalho é construído de forma colaborativa com estudantes, professores e equipe pedagógica, sempre com o foco em atender às necessidades específicas de cada aluno. O que mais me orgulha é contar com uma equipe comprometida e dedicada, especialmente os psicólogos que atuam junto ao núcleo pedagógico. Eles desempenham um papel essencial no acolhimento, na escuta ativa e no atendimento individualizado, garantindo um ambiente de respeito e pertencimento. Cada conquista dos nossos estudantes também é uma vitória para mim. Ver o impacto positivo do nosso trabalho reforça a importância da inclusão no ensino superior. Um reconhecimento muito especial veio na Pesquisa CPA 2024, em que a Política de Acessibilidade da Faminas foi um dos aspectos mais bem avaliados pela comunidade acadêmica. Esse resultado me dá ainda mais motivação para seguir promovendo um ambiente acessível e acolhedor.

Esses depoimentos reforçam a importância de uma educação superior que conecta gerações e promove a inclusão como valor central.

Casos inspiradores

Uma das experiências que marcaram minha trajetória é o caso de uma aluna neurodiversa do curso de Fisioterapia. Sua participação ativa em atividades acadêmicas, mesmo diante das dificuldades impostas pela neurodiversidade, é um exemplo claro do impacto positivo de um trabalho educacional integralizado. Mais do que oferecer suporte técnico, buscamos valorizar sua individualidade, permitindo que ela contribuísse de forma significativa para a comunidade acadêmica.

Outro relato importante é o da Cristiane Alfenas, professora e coordenadora do curso de Odontologia da Faminas – Muriaé, que conta sua experiência com a inclusão educacional:

> Durante três anos como professora e coordenadora no curso de graduação em Odontologia, tive a oportunidade de atender às necessidades específicas dos alunos, cada um com suas singularidades e desafios. Uma experiência que marcou minha trajetória foi a adaptação de um aluno com dislexia, déficit de atenção e possível QI rebaixado em sala de aula regular. Esse processo transformou minha forma de ensinar e reforçou a importância da inclusão na educação. Trabalhamos em conjunto com a direção acadêmica, a coordenação do curso e o setor pedagógico para criar um plano de adaptação, garantindo recursos didáticos acessíveis, provas diferenciadas e suporte profissional especializado. Com o tempo, percebemos progressos significativos. O aluno começou a compreender os conteúdos de forma mais clara e melhorou seu rendimento acadêmico. Essa vivência reforçou que a educação não é apenas um direito, mas uma oportunidade de enriquecer o ambiente escolar para todos. A inclusão não se trata apenas de adaptar o aluno ao sistema, mas de transformar o sistema para acolher a todos.

Reflexão e compromisso

Como educadora, acredito que nossa responsabilidade vai muito além da transmissão de conteúdos em sala de aula. Somos agentes de mudança, construtores de pontes que conectam passados dolorosos a futuros promissores. No contexto da educação superior, essa missão se torna ainda mais significativa, pois recebemos jovens e adultos carregando histórias de superação e, muitas vezes, cicatrizes emocionais.

O ensino superior deve ser reconhecido como um espaço de resgate e recomeço, especialmente para aqueles que carregam as marcas de uma infância dolorosa. As dificuldades vividas na infância não afetam apenas o sujeito, mas também suas famílias, que frequentemente compartilham das dores e dos desafios enfrentados ao longo do percurso educacional. Nesse contexto, a universidade pode desempenhar um papel transformador ao oferecer um ambiente de acolhimento e suporte, permitindo que esses jovens reconstruam suas trajetórias com dignidade e esperança.

Cuidar do estudante no espaço escolar, mesmo no ensino superior, significa compreender que a aprendizagem ocorre de múltiplas formas e que cada indivíduo traz consigo uma bagagem única. Assim, as instituições devem estar preparadas para oferecer metodologias diversificadas, garantindo acessibilidade e promovendo um ambiente onde todos possam se desenvolver plenamente. Um ensino pautado no acolhimento e no respeito às singularidades de cada estudante não apenas favorece o aprendizado, mas também fortalece sua autoestima e senso de pertencimento.

A inclusão, nesse espaço, não é apenas um princípio ético ou uma diretriz institucional: é uma forma de cura. É a oportunidade de mostrar a esses estudantes que suas histórias, por mais desafiadoras que tenham sido, não definem seus destinos. Com o apoio adequado, profissional e humano, e uma dose genuína de empatia, podemos ajudá-los a reescrever suas trajetórias.

O acesso ao ensino superior no Brasil tem crescido significativamente, o que é uma conquista importante, mas traz consigo um novo desafio: como garantir que jovens, já tão marcados por anos de luta por inclusão e equidade na educação básica, permaneçam e tenham êxito no ensino superior? Para esses estudantes, o ingresso na faculdade é apenas o começo de uma jornada que exige resiliência, suporte e um ambiente que respeite suas singularidades.

A educação inclusiva, nesse sentido, vai além de abrir as portas. Ela precisa garantir que esses jovens encontrem um espaço onde sejam acolhidos e valorizados, não apenas como alunos, mas como indivíduos com histórias únicas e ricas. Isso envolve oferecer suporte psicopedagógico, criar estratégias para lidar com diferentes estilos de aprendizagem e fomentar uma cultura institucional que celebre a diversidade.

Essa prática, contudo, não beneficia apenas aqueles diretamente impactados. Ao promover a inclusão, oportunizamos também aos demais jovens uma visão mais ampla e includente. Ao conviverem em ambientes diversificados, eles desenvolvem empatia, compreensão e um senso mais profundo de responsabilidade social. É fato que ainda há muito a ser feito para que a inclusão se concretize plenamente, mas cada passo nessa direção contribui para a construção de uma sociedade mais justa e acolhedora.

Meu trabalho na educação superior é pautado nessa visão transformadora. Acredito que a empatia e a inclusão têm o poder de reacender a esperança, mantendo vivos os sonhos daqueles que chegam até nós. Ao criar um ambiente onde todos se sintam valorizados e pertencentes, cultivamos não apenas futuros profissionais competentes, mas também adultos mais inteiros e confiantes, capazes de superar suas dores e contribuir positivamente para a sociedade.

A educação inclusiva, portanto, transcende a sala de aula e se torna uma ferramenta de cura e transformação. Ela não apenas prepara para o mercado de trabalho, mas ajuda a reconstruir vidas. E, nesse processo, nós, educadores, também somos transformados, reafirmando o verdadeiro propósito de nossa missão.

Referências

ADORNO, T. W. *Educação e emancipação*. Rio de Janeiro: Paz e Terra, 1995.

CHAHINI, T. H. C. *O percurso da inclusão de pessoas com deficiência na educação superior*. Curitiba: Appris, 2016. 185 p.

GUIMARÃES, M. C. A.; BORGES, A. A. P.; VAN PETTEN, A. M. V. N. Trajetórias de alunos com deficiência e as políticas de educação inclusiva: da educação básica ao ensino superior. *Revista Brasileira de Educação Especial*, v. 27, p. 935-952, 2021. Doi 10.1590/1980-54702021v27e0059. Disponível em: https://www.scielo.br/j/rbee/a/WFpCcPQN95YxfqRjPW49sVz/?format=pdf&lang=pt. Acesso em: 10 nov. 2024.

CAPÍTULO 21

Uma escola para todos?

Como garantir o direito à educação inclusiva da pessoa com deficiência?

O presente capítulo é um convite à análise pormenorizada dos desafios e possibilidades da educação inclusiva no contexto brasileiro, destacando a necessidade de políticas públicas eficazes, infraestrutura adequada e formação docente especializada para garanti-la plenamente.

Rafaela Fernandes

RAFAELA FERNANDES

Advogada especialista em Direito Médico e da Saúde, Direitos dos Autistas e Pessoas com Deficiência; Direito à Educação Inclusiva; Direitos Humanos; Biodireito; Direito Canábico, Direito Empresarial, Lei Geral de Proteção de Dados (LGPD) e Direito Privado. Doutoranda e mestra em Planejamento Regional e Gestão da Cidade, com linha de pesquisa em Direito, pela Universidade Candido Mendes. Graduada em Direito pela Faculdade de Minas (Faminas), Muriaé – MG. Professora universitária no curso de Direito da Faminas. Pesquisadora do Grupo de Estudos e Pesquisa em Bioética e Dignidade Humana (GEPBIDH). Autora de artigos científicos e capítulos de livros nas áreas de Direito Médico e da Saúde, Biodireito e Bioética. Coautora do best-seller *Quando a infância dói – vol. 1.*

Contatos: http://www.rafaelafernandesadvocacia.com.br/
atendimento@rafaelafernandesadvocacia.com.br
Instagram: @rafaelafernandesadvocacia
32 9 8503-4023

A educação inclusiva é um tema central no debate educacional contemporâneo, a qual propõe a eliminação de barreiras que dificultam a participação de todos os alunos no ambiente escolar. Diferente da educação especial segregada, o modelo inclusivo valoriza a diversidade e busca proporcionar oportunidades iguais de aprendizado.

No Brasil, a Constituição Federal de 1988, o Estatuto da Criança e do Adolescente (ECA) e a Lei Brasileira de Inclusão (LBI) garantem o direito à educação para todos. A Base Nacional Comum Curricular (BNCC) também destaca a necessidade de práticas inclusivas na escola. Entretanto, a implementação dessas diretrizes enfrenta desafios estruturais e culturais.

Neste ínterim, o presente capítulo é um convite à análise pormenorizada dos desafios e possibilidades da educação inclusiva no contexto brasileiro, destacando a necessidade de políticas públicas eficazes, infraestrutura adequada e formação docente especializada para garanti-la plenamente.

Como sabido, a formação continuada dos professores é essencial para a inclusão efetiva. Todavia, muitos docentes não se sentem preparados para lidar com a diversidade em sala de aula, o que evidencia a necessidade de capacitação específica em metodologias inclusivas, tecnologias assistivas e adaptação curricular.

Apesar dos avanços, a inclusão escolar enfrenta diversas barreiras, tais como:

- **Infraestrutura inadequada**: a maioria das escolas não possui acessibilidade física, recursos pedagógicos adaptados e tecnologias assistivas.
- **Falta de formação docente**: a ausência de capacitação específica prejudica a adaptação do ensino às necessidades dos alunos.

- **Preconceito e resistência**: o estigma social e a falta de conscientização dificultam a aceitação da inclusão por parte da comunidade escolar.
- **Baixo investimento**: a insuficiência de recursos financeiros compromete a implementação efetiva das políticas inclusivas.

Desta feita, para superar os desafios, algumas estratégias são fundamentais, tais como a capacitação de professores por meio de cursos, oficinas e formações continuadas; uso de tecnologias assistivas, como softwares de leitura, audiolivros e materiais adaptados; adaptação curricular para atender às necessidades individuais dos alunos; sensibilização da comunidade escolar, promovendo o respeito à diversidade e a valorização das diferenças; criação de um ambiente escolar acolhedor e livre de preconceitos, sensibilizando a comunidade escolar sobre a importância da inclusão; garantia do Atendimento Educacional Especializado (AEE), a fim de oferecer suporte individualizado; além do necessário e imprescindível investimento governamental para melhoria da infraestrutura e garantia de suporte pedagógico especializado.

Importante frisar que a educação inclusiva é um direito fundamental e um passo essencial para uma sociedade mais justa e equitativa. Embora desafios ainda existam, é possível avançar por meio de políticas públicas eficazes, formação docente qualificada e conscientização da comunidade escolar.

A inclusão não deve ser vista como um favor, mas como um compromisso com a dignidade e o aprendizado de todos os estudantes.

No Brasil, diversas leis e políticas asseguram a inclusão escolar de crianças neurodivergentes e com deficiência: Vejamos:

- **Constituição Federal de 1988**: garante o direito à educação para todos, sem discriminação.
- **Lei de Diretrizes e Bases da Educação Nacional (LDB – Lei nº 9.394/1996)**: determina que alunos com deficiência, TEA e outras condições neurodivergentes devem ter acesso ao ensino regular com suporte especializado.
- **Estatuto da Criança e do Adolescente (ECA – Lei nº 8.069/1990)**: estabelece o direito da criança à educação, sem qualquer discriminação.
- **Política Nacional de Educação Especial na Perspectiva da Educação Inclusiva (2008)**: incentiva a inclusão escolar, garantindo apoio especializado.
- **Lei Brasileira de Inclusão (Estatuto da Pessoa com Deficiência – Lei nº 13.146/2015)**: determina acessibilidade e adaptações curriculares para garantir a aprendizagem de alunos com deficiência.

- **Lei nº 12.764/2012 (Lei Berenice Piana)**: institui a Política Nacional de Proteção dos Direitos da Pessoa com Transtorno do Espectro Autista, reconhecendo pessoas com TEA como pessoas com deficiência para todos os efeitos legais.

Corroborando a necessidade de garantia do direito à educação inclusiva, o Parecer CNE/CP nº 50/2023, reanalisado e aprovado em 2024 pelo Conselho Nacional de Educação (CNE), estabelece diretrizes e orientações voltadas ao atendimento educacional de estudantes com transtorno do espectro autista (TEA), uma vez que o documento reflete a necessidade de adaptação e aprimoramento das políticas educacionais, visando garantir o acesso, a permanência e a aprendizagem desses estudantes em um ambiente inclusivo e equitativo.

A reanálise do parecer ocorreu após amplos debates envolvendo especialistas, gestores educacionais e representantes da sociedade civil, sendo que o objetivo central foi aprimorar as diretrizes já existentes, incorporando novas estratégias pedagógicas e reforçando o compromisso do Estado com a inclusão, de modo que, entre as principais mudanças, destaca-se a ampliação do conceito de atendimento especializado, com foco na formação continuada de professores e na implementação de salas com recursos multifuncionais.

A inclusão educacional de estudantes com TEA tem sido um dos desafios mais debatidos no contexto da educação especial no Brasil, razão pela qual o parecer revisado reafirma o compromisso da Constituição Federal e da legislação infraconstitucional com o direito à educação de qualidade, assegurando que nenhuma criança ou adolescente seja excluído do sistema educacional devido à sua condição.

Uma das inovações do parecer é a recomendação de maior participação da família e da comunidade escolar nas decisões relacionadas ao percurso educacional do estudante autista, de maneira que se busca garantir um ambiente de ensino mais colaborativo e acolhedor, no qual as necessidades individuais do estudante sejam atendidas de modo mais eficaz.

Dessa feita, reforçando a abordagem apresentada, a formação de professores também foi um ponto amplamente abordado no documento, pois o parecer reforça a necessidade de capacitação contínua dos docentes, assegurando que tenham conhecimento das melhores práticas e metodologias para atender às especificidades do público autista, além de destacar a importância do trabalho conjunto entre professores do ensino regular e especialistas da educação especial.

Outro aspecto significativo da reanálise foi a definição do papel do profissional de apoio escolar, uma vez que o parecer estabelece diretrizes claras sobre suas atribuições, garantindo que esses profissionais atuem de forma eficiente no suporte aos estudantes autistas sem comprometer sua autonomia e independência; além disso, reforça a necessidade de formação adequada para esses profissionais.

O parecer revisado também enfatiza a importância do Projeto Político-Pedagógico (PPP) das escolas como instrumento fundamental para garantir a inclusão de estudantes com TEA, de modo que o documento sugere que as escolas elaborem e implementem planos pedagógicos que contemplem estratégias personalizadas para esse público, respeitando suas particularidades e promovendo um ensino mais acessível.

No que diz respeito à organização das turmas, o parecer estabelece critérios para a composição equilibrada das salas de aula, evitando a segregação e garantindo que os estudantes autistas tenham oportunidades reais de interação e aprendizado em ambientes diversos, sendo que essa medida reforça a importância da educação inclusiva e da convivência entre alunos com e sem deficiência.

A aprendizagem dos estudantes autistas foi um dos focos centrais do parecer, o qual recomenda a adoção de metodologias flexíveis e avaliações adaptadas. Além disso, o documento sugere que os sistemas de ensino promovam a individualização do ensino, respeitando os diferentes ritmos de aprendizado e garantindo o desenvolvimento integral dos estudantes.

O uso da tecnologia assistiva foi reforçado no parecer como um dos principais instrumentos para a promoção da acessibilidade educacional, de forma que o documento recomenda a ampliação do acesso a recursos tecnológicos que auxiliem na comunicação e no aprendizado dos estudantes autistas, garantindo sua plena participação no ambiente escolar.

Por fim, a reanálise do Parecer CNE/CP nº 50/2023 reforça o compromisso do Estado brasileiro com a inclusão educacional e com a promoção de uma escola verdadeiramente acessível a todos, considerando que as mudanças implementadas visam assegurar que as políticas públicas sejam eficazes na garantia dos direitos dos estudantes com TEA, promovendo um ambiente educacional mais justo e equitativo.

Assim, o parecer se consolida como um marco na educação inclusiva, reafirmando a necessidade de ações concretas para eliminar as barreiras enfrentadas por estudantes autistas e garantir que possam exercer plenamente seu direito à educação. Desse modo, a implementação dessas diretrizes representa um avanço significativo na construção de um sistema educacional mais acolhedor e democrático.

Em outro lado, o Parecer CNE/CEB nº 4/2024, homologado pelo Ministério da Educação (MEC), representa um avanço na reformulação das Diretrizes Curriculares Nacionais do Ensino Médio (DCNEMs), visto que o documento, elaborado a partir da Lei nº 14.945/2024, visa implementar melhorias na qualidade da última etapa da educação básica, garantindo um currículo mais alinhado às necessidades dos estudantes e às demandas sociais e econômicas contemporâneas.

A reformulação das diretrizes surgiu da necessidade de revisar o modelo anterior, que havia sido objeto de críticas desde a implementação da reforma do ensino médio em 2017; assim, a partir de uma ampla consulta pública realizada em 2023, buscou-se estabelecer um novo referencial teórico-conceitual para a organização curricular do ensino médio, contemplando tanto a Formação Geral Básica quanto os itinerários formativos.

Um dos principais objetivos do novo parecer foi equilibrar a carga horária entre disciplinas obrigatórias e as opções de aprofundamento acadêmico ou técnico-profissional, sendo que o documento estabelece um novo modelo de distribuição da carga horária, garantindo que a Formação Geral Básica ocupe um espaço mais significativo, permitindo um conhecimento sólido antes da escolha dos itinerários formativos.

A reformulação também abordou as modalidades de oferta do ensino médio, prevendo maior flexibilidade para atender às diversidades regionais e socioeconômicas do país, uma vez que as diretrizes permitem diferentes formatos, incluindo ensino presencial, híbrido e a distância, desde que respeitadas as diretrizes de qualidade e equidade no acesso à educação.

A integração entre educação profissional e ensino médio foi um dos pontos centrais do novo parecer, já que o documento reforça a necessidade de ampliar a oferta de cursos técnicos e profissionalizantes, garantindo que os estudantes possam desenvolver competências alinhadas às exigências do mercado de trabalho, sem comprometer a formação geral.

Além disso, o parecer trouxe ajustes na estrutura dos itinerários formativos, buscando um modelo mais claro e acessível para os estudantes, de modo que a flexibilização foi revisada para garantir que tenham conteúdos relevantes e possam dialogar com a Formação Geral Básica, evitando fragmentação do conhecimento.

A adoção de metodologias pedagógicas inovadoras foi incentivada nas novas diretrizes, destacando a importância do uso de tecnologias educacionais, ensino por projetos e abordagens interdisciplinares, tendo em vista que o objetivo é tornar o aprendizado mais dinâmico, estimulando o pensamento crítico e a resolução de problemas reais.

Outro aspecto importante abordado no parecer foi a avaliação da aprendizagem, pois o documento propõe um modelo que valoriza a progressão contínua e o desenvolvimento de competências ao longo do percurso escolar, reduzindo a dependência exclusiva de provas tradicionais como instrumentos de medição do desempenho dos estudantes.

A revisão das DCNEMs também incluiu diretrizes para a formação e capacitação dos professores do ensino médio, de modo que foi reforçada a necessidade de programas de formação continuada, assegurando que os docentes estejam preparados para lidar com as novas demandas pedagógicas e para orientar os alunos na escolha dos itinerários formativos.

Com a nova regulamentação, espera-se que a implementação das diretrizes ocorra de maneira gradual, permitindo que as redes de ensino e as escolas se adaptem às mudanças de forma planejada, uma vez que o MEC prevê a disponibilização de recursos e apoio técnico para garantir que a transição seja eficiente e que os objetivos do parecer sejam alcançados.

Por fim, o Parecer CNE/CEB nº 4/2024 representa um avanço na busca por um ensino médio mais inclusivo e de qualidade, visto que as novas diretrizes visam fortalecer a formação dos estudantes, preparando-os tanto para o ensino superior quanto para o mundo do trabalho, promovendo maior equidade e oportunidades educacionais para todos.

Dessa forma, a homologação dos Pareceres CNE/CP nº 50/2023 e CNE/CEB nº 4/2024 reflete um avanço significativo na construção de um sistema educacional mais inclusivo e alinhado às demandas contemporâneas. As diretrizes estabelecidas buscam não apenas garantir o acesso à educação para estudantes com TEA, mas também promover uma reformulação curricular que favoreça o ensino médio brasileiro, assegurando maior equidade e flexibilidade no aprendizado.

Além das leis e pareceres nacionais, documentos internacionais reforçam a inclusão educacional:

- **Declaração de Salamanca (1994)**: estabelece o compromisso mundial com a educação inclusiva.
- **Convenção sobre os Direitos das Pessoas com Deficiência da ONU (2006)**: ratificada pelo Brasil, assegura o direito à educação sem exclusão.
- **Objetivos de Desenvolvimento Sustentável da ONU (ODS 4 – Educação de Qualidade)**: defende a inclusão educacional e a igualdade de oportunidades.

Como visto, não pairam dúvidas quanto à garantia de direitos das crianças com transtorno do espectro autista e outras deficiências, a fim de assegurar a educação inclusiva. Esses direitos incluem:

- Matrícula na escola regular:
  - Lei Brasileira de Inclusão (Estatuto da Pessoa com Deficiência – Lei nº 13.146/2015) e Lei nº 12.764/2012 (Política Nacional de Proteção dos Direitos da Pessoa com TEA) garantem o direito de matrícula em escolas regulares, proibindo qualquer recusa;
  - escolas particulares não podem cobrar valores extras por adaptações ou atendimento especializado.
- Atendimento Educacional Especializado (AEE):
  - Assegurado pela Constituição Federal (art. 208, III) e pela Lei de Diretrizes e Bases da Educação (LDB – Lei nº 9.394/1996, art. 58);
  - o AEE deve ser oferecido em salas de recursos multifuncionais no contraturno escolar.
- Adaptações pedagógicas e curriculares:
  - O ensino deve ser adaptado conforme as necessidades do aluno, respeitando seu ritmo de aprendizado e utilizando metodologias específicas.
- Acompanhante ou mediador escolar:
  - Garantido pela Lei nº 12.764/2012 e pelo Estatuto da Pessoa com Deficiência: a criança tem direito a um profissional de apoio se necessário para sua inclusão e participação.
- Transporte escolar acessível:
  - O transporte escolar público deve ser adequado para atender às necessidades da criança com deficiência.
- Avaliação diferenciada:
  - Deve considerar as particularidades do estudante, podendo incluir provas adaptadas, tempo extra e diferentes formas de avaliação.
- Combate à discriminação e ao bullying:
  - A escola deve garantir um ambiente seguro, inclusivo e livre de preconceitos.

Importante frisar que, em caso de recusa da escola ao cumprimento desses direitos e/ou impossibilidade de acesso efetivo a quaisquer dos direitos elencados, a família pode denunciar ao Ministério Público, Secretaria de Educação, Conselho Tutelar, bem como recorrer ao Judiciário, por meio de um advogado especialista na área ou da Defensoria Pública, a fim de garantir o amplo direito à educação inclusiva.

Como visto, a educação inclusiva é um direito garantido por lei e uma necessidade para a construção de uma sociedade mais justa e equitativa. No entanto, sua implementação ainda enfrenta desafios que precisam ser superados por meio de políticas públicas eficazes, investimento na formação docente e adaptação das escolas para atender às necessidades de todos os alunos. Realidade que enfatiza a necessidade de todos nós, enquanto cidadãos, levarmos informação aos que necessitam, a fim de garantirmos que a escola realmente se torne um ambiente de aprendizado para todos, independentemente de suas condições físicas, cognitivas, emocionais ou sociais, de modo que TODOS tenham acesso à escola regular com os recursos e suportes necessários para sua aprendizagem, eliminando barreiras que dificultem o ensino e garantindo equidade no aprendizado.

Referências

BRAGA, J.; LIRA, K. F. Institucionalização do plano educacional individualizado (PEI), para alunos com transtorno do espectro autista (TEA), na EMEI Maria Suely Medrado Araújo em Juazeiro-BA: uma análise epistemológica dos marcos do desenvolvimento infantil de Jean Piaget. *In*: Congresso Internacional de Educação Inclusiva, 5., 2024, São Paulo. *Anais* [...]. São Paulo, 2024.

BRASIL. Conselho Nacional de Educação. *Parecer CNE/CP nº 50/2023*. Dispõe sobre diretrizes para a educação inclusiva de estudantes com Transtorno do Espectro Autista (TEA). Brasília: Conselho Nacional de Educação, 2023.

BRASIL. Conselho Nacional de Educação. *Parecer CNE/CEB nº 4/2024*. Atualiza as Diretrizes Curriculares Nacionais do Ensino Médio (DCNEMs), conforme a Lei nº 14.945/2024. Brasília: Conselho Nacional de Educação, 2024.

BRASIL. *Lei nº 14.945, de 2024*. Dispõe sobre a Política Nacional de Ensino Médio e altera dispositivos das Diretrizes Curriculares Nacionais. Brasília: Presidência da República, 2024.

PEREIRA, D. R.; VERDE, A. V.; LIMA, F. C. S. Práticas docentes de educação de jovens e adultos: as licenciaturas da Universidade Estadual do Maranhão. Práticas Educativas, Memórias e Oralidades. *Rev. Pemo*, v. 6, p. e13350-e13350, 2024.

SANTOS, L. P. A educação inclusiva em questão: o tensionamento público-privado sobre o parecer CNE/CP n. 50. Artigo – Universidade Federal do Mato Grosso do Sul, Nova Andradina, 2024.

PARTE IV

FAMÍLIAS, COMPORTAMENTOS ADOECEDORES E O RESGATE DA CRIANÇA DENTRO DO LAR

CAPÍTULO 22

Mães atípicas: sobrecarregadas ou insuficientes?

O peso da capa de heroína e o esgotamento emocional camuflado

Um dos maiores erros e armadilhas que adoecem tantas mães atípicas: acreditar que não podem reclamar, que não podem não gostar do autismo, que não podem expressar as dores e frustrações legítimas que emergem dessa experiência. O discurso social dominante cobra delas uma postura permanente de apoio, força e orgulho, como se fosse proibido, inadequado ou mesmo desumano admitir que há dias em que tudo parece insuportável.

Karla Filó Mazzini Mota

KARLA FILÓ MAZZINI MOTA

Psicóloga há mais de 12 anos. Especializou-se em Neuropsicologia pela Faculdade de Medicina da USP em 2015. Foi palestrante no Congresso Latino-Americano de Psicoterapias no Equador em 2013 e já palestrou em diversos congressos de educação no Brasil. Apresentou diversos artigos em congressos de âmbito nacional e internacional. Atualmente, seus estudos estão direcionados à Teologia e a uma maior comunhão com Deus.

É a idealizadora do projeto do livro e da marca ***Quando a infância dói*** e coordenadora editorial das duas edições. Enfim, é mãe, escritora, psicóloga e mulher. O que a move, de verdade, é **o desejo de fazer a diferença na vida das pessoas.**

Contatos: karlafmmota@gmail.com
Instagram: @neuropsykarlafilo
32 98833 3176

Em minha trajetória enquanto psicóloga, já tive a oportunidade de ouvir inúmeros relatos de mães atípicas que, na necessidade de ter o controle de tudo e apresentar uma pseudonormalidade, adoecem dentro de armaduras de guerreiras e discursos de vitórias sobre o autismo ou outra neurodivergência.

Na sociedade, existe uma expectativa silenciosa, mas brutal, de que a mãe atípica seja sempre forte, resiliente, incansável, que esteja permanentemente de pé, vestindo uma capa invisível de heroína, como se a maternidade atípica não pudesse ou não devesse ser atravessada por sentimentos ambivalentes. Essa mãe atípica aprendeu, ou foi forçada a aprender, que não pode demonstrar fraqueza. Não pode dizer que está exausta, não pode confessar que sente medo, angústia, solidão ou até raiva. Não pode admitir que, às vezes, gostaria que sua vida fosse diferente, que, por instantes, desejou não ter que lidar com as múltiplas demandas do diagnóstico do filho, com as terapias, com os olhares alheios, com a luta diária contra um mundo que não entende e que frequentemente exclui.

Muito além das singularidades, delicadezas e vitórias do autismo, estão também muitas vivências extremamente desafiadoras e angustiantes que essas condições trazem consigo. E a minha pergunta aqui é: **até quando a maternidade atípica vai negar sua humanidade para sustentar um orgulho que nem sempre sente? Até quando vai fingir que não dói, que não cansa, que não dá vontade de sumir?**

A maternidade atípica é, sim, marcada por amor incondicional e por vitórias preciosas, mas também por dores profundas, lutos não elaborados, solidão e sobrecarga. Enquanto essa dimensão for ignorada ou reprimida, as mães atípicas seguirão adoecendo silenciosamente, presas a uma armadura que, em vez de protegê-las, as sufoca.

Para escrever este capítulo, solicitei a quase 200 mães atípicas, de todo o Brasil, que preenchessem um formulário com perguntas direcionadas à maternidade atípica. Por meio dessa pesquisa, consegui entender que há uma realidade vivenciada por mães atípicas que, muitas vezes, não têm lugar neutro para expor suas dores.

Há emoções e vivências que acontecem somente dentro de uma mãe atípica, contrariando o que está do lado de fora, onde tudo é lindo, a vitória é garantida e o autismo é um presente. Há uma dualidade de sentimentos que transita entre a frustração e a obrigatoriedade de festejar a maternidade atípica. Contradições que também transitam entre a frustração da maternidade e a culpa por sentir raiva da realidade. Sim, há mães que se arrependem, mas rejeitam esse sentimento.

Há aquelas que estão angustiadas e sobrecarregadas, mas anulam com relatos de conquistas; mães que odeiam a sua realidade, mas envergonham-se desse sentimento. Há uma necessidade cruel e implícita de ter que sair na rua como se tudo estivesse bem; sorrir; mostrar força; negar o arrependimento, como se admitir qualquer fissura fosse trair o amor pelo filho. Como se amar um filho atípico exigisse, como pré-requisito, renunciar à própria humanidade.

Quem disse que uma mãe atípica precisa amar o autismo? Será que ninguém nunca falou para essa mãe que ela pode, sim, detestar o cansaço, o medo, a solidão, a injustiça de vivenciar desafios que não foram escolhas suas? Apesar de a sociedade repudiar esse tipo de assunto, isso não põe em dúvida o amor dessa mãe pelo filho. O amor de uma mãe é inegociável, verdadeiro e genuíno, mas essa capa de heroína apresentada para a sociedade pesa toneladas e confunde o olhar da própria mãe com relação às suas vivências. Essa tal da dualidade de emoções.

Quem foi que te convenceu de que, para ser uma boa mãe, precisa calar sua dor, engolir o choro, sorrir enquanto sangra por dentro? Essa ideia é violenta. Essa ideia adoece. A sociedade diz que você é uma guerreira, mas eu te digo que você **não** nasceu para ser heroína. Você nasceu para ser mulher, para ser gente, para ser mãe, mas uma mãe real, feita de carne, alma, emoções e exaustão. **Reconhecer a dor não diminui o amor, e, sim, amplia a possibilidade de cuidado, inclusive de si mesma.**

A maternidade atípica traz consigo a experiência de emoções contraditórias em relação à própria realidade. Isso pode inibir pensamentos e expressões como: "eu não dou conta", "eu odeio isso", "eu também existo e tenho vontades". Os resultados da minha pesquisa, por meio do formulário, indicaram que, mais de 35% das mães entrevistadas se divorciaram ou foram abandonadas por seus cônjuges após o nascimento do filho atípico. Mais de 50% dessas mães renunciaram suas carreiras, sonhos e profissões para dedicação exclusiva às necessidades da rotina atípica. Uma parcela bem pequena de mães relata que a vida não mudou, porém a maioria entende que houve uma ruptura de quem eram antes para quem se tornaram depois da maternidade atípica.

A maioria das mães entrevistadas relataram ter iniciado tratamento medicamentoso com uso frequente de psicotrópicos e necessidade terapêutica. A busca da mãe atípica perfeita pode adoecer, porque a mãe heroína e a mãe que nunca fraqueja não existem. E não aceitar isso às vezes custa caro, custa a saúde, custa a qualidade de vida e o próprio equilíbrio. Isso vale para todas as mães.

A negação desses sentimentos, a supressão contínua da dor e o silenciamento das emoções são gatilhos potentes para o esgotamento emocional. O corpo adoece, a mente se fragmenta, a alma se entristece. E ainda assim, muitas dessas mães seguem em frente, porque "não há escolha", porque "é preciso ser forte", porque "meu filho precisa de mim".

É preciso libertar-se dessa capa de heroína. Não para abandonar a luta, não para desistir do filho, mas para reconhecer que o verdadeiro heroísmo reside na coragem de admitir: "eu estou cansada", "isso dói", "eu preciso de ajuda".

Meu desejo aqui é que toda mãe atípica reconheça suas limitações, suas fragilidades, sua humanidade e que, cada vez mais, reabasteça esse poder resiliente inigualável de ser feliz e realizada, tanto enquanto mãe como enquanto mulher, apesar dos desafios. **Talvez o maior gesto de coragem de uma mãe atípica não seja o de vestir a capa de heroína todos os dias, mas o de, finalmente, ousar tirá-la.**

E quando tirar a capa, lembre-se que há um Deus cujo controle de toda essa história deve ser dado a ELE. Largue o leme, entenda que há momentos em que o controle não é seu. Deixe Deus escrever essa história no seu lugar. Tire a capa e permita-se apenas ser humana. Saiba que Deus se importa com as suas emoções e que um coração que se derrama de forma sincera agrada muito mais a Deus.

CAPÍTULO 23

A dor que se transformou em amor

As conquistas obtidas por meio do ativismo dos pais atípicos

O presente capítulo tem como objetivo fundamental demonstrar os avanços resultantes da luta dos familiares das pessoas com deficiência, bem como trazer uma reflexão de que, não importa o quanto doa, nós podemos mudar o curso da nossa história.

Enio Moreira Bernardo e Geane Mendes

ENIO MOREIRA BERNARDO

Nascido em Montes Claros-MG. Médico formado pela Universidade Estadual de Montes Claros-MG. Residência médica em Cirurgia Geral pela Santa Casa de Montes Claros-MG. Residência médica em Cirurgia Oncológica pelo Instituto Mário Penna em Belo Horizonte-MG. Pós-graduação em cirurgia minimamente invasiva pela Universidade Positivo em Curitiba-PR. Pós-graduação em Medicina Integrativa pela Uniube em Uberlândia-MG. Presidente da APAE – Muriaé-MG (gestão 2020/2022 e 2023/2025). Casado com Geane Mendes e pai do Bernardo e do Lorenzo.

Contatos: doutoreniomoreira@gmail.com
Instagram: @dreniobernardo

GEANE MENDES

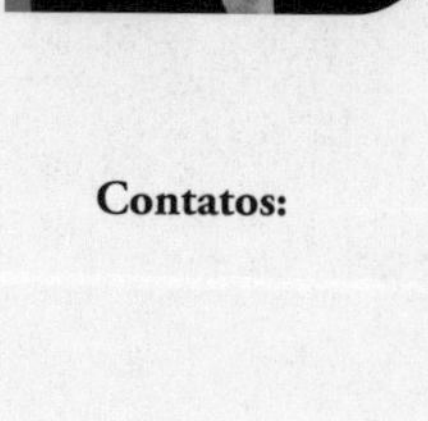

Advogada graduada pela Universidade de Itaúna-MG. Escritora, Presidente da Associação Muriaé dos Autistas (AMA), Conselheira do Conselho Municipal dos Direitos da Pessoa com Deficiência (CMDPD), Conselheira do Conselho Estadual de Defesa dos Direitos das Pessoas com Deficiência de Minas Gerais (Conped-MG), ativista da causa das pessoas com deficiência, mãe do Bernardo e do Lorenzo.

Contatos: geanemb@yahoo.com.br
Instagram: @geanemendesbarbosa
38 99942 5376
32 99173 7478

A realização de ter um filho tão desejado se concretizou para a nossa família no ano de 2012, porém, o que não imaginávamos é que aquele filho tão sonhado trouxesse caminhos imprevisíveis e mudanças definitivas em nossas vidas e na de tantas pessoas. Esse mesmo ano foi marcado por decisões, escolhas e descobertas, pois além de enfrentarmos os desafios referentes à maternidade e paternidade, também decidimos nos mudar de Montes Claros-MG para a cidade de Muriaé-MG, o que nos exigiu recomeçar uma vida longe dos familiares e de nossa rede de apoio.

Em seguida, no ano de 2015, fomos surpreendidos com o diagnóstico de transtorno do espectro autista do nosso primogênito, Bernardo. Assim, o autismo bateu em nossa porta, trazendo um mundo totalmente desconhecido, cheio de angústias, medos e incertezas: **a realidade do mundo das pessoas com deficiência**. Então, estávamos diante do seguinte cenário, o Bernardo diagnosticado com TEA, nível 3 de suporte aos dois anos de idade, em meio à gestação do nosso segundo filho, Lorenzo.

Apesar de Enio ser médico, não tínhamos naquela época nenhum tipo de conhecimento sobre essa nova viagem que embarcávamos e ainda tínhamos que lidar com a sensação de impotência em relação ao nosso bem mais precioso e nossa fragilidade diante da falta de informação e condição de dar aquilo que nosso filho precisava e que nem sempre dependia inteiramente de nós.

A partir daí, começamos uma longa caminhada cheia de obstáculos, pois mesmo gozando de um bom nível social, econômico e cultural, nos deparamos com muitas barreiras como preconceito, falta de estrutura de saúde e de educação, aumento dos custos financeiros em nosso orçamento familiar e desconhecimento da sociedade sobre o autismo. O que nos mostra que essas são dificuldades de todas as pessoas e famílias com deficiência, independentemente da classe social. Assim, na busca em oferecer um melhor tratamento e melhoria na qualidade de vida do nosso filho, nos deparamos com inúmeras dificuldades, dentre elas, a falta de tratamentos em nossa cidade.

A nossa opção foi começarmos em uma cidade a 80 km de distância, já no Estado do Rio de Janeiro, o que ainda nos gerou problemas com o plano de saúde que tinha uma cobertura apenas no estado de Minas Gerais. Além disso, eram incansáveis horas de viagens, terapias, escola regular e uma rotina exaustiva; mas Bernardo era o nosso combustível diário, uma vez que ele sempre estava ali nos surpreendendo com um sorriso no rosto e um brilho nos olhos, que nos movia e enchia o nosso coração de esperança.

A dor costuma nos arrancar de nossos egoísmos e nos mostrar o que somos capazes de fazer por meio dela, uma vez que descobrimos uma força que não sabíamos que tínhamos. Na vida, muitas vezes, é necessário recalcular a rota e tomar um novo caminho, mas isso requer coragem, amor e fé.

Então, resolvemos mudar nosso percurso e escrever a nossa própria história, desbravando caminhos, levando esperança e deixando algo de valor para a sociedade, afinal esse é o objetivo de vivermos em comunidade, pois o que **constrói o que somos é uma mistura de nós mesmos com os outros**.

E diante de tudo o que estávamos vivendo, cada momento era um aprendizado e descoberta, e uma delas foi experimentar o verdadeiro significado da palavra empatia, habilidade de se colocar no lugar do outro. Esse sentimento pode aflorar de tal maneira que a consequência é descobrir qual é o seu propósito de vida, abrindo a mente para entender que alguns eventos foram necessários para esse entendimento e não necessariamente foram momentos ruins, mas experiências primordiais para um despertar com maior entusiasmo.

Diante disso, enxergamos a oportunidade de transformar o nosso drama pessoal em uma batalha bem maior, para que pudéssemos mudar a vida de muitas famílias com ações realizadas em prol de um bem coletivo, pois se com todos os recursos e uma base familiar sólida passamos por tantas provações, imaginamos como seria difícil para pessoas que estavam em situação de maior vulnerabilidade. Portanto, decidimos não só ajudar nosso filho, mas também melhorar a realidade de todas as pessoas que se encontravam na mesma situação de ter um ente querido com transtorno do espectro autista. Também seria uma forma de retribuir todos os progressos que estávamos colhendo com o tratamento do nosso filho Bernardo.

A partir daí, descobrimos que tudo que estávamos vivendo tinha um propósito para nossa família: o de sermos porta-vozes das pessoas com deficiência. A nossa trajetória não é fácil, a todo momento é difícil viver esse processo, exige uma evolução como pessoa, pois na maioria das vezes temos que fazer escolhas, tomar decisões e abrir mão de muitas coisas, da vida profissional, do lazer e, em algumas situações, até da família. Mas quando você entende e aceita o seu papel no mundo, sua caminhada fica mais leve e te fortalece para continuar em frente, e aquela dor se transforma em amor.

Outra situação que veio com a definição do nosso propósito é ser exemplo de superação e **inspirar** outros a aceitarem o diagnóstico, assumirem a condição que se apresenta e lutarem pela melhoria da qualidade de vida de seus filhos neurodiversos. Durante essa jornada, vão surgindo colaboradores e parceiros na luta pela causa das pessoas com deficiência, de forma espontânea ou até mesmo que aceitam convites para integrar esse movimento, pois o exemplo arrasta muitos que se identificam com o entusiasmo de uma causa que realmente faz muito sentido e transforma vidas. Uma parte desses voluntários decide interromper as atividades na caminhada do ativismo e reorganizar a vida pessoal, o que é totalmente compreensível, uma vez que as demandas pessoais são enormes em famílias atípicas e a carga de estresse extremamente elevada. Levando muitas vezes a ausências temporárias e, em alguns casos, de forma definitiva. Há, ainda, aqueles que são tomados por uma motivação tão grande que conseguem conciliar o trabalho ativista e os percalços da vida pessoal, assumindo posturas de verdadeiros líderes.

Uma das nossas primeiras ações em prol da nossa causa foi levar informação e conscientização à sociedade em geral, com palestras e simpósios acerca do autismo, bem como incentivar profissionais, terapeutas e escolas a se especializarem em intervenções para autistas, criando uma rede de atendimento na cidade de Muriaé, para que as famílias pudessem oferecer tratamento adequado a seus filhos aqui mesmo no município, sem terem que enfrentar o desgaste de pegar a estrada. Outra atitude que iniciamos foi dar assistência a uma família carente com criança no espectro autista, levando donativos, roupas etc. O que não imaginávamos naquela época era que aquele gesto de solidariedade seria o início de uma grande trajetória em prol das pessoas com deficiência.

Logo, tomamos conhecimento da Associação Muriaé dos Autistas (AMA) e nos oferecemos a ajudar voluntariamente. Não era uma estratégia coordenada, mas as oportunidades foram surgindo e vimos ali uma forma de ajudar as famílias com pessoas autistas a lutarem pela garantia dos seus direitos, e o que era um ato de compaixão passou a ser, consequentemente, ativismo e foi se tornando **referência**. A grande maioria dos ativistas são pessoas ou familiares que buscam promover mudanças e, às vezes, estão em situação de muita vulnerabilidade social, mas, mesmo assim, se doam em trabalhos voluntários sem nenhum ganho financeiro ou até doam valores monetários mesmo com poucos recursos.

À medida que o trabalho do ativismo vai tomando maiores proporções, alguns ativistas tornam-se gestores de entidades, como no nosso caso, que presidimos duas entidades (AMA e APAE/Muriaé) simultaneamente, o que nos exige esforços e estudos em legislação fiscal e trabalhista, administração e organização do terceiro setor, execução de programas com verbas públicas e diálogo com o poder público, tanto executivo como legislativo e judiciário. Também devemos ressaltar a importância e preocupação em manter a idoneidade do ativismo, para não ser confundido com oportunismo e colocar em questionamento o objetivo da causa.

Outros ativistas se aventuram a concorrer a cargos públicos eletivos, pois assumem notoriedade e tendem a aumentar a representatividade para melhoria das políticas públicas voltadas às pessoas com deficiência. Nessa situação, também deve se ter cautela com as posturas adotadas após as efetivas diplomações, para não deixarem o ativismo de lado e se renderem à força do sistema político-econômico sem mudar a retórica de austeridade nas implantações de mecanismos sociais.

O ativismo é fundamental para a promoção de justiça social, inclusão, garantia dos direitos e políticas públicas efetivas, e principalmente o respeito ao princípio da dignidade humana. A luta pelos direitos das pessoas com deficiência é histórica e tem como marco a Declaração Universal dos Direitos Humanos de 1948.

No Brasil, historicamente, os avanços e as conquistas das pessoas com deficiência decorrem do resultado do ativismo das pessoas que recebem algum diagnóstico. Podemos citar alguns exemplos, como a Lei Berenice Piana nº 12.764/2012, que estabelece os direitos das pessoas com transtorno do espectro autista, lei esta de iniciativa popular da militante Berenice Piana, mãe de um menino autista. Outra lei fundamental criada por meio da mobilização de pessoas com deficiência, familiares e entidades de direitos humanos foi a LBI – Lei Brasileira de Inclusão nº 13.146/2015, conhecida como Estatuto da Pessoa com Deficiência. Há também a Lei nº 13.977/2020, chamada de Lei Romeo Mion, que cria a carteira de identificação da pessoa com transtorno do espectro autista (Ciptea), em homenagem ao filho autista do militante e apresentador de televisão, Marcos Mion.

Ainda cabe ressaltar que, graças a ações de pais e familiares, vieram também avanços em outras áreas, como na ciência e na pesquisa, que foram essenciais para descobertas que municiaram a sociedade com informações para iniciarem movimentos a favor daquela população, ainda considerada minoria naquele tempo e que hoje passou a ser crescente e prevalente, se tornando assunto de grande relevância em saúde pública.

Podemos citar como uma grande revolução no pensamento científico em 1964 o lançamento do livro *Autismo infantil*, do psicólogo americano Bernard Rimland, que é a compilação de seus estudos após o diagnóstico de autismo do seu filho Mark, que nascera na década de 1950. Em meio à escassez de evidências científicas naquela época, o enorme interesse científico e as bases do tratamento moderno vieram com o esforço de um pai que transformou a dor em benefícios para a humanidade.

Recentemente, o ativismo vem ganhando uma arma poderosa, que tem mudado o curso dos movimentos em prol das pessoas com deficiência: o poder das redes sociais, que elevaram o conhecimento sobre diversos aspectos acerca do assunto, aumentaram a visibilidade de várias lideranças da comunidade autista, trouxeram mais familiares para o engajamento, formaram grupos de troca de experiências e ajuda mútua. As redes sociais também nos permitiram uma incrível velocidade de articulação para influenciar e pressionar o poder público em questões nas quais pode haver retrocessos nos direitos adquiridos com muita batalha, e com respostas imediatas a essas transgressões absurdas que têm se apresentado com maior frequência. Dois exemplos disso são as mobilizações contra o rol taxativo da ANS, e a mais recente foi a votação do PL 4614, que retirava autistas nível 1 de suporte e a síndrome de Down do benefício de prestação continuada (BPC) como parte do pacote de corte de gastos do governo federal em dezembro de 2024.

Enfim, do ativismo dos familiares de pessoas com deficiência resultaram diversos avanços significativos com o objetivo de tornar o mundo um lugar melhor para se viver. A verdade é que receber qualquer diagnóstico não é fácil e pode causar um impacto enorme na vida de alguém, porém a escolha do caminho que queremos seguir pode dar sentido a uma vida de propósito. E nós decidimos ter coragem para nos reinventarmos e reescrevermos a nossa história, deixando o nosso legado.

Com relação à nossa maior inspiração, Bernardo atualmente é TEA nível 1 de suporte, mas os desafios continuam, apenas são outros. Porém acreditamos que ele vencerá cada fase com o amor da família, dos amigos, da escola e com a ajuda dos profissionais. Infelizmente, sabemos que a realidade das pessoas com deficiência nem sempre é assim, mas esperamos e desejamos que seja na maioria delas, por isso continuaremos lutando incansavelmente pela garantia dos seus direitos, buscando mais dignidade e inclusão de verdade.

Portanto, essa nova trajetória que escolhemos seguir, mesmo que às vezes doa, nos ensina muito, principalmente a sermos gratos por cada encaixe desse quebra-cabeça de incertezas chamado vida.

Referências

MOREIRA, M. C. N. Configurações do ativismo da parentalidade atípica na deficiência e cronicidade. *Ciência e Saúde Coletiva*, 2022. Disponível em: https://www.scielosp.org. Acesso em: 21 nov. 2024.

RIMLAND, B. *Infantile autism*: the syndrome and its implications for a neural theory of behavior. Jessica Kingsley Publish, 50th Revised, 2014.

CAPÍTULO 24

O peso de um diagnóstico na vida das famílias

Um resgate para a jornada do recomeço

No silêncio que se segue ao diagnóstico, muitos pais se encontram frente a uma dor indescritível e inúmeros questionamentos. Pais tentam ser fortes, mas, por dentro, podem sentir que estão desmoronando e não entendem completamente o que está acontecendo. O diagnóstico não afeta apenas a criança, mas toda a família, criando incertezas e inúmeras adaptações. E então, uma escolha se impõe: deixar que essa dor consuma a todos ou usá-la como alicerce para uma nova forma de viver, na qual a união e o amor se tornam as maiores ferramentas para enfrentar qualquer desafio.

Isabella Bissiatte Silva Rodrigues

ISABELLA BISSIATTE SILVA RODRIGUES

Bacharel em Psicologia pela Faminas Muriaé (2012). Pós-graduada em Gestão de Recursos Humanos, Terapia Cognitivo-Comportamental e Avaliação Psicológica. Especialização em ABA aplicada ao transtorno do espectro autista (TEA), Investigação, Identificação e Diagnóstico, Educação Especial e Inclusiva, Neurociência, Educação e Desenvolvimento Infantil.

Contatos: Isabissiatte@gmail.com
Instagram: @isabissiatte.psi

A notícia do diagnóstico

Poucas experiências na vida são tão transformadoras quanto ouvir o diagnóstico de autismo de um filho. É como se o chão desaparecesse por um instante, deixando um vazio preenchido por dúvidas, medos e, muitas vezes, uma sensação de luto. A mente é inundada por perguntas: "O que isso significa para o futuro dele? Estou preparado para ser o suporte que ele precisa? E quanto aos meus próprios sonhos?".

A dor do diagnóstico não vem apenas do nome ou do rótulo, mas do confronto imediato com o desconhecido. A visão que você tinha para o futuro da sua família parece se desfazer, e no lugar dela surge um caminho repleto de incertezas. É comum sentir culpa, frustração e até isolamento. Você não está sozinho nesses sentimentos. Eles fazem parte do processo de assimilar uma realidade que ninguém planejou, mas que pode ser profundamente transformadora.

Mas, e se esse diagnóstico fosse o ponto de partida para uma nova maneira de viver? Um convite para conhecer seu filho em toda a sua singularidade? Um chamado para descobrir forças que você nem sabia que existiam? Neste capítulo, não queremos apenas falar sobre o autismo. Queremos falar sobre você enquanto família: sobre suas dores, suas dúvidas e, acima de tudo, sobre como é possível transformar o peso do diagnóstico em uma jornada de resiliência, amor e crescimento.

Aqui, você encontrará informações valiosas, estratégias práticas e, principalmente, apoio emocional para que sua família caminhe junta. Porque, apesar das dificuldades, vocês não estão sozinhos. Há esperança, há aprendizado e, principalmente, há amor suficiente para reescrever essa história de uma forma que celebre cada conquista, por menor que pareça.

Os desafios dos primeiros passos

Receber o diagnóstico de um filho neurodivergente pode trazer muitas mudanças na dinâmica familiar. Segundo Rogers (2021), as dificuldades mais comuns incluem dúvidas, inseguranças, medos, e muitas alterações emocionais, mas também gastos financeiros, prejuízos sociais e até de relacionamento entre os membros da família. Reconhecer essas dificuldades é o primeiro passo para enfrentá-las de forma saudável. Haverá o impacto emocional, o luto pelo que foi idealizado. Muitos pais passam por um luto simbólico pelas expectativas com relação ao desenvolvimento do filho, e experienciam o medo do futuro, preocupações excessivas com o que acontecerá à criança a longo prazo, como independência, inclusão social e oportunidades. Ansiedade e culpa após o diagnóstico são muito comuns, algumas famílias buscam respostas ou justificativas, sentem ansiedade sobre como lidar com a nova realidade, insegurança sobre qual a melhor forma de custear o tratamento/acompanhamento, incluindo as terapias especializadas, acompanhamento médico e outros tratamentos, que podem ser custosos e exigirem ajustes no orçamento familiar.

Frequentemente, um dos pais precisa reduzir a jornada de trabalho ou até abandonar o emprego para se dedicar ao cuidado do filho, o que pode impactar a renda, acarretando, assim, outros desafios na dinâmica familiar, sendo elas:

- **Atenção desigual**: irmãos podem se sentir negligenciados, já que a criança neurodivergente costuma demandar mais tempo e cuidado.
- **Conflitos entre os pais**: divergências sobre como lidar com o diagnóstico ou as responsabilidades podem gerar atritos.
- **Mudanças na rotina**: como adaptação às necessidades da criança, visitas frequentes a especialistas, podendo desorganizar a rotina familiar.
- **Falta de apoio social**: muitas vezes, familiares e amigos não compreendem o diagnóstico ou as necessidades da criança, geram isolamento, podendo ser agravada por preconceitos ou falta de inclusão em espaços sociais e educacionais. Diante disso, nota-se uma sobrecarga física e emocional, especialmente quando há falta de uma rede de apoio, sendo assim o estresse contínuo pode levar ao esgotamento, dificultando ainda mais a capacidade de atender às demandas (Alves, 2012).
- **Enfrentamento de preconceitos**: lidar com estigmas e comentários inadequados de outras pessoas, sejam conhecidos ou estranhos, pode ser doloroso e cansativo.

Ter uma infância feliz vai muito além de um diagnóstico. O bem-estar de uma criança com autismo, assim como qualquer outra, depende de amor, compreensão e estímulos positivos. Podemos pontuar já em primeira mão que o apoio da família faz toda a diferença nesse processo. Então, vamos no primeiro ponto a ser discutido neste capítulo: enxergar a criança além de um diagnóstico, respeitando e identificando suas individualidades, e o papel da família nesse processo é de extrema importância para o acompanhamento de seu desenvolvimento, por isso, vamos para alguns pontos importantes e muito necessários para uma infância feliz.

Ver além do diagnóstico

Sabemos que potencializar o que cada indivíduo tem de melhor vai muito além parabenizar suas atitudes, é saber identificar o que realiza com prazer, a importância de focar em potencialidades, habilidades e interesses únicos. É reconhecer o que seu filho gosta e é capaz de fazer bem, com entusiasmo, fornecendo espaço para que ele explore isso. Celebrar suas conquistas, mesmo as pequenas, fortalecendo sempre sua autoestima, oferecendo um ambiente de amor e aceitação, para que ele sinta que é amado e aceito exatamente como ele é. Um ambiente seguro emocionalmente ajuda a criança a se sentir valorizada e capaz de enfrentar desafios, incentivando criatividade nas brincadeiras, explorando e promovendo atividades que fortalecerão vínculos sempre envolvendo todos à sua volta. Contudo, sabemos que brincar é fundamental para o desenvolvimento e a felicidade da criança. Algumas brincadeiras e atividades que seu filho gosta e consegue fazer, promovem momentos de diversão e conexão (Silva, 2012).

Um ponto muito importante é saber respeitar o ritmo da criança, não fazer comparações, independentemente de sua condição, respeitar seu tempo para aprender, explorar e interagir com o mundo. Cultivar a comunicação afetiva mesmo que a comunicação verbal seja um desafio. Existem outras formas de se conectar: olhar, gestos, toques e até brincadeiras são maneiras de fortalecer o vínculo afetivo, promover momentos especiais em família, criar memórias felizes que reforçam o sentimento de pertencimento, investir em inclusão e socialização, sempre incentivando a interação com outras crianças e ambientes sociais de maneira adaptada e respeitosa. Participar de grupos, escolas inclusivas e espaços de convivência favorece o desenvolvimento social e emocional. Seja exemplo de resiliência e positividade, mostre que os desafios podem ser enfrentados com calma e amor.

Sabemos que a forma como lidamos com o diagnóstico influencia diretamente como a criança percebe a si mesma, então, enriquecer seu dia a dia, proporcionando experiências que despertem curiosidade e prazer: música, natureza, livros, desenhos, cozinhar juntos, entre outros, contribui para uma infância feliz e cheia de descobertas. Buscar apoio e se cuidar, pois a família que cuida da saúde emocional e se apoia consegue oferecer um ambiente mais equilibrado. Não hesitem em buscar ajuda de profissionais quando necessário.

Lembre-se de que a felicidade de uma criança está nos momentos simples e no carinho que recebe. Um diagnóstico não define quem ela é, e sim como ela será apoiada e amada. Promover uma infância feliz é um ato de amor, o diagnóstico pode ser um momento desafiador, mas é também uma oportunidade de aprender e se fortalecer juntos.

Julio & Moreira (2017) ressaltam que é normal sentir uma mistura de emoções: surpresa, tristeza, preocupação ou até alívio por finalmente entender algumas questões e se permitir vivenciá-las sem culpa. Algumas famílias buscam auxílio por onde começar, e o papel do psicólogo é, principalmente, acolher, escutar com atenção essa dor da perda do que foi idealizado, o medo do que vão achar, ou a culpa por ter "errado" em algum momento. Cabe ao profissional pontuar o valor e o espaço dessa criança no meio em que está inserido, modificando os pensamentos já vivenciados.

Buscar informações confiáveis, conhecer mais sobre o assunto com profissionais especializados, o médico de sua confiança, compreendendo o que o diagnóstico significa ajuda a diminuir medos e preconceitos.

Compreendendo que cada criança é única, entenda as áreas em que ela precisará de mais apoio, compartilhe o diagnóstico com pessoas de confiança na família e entre amigos. Grupos de pais de crianças autistas também podem oferecer acolhimento, experiências e dicas práticas. Invistam em orientação profissional e procurem uma equipe multidisciplinar (psicólogo, terapeuta ocupacional, fonoaudiólogo, pediatra especializado) para traçar estratégias de desenvolvimento adequadas às necessidades do seu filho. Participem das terapias quando possível, para aprenderem formas de dar continuidade aos estímulos em casa.

Se sentirem que a notícia abalou muito a estrutura familiar, a ajuda de um psicólogo para trabalhar as emoções pode ser extremamente benéfica nesse momento de adaptação, mas com apoio e amor, vocês podem criar um ambiente acolhedor e favorável ao desenvolvimento da criança.

Trilhar um caminho cheio de desafios, mas também de conquistas, muitas conquistas, porém algumas regressões também farão parte do processo. Cada pequeno passo dado por seu filho é uma vitória, e cada momento de união familiar é um tijolo na construção de uma base sólida. Lembre-se de que o amor é o fio que conecta todos os esforços. Vocês são mais fortes do que imaginam, e essa jornada, embora desafiadora, também pode ser transformadora (Rogers, 2021).

Referências

ALVES, E. G. *A morte do filho idealizado*. São Paulo: O Mundo da Saúde, 2012.

JULIO, A.; MOREIRA, A. *Transtorno do espectro autista na prática clínica*. São Paulo: Casa do Psicólogo, 2017.

ROGERS, S.; DAWSON, G.; VISMARA, L. *Autismo*: compreender e agir em família. Lisboa: Lidel, 2021.

SILVA, A. *Mundo singular*: entenda o autismo. Rio de Janeiro: Fontanar, 2012.

CAPÍTULO 25

Entre laços e feridas

O capítulo revela o impacto do ambiente familiar na formação emocional. Lares de afeto e segurança cultivam indivíduos equilibrados, enquanto negligência e violência deixam marcas que ecoam na vida adulta. A autora, psicóloga e educadora, compartilha vivências clínicas e pessoais, mostrando que é possível romper ciclos negativos e transformar dor em cura.

Andréa Pereira de Assis Paula Medina

ANDRÉA PEREIRA DE ASSIS PAULA MEDINA

Com mais de 30 anos de experiência na Educação, alia conhecimento sólido e paixão pelo desenvolvimento humano. Especialista em Educação Inclusiva, Orientação, Supervisão Escolar e Língua Portuguesa, tem uma trajetória dedicada à formação de crianças, adolescentes e adultos. Atuou como professora nos anos iniciais e finais e no Atendimento Educacional Especializado, adotando uma abordagem sensível e individualizada. Exerceu o cargo de Secretária Adjunta de Educação, aprofundando sua visão sobre os desafios e as oportunidades do sistema educacional. Como psicóloga, atende todas as idades e oferece orientação para pais, fortalecendo vínculos familiares e promovendo um desenvolvimento emocional saudável. Atua também como palestrante e formadora, com foco em educação emocional, educação sexual e prevenção ao abuso infantil. Atualmente, especializa-se em Neuropsicologia, aprofundando-se na avaliação, intervenção de dificuldades de aprendizagem e transtornos do neurodesenvolvimento.

Contatos: andreamedinapsicóloga@gmail.com
Instagram: @andreamedina_psicologa
32 98846 7616

O ambiente familiar é o primeiro espaço de construção emocional de um indivíduo, funcionando como um espelho que reflete tanto o amor quanto as dores silenciosas. Pode ser um solo fértil para o desenvolvimento saudável ou a origem de feridas profundas que moldam nossa vida adulta. Lares que oferecem afeto, segurança e estabilidade promovem um crescimento emocional equilibrado, enquanto contextos marcados por negligência, violência ou padrões disfuncionais deixam cicatrizes que podem perdurar por gerações. Os pais, muitas vezes, sem perceber, carregam nas palavras e atitudes as marcas de sua própria infância, repetindo padrões antigos que oscilam entre punições severas e permissividade excessiva. Romper esses ciclos nocivos exige consciência e transformação.

Cicatrizes invisíveis: a dor que acompanha a vida adulta

Embora a infância seja o alicerce sobre o qual construímos nossa identidade, nem sempre possui base sólida. Algumas crianças crescem cercadas de afeto e segurança, enquanto outras aprendem, desde cedo, a sobreviver em meio à dor. As experiências adversas que enfrentamos nesse período deixam marcas profundas, influenciando nossa interação com o mundo ao longo da vida. Os primeiros anos moldam padrões emocionais que repercutem na vida adulta. Vivências negativas, como negligência ou abuso, podem resultar em traumas significativos, afetando nossa "criança interior". Quando saudável, essa criança interior é fonte de criatividade; quando ferida, é origem de sofrimento. No entanto, carregar cicatrizes não significa estar condenado a repetir a história. A autoconsciência e o autoconhecimento são ferramentas poderosas para romper padrões negativos e ressignificar nossa trajetória.

Como professora e psicóloga, observo em minha prática clínica crianças que se sentem invisíveis devido à falta de atenção e carinho, bem como adolescentes que internalizam falas destrutivas dos pais, resultando em baixa autoestima e insegurança. Um exemplo marcante foi o caso de uma aluna que, ao receber uma nota baixa, implorou que eu não contasse à sua mãe. Por dever profissional, precisei compartilhar a situação. No dia seguinte, a menina chegou à escola com o olhar vazio e o corpo marcado por hematomas, evidência dolorosa de um ambiente familiar violento. Anos depois, reencontrei aquela criança, agora uma jovem adulta e mãe, que revelou viver sob o peso da depressão e da ansiedade, sentimentos que têm raízes profundas nas experiências de sua infância.

Cicatrizes emocionais são invisíveis, mas pesam tanto quanto as físicas. A violência psicológica compromete o desenvolvimento emocional, afetando a autoestima e a capacidade de estabelecer vínculos saudáveis, o que pode levar a dificuldades escolares, transtornos de ansiedade e depressão na infância, além de desafios para construir relações saudáveis na vida adulta, perpetuando o ciclo da violência.

Enquanto as cicatrizes emocionais minam a autoestima e comprometem a capacidade de construir vínculos saudáveis, o abuso sexual infantil emerge como uma ferida ainda mais profunda, cujas consequências devastadoras ecoam por toda a vida. No Brasil, pesquisas indicam que 64% dos casos ocorrem dentro do ambiente familiar, e menos de 10% chegam às autoridades. Em um dos atendimentos, uma adolescente, vítima de abuso intrafamiliar, carregava sentimentos profundos de culpa e transtorno de estresse pós-traumático. O trabalho terapêutico envolveu ajudá-la a compreender que não era culpada, promover resiliência e fornecer ferramentas para lidar com o trauma. Além disso, foram realizadas sessões com seus pais, visando transformar a dinâmica familiar em um suporte sólido e acolhedor.

Ausência e silêncio: o impacto da morte na infância

Além das marcas deixadas por abusos e negligência, a perda de um ente querido na infância pode impactar profundamente o desenvolvimento emocional. A compreensão da morte varia conforme a idade, e crianças pequenas tendem a interpretá-la de forma concreta e literal. Certa vez, atendi uma paciente de quatro anos que perdeu a mãe de forma abrupta. Ao chegar à terapia, negava a morte, demonstrando dificuldade em processar a perda. Ao desenhar sua família, incluiu a mãe na imagem e afirmou que ela estava "em casa", revelando um mecanismo de defesa típico da infância para lidar com a dor.

Para facilitar a expressão das emoções de forma gradual, utilizei a história da Branca de Neve como recurso terapêutico. Durante a narrativa, a criança projetou seus sentimentos na personagem e, pela primeira vez, verbalizou sua dor ao dizer: "Minha mamãe morreu". Esse momento foi crucial para o início da elaboração do luto, permitindo que enfrentasse a realidade de maneira simbólica e compatível com seu estágio de desenvolvimento.

Quando uma criança perde alguém que ama, não enfrenta apenas a ausência de um ente querido, mas também uma ruptura em sua segurança emocional. A compreensão da morte na infância varia conforme a idade, e a falta de acolhimento adequado pode resultar em feridas emocionais difíceis de cicatrizar.

O poder da palavra e do afeto: caminhos para a cura emocional

Para romper ciclos de sofrimento e promover relações mais saudáveis, a comunicação não violenta e a educação emocional tornam-se ferramentas fundamentais. A comunicação não violenta incentiva interações empáticas e assertivas, fortalecendo os laços familiares e minimizando conflitos. Paralelamente, a educação emocional ensina a criança a identificar e expressar sentimentos de forma saudável.

Em minha prática clínica, observo como a ausência desse aprendizado afeta o desenvolvimento, levando a problemas de relacionamento e baixa autoestima. Um jovem que me procurou para terapia sentia-se incapaz e isolado. Cresceu em um ambiente onde as emoções eram invalidadas, e a repressão de seus sentimentos o levou a desenvolver um forte senso de inadequação. O trabalho terapêutico focou na ressignificação de suas experiências, reconstrução da autoestima e restauração do vínculo familiar. Com dedicação e um renovado senso de autoconfiança, ele alcançou seu objetivo de ser aprovado em um concurso público.

Não basta ensinar palavras às crianças, é preciso ensiná-las a se expressar emocionalmente. A Comunicação Não Violenta (CNV) e a Educação Emocional são ferramentas essenciais para romper ciclos de sofrimento e fortalecer os laços familiares. Crianças que crescem em lares onde predominam o afeto e a segurança emocional desenvolvem resiliência e equilíbrio. Por outro lado, ambientes familiares conflituosos geram feridas emocionais que podem perdurar por toda a vida. O modelo de apego de John Bowlby explica como os vínculos da infância influenciam a capacidade de relacionamento e a autoimagem do indivíduo, podendo gerar padrões de segurança ou de rejeição. Intervenções, como terapia familiar e programas de educação parental, são eficazes na construção de laços saudáveis, permitindo que famílias rompam ciclos de sofrimento e promovam um ambiente emocionalmente seguro.

Das feridas ao recomeço: o poder da transformação

Nem sempre podemos mudar o passado, mas podemos ressignificá-lo. Cresci em um ambiente marcado pelo alcoolismo de meu pai, a instabilidade emocional e as tensões eram constantes. No entanto, algo extraordinário aconteceu: meu pai, ao perceber os impactos de seu comportamento, decidiu abandonar o álcool. Não foi um processo fácil, mas sua coragem em enfrentar suas próprias sombras abriu espaço para uma reconstrução real. Aos poucos, os diálogos substituíram os silêncios, a confiança começou a ser restaurada e os laços tornaram-se mais fortes. Esse processo de ressignificação me mostrou que mudanças são possíveis, mesmo diante de padrões nocivos que parecem imutáveis.

Mais tarde, ainda jovem, fui desafiada por outra dor profunda: a perda do meu marido. Com pouco mais de 20 anos, vi minha vida mudar drasticamente e precisei criar minha filha sozinha. A ausência dele era uma ferida aberta, e o medo do futuro parecia intransponível, mas a força emocional que minha família me transmitiu tornou-se um alicerce para seguir em frente.

Essas experiências me ensinaram que, por mais difíceis que sejam as marcas do passado, sempre há caminhos para a ressignificação.

O passado pode ser uma prisão ou uma ponte para a transformação. Podemos nos apegar às dores e nos perder nelas, ou podemos olhar para trás com a intenção de aprender e crescer. As feridas não precisam definir quem somos, mas podem nos ensinar resiliência, compaixão e força.

Da dor à superação: o poder de ressignificar nossas feridas

Entre laços e feridas, tecemos a nossa história. Cada experiência vivida, cada cicatriz, cada laço rompido ou fortalecido molda quem nos tornamos. Mas nossa trajetória não precisa ser prisioneira do passado. Sempre é tempo de ressignificar, transformar a dor em aprendizado e curar as marcas que nos atravessaram. A infância pode deixar cicatrizes invisíveis, marcas que carregamos sem perceber, influenciando nossos comportamentos, nossas relações e até nossa capacidade de amar e confiar. No entanto, quando escolhemos olhar para nossa história com coragem, consciência e compaixão, abrimos espaço para a reconstrução, para a cura e para um novo começo.

Nenhuma dor precisa ser o capítulo final de nossa história. Frederick Douglass disse: "É mais fácil construir crianças fortes do que consertar adultos quebrados". Essa verdade ressoa profundamente em cada relato de sofrimento e superação. Quando garantimos um ambiente seguro e afetuoso para nossas crianças, não estamos apenas protegendo a infância – estamos moldando adultos mais saudáveis emocionalmente, capazes de construir relações seguras e um futuro menos marcado pela dor. Toda criança merece crescer em um lar onde o amor não precise ser conquistado, onde os vínculos sejam fontes de segurança, não de medo. E cada adulto tem a oportunidade de reescrever sua própria história para que o peso do passado não se torne uma herança para as próximas gerações.

Se quebrar ciclos de sofrimento é difícil, perpetuá-los custa ainda mais. Mas há sempre um caminho de ressignificação para quem deseja transformar a dor em força e reconstruir os laços com mais verdade e amor. O passado pode nos ensinar, mas não precisa nos definir. Carregar as feridas da infância sem curá-las é permitir que elas sigam governando nossas escolhas e relações. Por outro lado, reconhecê-las e ressignificá-las nos permite libertar não apenas a nós mesmos, mas também aqueles que virão depois de nós.

A transformação começa quando escolhemos olhar para nossa infância sem medo, com maturidade e empatia. Quando escolhemos nos perdoar, nos acolher e nos reconstruir. Quando entendemos que não precisamos continuar presos a padrões que nos feriram. E, acima de tudo, quando decidimos que nossa história pode – e deve – ser escrita com mais leveza, mais amor e mais consciência. Pois, no fim, entre laços e feridas, a maior escolha que podemos fazer é aprender a nos tornar inteiros outra vez.

Referências

AMAZONAS, M. C. da S.; BRAGA, L. L. Família, a comunicação e suas relações por meio do viés Sistêmico. *Psicologia: Reflexão e Crítica*, v. 19, n. 1, p. 6-15, 2006. Disponível em: https://www.scielo.br/j/prc/a/CnSXwhwTkSGmnsLsTp4v6zC/?lang=pt.

BORGES, J. L.; DELL'AGLIO, D. D. Relações entre abuso sexual na infância, transtorno de estresse pós-traumático (TEPT) e prejuízos cognitivos. *Psicologia em Estudo*, v. 13, n. 2, p. 371-379, 2008.

CECCONELLO, A. M.; DE ANTONI, C.; KOLLER, S. H. A violência familiar como ambiente de desenvolvimento de crianças em risco. *Psicologia em Estudo*, v. 8, n. 1, p. 45-53, 2003. Disponível em: https://www.scielo.br/j/pe/a/3sGdvzqtVmGB3nMgCQDVBgL.

FERREIRA, L. A.; AZEVEDO, G. de C.; MATOS, M. A. da S. Impactos da violência emocional na infância. *Cadernos de Saúde Pública*, v. 30, n. 8, p. 1759-1770, 2014. Disponível em: https://www.scielo.br/j/csp/a/NK6yYNGyW5QxfWKYcNcV7pq/.

MATA, N. T.; SILVEIRA, L. M. B. da; DESLANDES, S. F. Família e negligência: uma análise do conceito de negligência na infância. *Ciência & Saúde Coletiva*, v. 22, n. 9, p. 2881-2888, 2017. Disponível em: https://www.scielo.br/j/csc/a/pnr7XZk3BHd8dzwK3V3wQtd/?format=pdf. Acesso em: 5 maio 2025.

ROMANELLI, G. Família e adolescência: a influência do contexto familiar no desenvolvimento psicológico de seus membros. *Psicologia em Estudo*, Maringá, v. 12, n. 2, p. 247-256, maio/ago. 2007. Disponível em: https://www.scielo.br/j/pe/a/3sGdvzqtVmGB3nMgCQDVBgL.

SILVA, V. de O.; SANTOS, L. de O. Estudo sobre emoções e sentimentos na educação infantil. *Educação & Realidade*, Porto Alegre, v. 47, n. 1, p. e116927, jan./mar. 2022. Disponível em: https://www.scielo.br/j/edreal/a/6nCXpfX6gbPgtfBjMybqcsP/. Acesso em: 5 maio 2025.

CAPÍTULO 26

Divórcio e suas implicações

Alienação parental

A alienação parental resulta em crianças, adolescentes e adultos que se sentem inseguros, ansiosos, depressivos e, em muitos casos, infelizes. Trata-se de uma condição reconhecida como uma síndrome, classificada no CID 11 sob "alienação parental" com o código "CID QE52.0". Os impactos desse fenômeno são devastadores.

Édina Acordi

ÉDINA ACORDI

Psicóloga com 15 anos de experiência, especializada em Neuropsicopedagogia e Avaliação Psicológica, além de ser Mestre em Gestão de Conflito. Liderou uma equipe multidisciplinar no fórum e atuou como Psicóloga Forense na Penitenciária Industrial, ambos na comarca de Joinville. Desde 2014, elabora laudos periciais para o Judiciário. É fundadora do Programa Mais Vida – Por Favor, que já beneficiou milhares de pessoas e visa promover a saúde. Atua voluntariamente na Obra da Infância e Adolescência Missionária, desde 2005 na Igreja Católica. Já atendeu centenas de famílias em busca de aconselhamento e trabalhou como Psicóloga Técnica na APAE. Ela também é a fundadora da Empresa RH Vernazza, que oferece aconselhamento profissional, organiza palestras, treinamentos e presta assessoria empresarial. Em 2022, lançou seu primeiro livro, *O colégio santa fé*, que tem como principal objetivo orientar pais, educadores e cuidadores a proporcionar um ambiente estável e saudável para as crianças, uma vez que acredita que uma boa educação é essencial para garantir o sucesso das futuras gerações. Além disso, já escreveu diversos livretos, manuais e artigos que visam promover a saúde mental.

Contatos: edina@acordi.com.br
www.rhvernazza.com.br
Redes Sociais: @edinaacordi
@institutoacordi
47 99136 3133

Se você chegou aqui por um acaso, mesmo sem um conhecimento mínimo sobre o título deste capítulo, certamente há um motivo especial para isso, pois nada acontece por acaso.

Os dados a seguir são preocupantes, e isso não se deve apenas à visão negativa que Deus tem sobre o divórcio. A realidade é que a instabilidade emocional afeta negativamente aqueles que enfrentam dificuldades em manter relacionamentos estáveis, além de impactar todos os que estão envolvidos nessa fragilidade.

O número de divórcios no Brasil cresceu 8,6% em 2022 na comparação com 2021, de 386.813 para 420.039. Foram 340.459 realizados por meio judicial e 79.580 de forma extrajudicial, o número total de separações é o maior da série histórica iniciada em 2007 pelo Instituto Brasileiro de Geografia e Estatística (IBGE).

Por qual motivo as pessoas se divorciam?

Uma pesquisa publicada no *Journal of Social and Personal Relationships* revelou que a maior parte dos problemas que causam a separação está presente desde o início da relação, como:

- **Problemas econômicos**: a falta de dinheiro é uma das principais causas de divórcio, pois afeta diretamente questões como segurança e expectativas de vida. Quando há dificuldades financeiras, os casais podem se sentir frustrados, especialmente se não conversarem sobre isso de forma madura e sincera.
- **Falta de sexo**: essa é outra das maiores causas de divórcio, uma vez que muitas pessoas acham a intimidade física extremamente importante em um relacionamento. Assim, quando a vida sexual fica de lado, acaba ocorrendo o distanciamento.

- **Problemas de comunicação**: quando a comunicação falha, surgem mal-entendidos e fica difícil resolver os conflitos. Sem um diálogo aberto, as frustrações vão se acumulando e o distanciamento emocional só cresce.
- **Infidelidade**: como já seria de se imaginar, uma infidelidade é algo que realmente pode acabar com um casamento. Afinal, é a quebra de confiança entre as duas pessoas, e isso pode ser bem difícil de recuperar.
- **Vícios**: quando um dos parceiros tem comportamentos destrutivos, como vícios, isso cria instabilidade e afeta a confiança. Com o tempo, isso vai dificultando e enfraquecendo a relação.

Quase que inevitavelmente, a separação dos pais ocasiona impactos na saúde mental de crianças e jovens. Entretanto, os efeitos podem mudar de acordo com cada pessoa, visto que os indivíduos são únicos e reagem de forma diferente às situações. Questões como personalidade, idade, ambiente familiar e a maneira como a separação foi conduzida podem interferir, positiva ou negativamente, na reação de crianças e adolescentes.

Dica valiosa: se você puder resolver desentendimentos no matrimônio, faça isso, especialmente se já tiver filhos com seu parceiro.

Mas vivemos tempos modernos e podemos nos divorciar, não é mesmo? Diga para mim, Édina.

Depende muito, pois quando um casal se separa e há bebês, crianças ou adolescentes envolvidos, tudo se torna mais delicado e complicado de resolver. Não estou afirmando que os casais não devem se divorciar, mas antes de tomar uma decisão tão significativa, que afeta os herdeiros, minha recomendação é reconsiderar e buscar tornar todo o processo o mais seguro possível.

Mudança na dinâmica familiar

O término de um casamento, para os filhos, simboliza uma quebra na estrutura familiar e altera a dinâmica entre os membros da família. A separação dos pais pode ter efeitos adversos na saúde mental de crianças e adolescentes, que vão desde tristeza e ansiedade até problemas físicos e emocionais.

Acompanhe impactos emocionais comuns em filhos no processo do divórcio:

1. **Ressentimento**: devido à imaturidade emocional, as crianças e adolescentes podem sentir ressentimento em relação aos pais e até desenvolver raiva por eles.
2. **Culpa**: a responsabilidade pelo sucesso ou fracasso de um relacionamento deve ser compartilhada entre o casal. No entanto, muitas

crianças e jovens tendem a se culpar pelo divórcio dos pais. Mesmo de maneira inconsciente, eles se responsabilizam pela separação e se questionam sobre suas próprias atitudes, buscando entender o que fizeram de errado para que isso ocorresse.

3. **Baixa autoestima**: o término do casamento dos pais pode impactar negativamente a autoestima dos filhos, que, muitas vezes, passam a duvidar de suas capacidades. Após o divórcio, é comum que crianças e adolescentes questionem seu valor e sua importância na vida de seus pais, acreditando que a separação pode afetar o amor entre eles.
4. **Baixo rendimento escolar**: após o divórcio dos pais, não é incomum que o desempenho escolar das crianças seja afetado. O estresse e o impacto emocional negativo comprometem a concentração e a interação social com os colegas, o que, por sua vez, prejudica o rendimento escolar.
5. **Dificuldade em relacionamentos**: após a separação dos pais, muitos filhos desenvolvem dificuldades em confiar em outras pessoas, temendo novas perdas e rompimentos.

Além de todo o prejuízo causado na vida dos filhos, me chama muito a atenção aquele tipo de pai que acredita que, mesmo depois do divórcio, está tudo bem. Já atendi casos de divórcios que, para o genitor, tudo estava seguindo bem e os filhos estavam felizes, inclusive sua relação com a ex-esposa era considerada boa, mas para a matriarca, tudo estava péssimo.

A culpa deve ser da evolução dos seres humanos e dos hormônios femininos que, em alguns casos, impede que a mulher pense racionalmente, agindo de modo emocional. Nós da espécie feminina temos expertises inexplicáveis, em contrapartida, os homens possuem racionalidade e força, muitas vezes, inatingíveis por nós. E ambos têm fragilidades que afetam as crianças.

Já que, em alguns casos, o divórcio é irremediável, a criança terá que ficar com algum dos genitores, minha dúvida é: quanto este guardião ou a outra parte estão preparados para não praticar alienação parental?

E nesse imbróglio de quem vai e quem fica, de decidir quem será o tutor do cachorro, ou quem ficará com a mesa da cozinha, esquecem-se de preservar as crianças, usadas como moedas de troca ou apenas desdenhadas por um dos genitores ou, pior, por ambos.

Historicamente, em casos de divórcio, as mães costumam ser designadas como as principais guardiãs, especialmente quando se trata de bebês, devido à dependência biológica, e não poderia ser diferente. Atualmente, há uma avaliação mais justa e menos tendenciosa sobre quem deve ter a guarda, mas a inclinação em priorizar a mãe ainda persiste.

Existem solicitações ao Judiciário para guarda alternada, um modelo que estabelece que a criança passe 15 dias do mês na casa de cada um dos pais. É importante ressaltar que esse tipo de acordo pode ser desestabilizador, afetando a rotina e a sensação de segurança da criança. Diversos tribunais de Justiça, em vários estados do Brasil, rejeitam esses pedidos quase diariamente.

Em vez da guarda alternada, a guarda compartilhada é mais frequentemente adotada, na qual ambos os pais dividem as responsabilidades parentais e tomam decisões conjuntas sobre a vida da criança, mesmo que ela resida com um dos pais.

A teoria e a lei são lindas e verdadeiramente desejam proteger a criança, existem profissionais sérios, engajados em manter os direitos das crianças garantidos. Entretanto, quando o assunto é **alienação parental**, tudo fica complexo ou sutil.

Provar que ocorre alienação parental é um processo complexo e pode se tornar algo inexequível em alguns casos, mas o objetivo aqui não é dar dicas de como ser um alienador maluco sem deixar vestígios, e sim gritar ao mundo por meio de palavras escritas que nem você e nem ninguém pode ou deve ser um alienador.

Recado especial para divorciados

Fique atento para os efeitos psicológicos do afastamento da criança do pai ou da mãe. Recomendo que se você tem mágoas profundas do outro genitor do seu filho, lamba suas feridas. Pessoas erram, se precipitam, têm atitudes ruins e você também não é um santo.

E esse movimento de curar feridas será libertador para você, mas, antes que me esqueça, tenha cautela, pois mandar seu filho para a casa do pai na força do ódio não será apropriado para a criança/adolescente.

Há aquele pai que **não** mancha a imagem da mãe na frente dos filhos, porém a ausência de palavras fala muito mais do que você imagina. A falta de diálogo nas relações familiares pode causar insegurança, desentendimentos e problemas de saúde mental.

Consequências:

- Insegurança e dificuldade para se relacionar fora da família.
- Desentendimentos familiares.
- Problemas de saúde mental.
- Perda de conexões pessoais.
- Comportamentos anormais e decisões comprometedoras.
- Tensão dentro do lar.

Considero honesto enfatizar que em um divórcio, mesmo que tenha ocorrido traição, mentiras, agressão física, quem mais sairá ferido é o filho fruto desta união, por isso, exclua do seu vocabulário frases do tipo:

- "Ele é pequeno demais para entender", o humano entende sentimentos desde que saiu da barriga da mãe.
- "Quando ele crescer vai saber de toda a verdade", seja sincero, você realmente acredita nisso? Você **nunca** vai recuperar esse tempo perdido.
- "Eu tenho direito de viver minha vida, ter filho não é o fim do mundo, a mãe vai criar bem", que pensamento mais cretino, por favor, diga-me que você não falou isso em voz alta!
- "Ah, meu filho gosta de morar na casa da avó, está acostumado."

Todos os pensamentos acima estão errados. Criança tem que ficar, no mínimo, com um dos pais biológicos e, se por força maior, isso não for possível, a casa dos avós é o segundo melhor lugar do mundo para qualquer indivíduo.

Mas, se o(a) genitor(a) do seu filho for uma pessoa irresponsável, que coloca a vida do seu filho em risco, não fale para a criança que o outro é uma pessoa ruim, bem pelo contrário, fique em silêncio, imediatamente reúna provas e, com o auxílio da justiça, afaste a criança de qualquer situação de risco de vida.

Atuei como perita junto a um processo que, em nenhuma hipótese, o menino, que na ocasião tinha apenas três anos, poderia frequentar a casa da genitora, e o motivo era absolutamente decisivo: ela passou a residir com o traficante da comunidade e a residência era um ponto de venda de substâncias ilícitas.

Esse caso foi emblemático para mim, pois a mãe era de boa família, estudou em bons colégios, era uma pessoa íntegra, até que começou a usar drogas, decidiu divorciar-se e mudou de vida. O que eu quero dizer compartilhando esse caso? Quando menos se espera, os cenários mudam e devemos estar preparados, e a droga é assim, tem o dom de destruir tudo que está próximo.

Como age um alienador?

Os sinais incluem desqualificação do genitor adverso, impedimento de contato e o ato de influenciar negativamente a criança/adolescente a não gostar, evitar ou difamar o(a) genitor(a) objeto da alienação.

Em um processo de divórcio, evite usar como base apenas palpites de pessoas próximas, contrate um bom advogado e um bom psicólogo, e não seja **você** um alienador parental.

Referências

BITTENCOURT, C. *Você sabe quais as principais causas de divórcio no Brasil? Descubra*. Terra, 29 jan. 2025. Disponível em: https://www.terra.com.br/vida-e-estilo/voce-sabe-quais-as-principais-causas-de-divorcio-no-brasil-descubra,25773043606a292f0c0cd425eaacc7aa08qab5u0.html#google_vignette. Acesso em: 30 abr. 2025.

BITTENCOURT, C. *IBGE constata aumento recorde de divórcios no Brasil*. Terra, 29 jan. 2025. Disponível em:https://jornal.usp.br/atualidades/ibge-constata-aumento-recorde-de-divorcios-no-brasil/#:~:text=O%20n%C3%BAmero%20de%20div%C3%B3rcios%20no,meio%20judicial%20e%2079.580%20extrajudiciais. Acesso em: 30 abr. 2025.

CAPÍTULO 27

Além das palavras não ditas

Pais perdidos e filhos abandonados

Você sabe a importância de um diálogo entre pais e filhos? Entenda, neste capítulo, a importância desse momento e o que acontece na vida emocional das crianças. Descubra como algumas atitudes podem mudar para sempre a vida delas.

Gláucia Chaves de Oliveira Souza

GLÁUCIA CHAVES DE OLIVEIRA SOUZA

Professora de Português, Inglês e Literatura pela Faculdade Santa Marcelina (Fasm). Psicopedagoga Institucional e Didática pela faculdade Unopar. Pedagoga, proprietária e gestora do Colégio JIBA. Certificada internacionalmente pela PDA Disciplina Positiva. Mestranda Institucional Escolar pela UMSA. Educadora parental. Pós-graduanda em Neurociências, Comunicação e Desenvolvimento Humano pelo Centro de Mediadores Instituto de Ensino. Orientadora de pais e alunos.

Contatos: glauciateatch@hotmail.com
@glaucia_chaves_oliveira
@escola.jiba

A falta de comunicação não começa da noite para o dia, e, muitas vezes, ocorre em pequenas atitudes.

Em nosso dia a dia, nos deparamos com vários pontos importantes para os quais não podemos deixar de ter um olhar especial.

Preocupamo-nos tanto com o trabalho, com o sustento da nossa família, com o estudo do nosso filho, em comprar casa e tantas outras realizações que a sociedade exige, que esquecemos da primeira missão: nossa família.

Quando há dificuldade em expressar sentimentos ou ouvir o outro, a escolha será afastar-se, ficar mudo dentro de casa, ficar mais tempo fora de casa, ignorar as atitudes, ao invés de conversar. Essa realidade tem rondado nossas famílias, que têm buscado fora de casa apoio, conselhos, exemplos, e muitas vezes é nesse exato ponto que os pais se perdem e os filhos se sentem abandonados.

A educação escolar e familiar nunca foi fácil, requer paciência, amor vindo de Deus, querer criar e fazer algo pelo filho, amar e dar autonomia, respeitar para ser respeitado. Ser o exemplo não é fácil, mas o segredo é ter a sensibilidade de perceber quando as palavras estão faltando na família, quando o filho está longe e apático, os pais, sobrecarregados, não veem mais alegria nas palhaçadas. Identificar a falta de momentos como esses que nos deixam transbordando de alegria e nos dão vontade de vivermos em família. Sabe aquela sensação de paz, de felicidade, de sentir-se uma pessoa abençoada? Ela precisa estar em sua casa.

Gary Chapman criou um conceito muito usado, que consiste nas cinco linguagens do amor: **palavras de afirmação** (elogios, incentivos e palavras carinhosas), **tempo de qualidade** (atenção plena e momentos juntos sem distrações), **presentes** (demonstrar amor por meio de presentes), **atos de serviços** (fazer algo pelo outro ou cuidar de detalhes do dia a dia dele) e

toque físico (abraçar bastante, beijar, fazer carinho). Olhando para esse conceito, percebemos que a linguagem emocional usada pelos pais de diferentes gerações pode criar barreiras entre os filhos como linguagem verbal (maneira de falar), não verbal (gestos bruscos ou a falta de gestos carinhosos), auditiva (o tom da voz) e tátil (cinestésica).

Não percebemos as prioridades que trazem conflitos, e que a ocupação com o trabalho, a maneira como falamos das responsabilidades financeiras ou de questões pessoais acabam negligenciando a conexão emocional.

Resolver conflitos entre pais e filhos envolve uma grande sensibilidade e querer salvar sua família.

Podemos usar algumas estratégias para melhorar a comunicação, priorizar o vínculo e ajustar as expectativas, como: validar, reconhecer o problema e o sentimento, evitar que seu filho se sinta invisível e que o trabalho passe a ser mais importante – o pai sobrecarregado não percebe o impacto da ausência.

Criar momentos de conexão, mesmo que por pouco tempo. A qualidade importa mais que a quantidade. Arrume um tempo para fortalecer o vínculo: priorize alguns rituais diários como um café da manhã, um abraço apertado, um bilhete na lancheira. Faça chamadas de vídeo ou mensagens personalizadas para mostrar que está presente mesmo de longe.

Outra dica é a comunicação clara e afetiva. O filho precisa se sentir ouvido. Desenvolver habilidade de expressar o sentimento sem medo de ser julgado. O pai pode explicar sua rotina e envolver o filho, demonstrando que mesmo ocupado o filho é importante.

Investir na presença emocional, evitando presentes para suprir a ausência. Isso não substitui a presença emocional. O que o filho mais precisa é **se sentir amado e valorizado**. Se o conflito estiver intenso, será necessário um **profissional** como um educador parental ou terapeuta familiar.

Uma das coisas que mais destroem uma família é ter expectativas demais: muitas cobranças dos pais podem levar ao afastamento dos filhos. Por outro lado, filhos que sentem que não são compreendidos se isolam. Isso cria um ambiente de **pressão emocional e medo de falhar**, em vez de conexão e apoio. Se os pais exigem **desempenho perfeito, obediência total ou padrões inalcançáveis**, os filhos podem sentir-se fracassados e incapazes, e longe do amor incondicional.

Um ponto muito importante para o qual os pais precisam ter atenção envolve os valores. Diferenças nos gostos ou formas de ver o mundo, especialmente com o passar do tempo, podem criar abismos entre pais e filhos. Principalmente quando não há espaço para **diálogo, respeito e aceitação mútua**.

Muitas vezes, pais e filhos vivem **realidades diferentes**: os pais têm valores baseados em sua criação e experiências de vida e os filhos crescem em um mundo novo, com influências distintas. Quando essas diferenças são tratadas com **imposição e julgamento**, o afastamento acontece. Mas, se houver **escuta e compreensão**, podem se tornar uma oportunidade de conexão. Se pais e filhos enxergam **as diferenças como oportunidades para aprender um com o outro**, o vínculo se fortalece.

As famílias devem ter muito cuidado com os traumas ou conflitos não resolvidos. **Mágoas, brigas e traumas familiares** podem enfraquecer os laços entre pais e filhos, criando **barreiras emocionais** difíceis de quebrar. Muitas vezes, essas feridas vêm de **palavras ditas em momentos de raiva, cobranças excessivas, abandono emocional ou até experiências mais profundas de dor**, como traições de confiança ou negligência.

Com esses conflitos, a relação é afetada e surge a **distância emocional** (filhos deixam de confiar ou se abrir com os pais), **ressentimento acumulado** (pequenos desentendimentos não resolvidos se tornam grandes mágoas), **ciclo de brigas** (as discussões se tornam frequentes, sem solução real), **corte de laços**. Nem sempre é fácil perdoar ou recomeçar, mas se houver **vontade mútua de restaurar a conexão**, os laços podem ser fortalecidos.

Um dos pontos que mais priorizo é a falta da presença emocional. Mesmo estando fisicamente presentes, pais que não participam das experiências emocionais ou desafios dos filhos criam uma sensação de abandono.

Você sabe como isso afeta os filhos?

A criança sente que está sozinha no mundo. Para ela, expressar seus sentimentos não importa e pode ter problemas em relações futuras. Ela passa a acreditar que não é digna de amor ou atenção, desenvolvendo baixa autoestima e, assim, procura validação em amigos, redes sociais ou relacionamentos problemáticos e, o pior, fora de casa. Irrita-se constantemente, perde interesse pela família, criando comportamento de rebeldia e isolamento.

Os sinais de abandono emocional passam a ser frequentes e os pais raramente perguntam o que os filhos sentem, não celebram conquistas, nem oferecem apoio nos desafios, desvalorizam seus problemas com frases que machucam ("isso é besteira" ou "na minha época era muito pior").

Esses pais só se envolvem quando há problemas graves, e não no dia a dia.

Imagine uma criança que tem os pais sempre por perto, dentro de casa, mas sente que **não pode contar com eles de verdade**. Quando algo bom acontece, como uma conquista na escola, ninguém realmente comemora.

Quando algo ruim acontece, como uma decepção com um amigo, escuta um "Isso é besteira, você supera".

Com o passar do tempo, essa criança começará a aprender que **seus sentimentos não importam**. Ela para de compartilhar suas alegrias e tristezas, porque sente que ninguém está interessado. E aí, mesmo morando na mesma casa, nasce um **abismo emocional** entre pais e filhos.

Isso não significa que os pais não amem seus filhos. Muitas vezes, eles estão sobrecarregados com trabalho, preocupações ou simplesmente **não aprenderam a se conectar emocionalmente**.

O que quero trazer neste capítulo é que há jeito de mudar toda uma história familiar com atitudes certas. Coloque em prática, faça pela sua família. Você marcará para sempre a história do seu filho, da sua família.

Parar por um momento e olhar nos olhos do seu filho mostra que você realmente quer ouvir o que ele tem a dizer.

Validar os sentimentos, em vez de minimizar, e dizer: "Eu entendo que isso te deixou triste. Quer falar mais sobre isso?". **Estar presente** e ter um **tempo de qualidade**, sem celular, sem distrações. **Demonstrar carinho todos os dias** com um abraço, um elogio, faz toda a diferença.

Atente às fases e ao que poderá acontecer quando há falta de diálogo entre pais e filhos

- **Infância (0 a 10 anos)**: vai acontecer se os pais não estiverem emocionalmente disponíveis ou se delegarem completamente a criação para terceiros.
- **Adolescência (11 a 18 anos)**: o distanciamento é mais comum nessa fase. Filhos buscam autonomia, enquanto os pais enfrentam dificuldade em equilibrar controle e liberdade. Os adolescentes ficam em conflitos de identidade, e os valores se tornam mais evidentes.

  É nessa fase que as transformações físicas marcam profundamente o emocional e o social, resultando em um afastamento natural entre pais e filhos.

  E muitas das vezes os pais intensificam o afastamento com a superproteção, impedindo que os filhos enfrentem desafios. A falta de escuta ativa não valoriza as opiniões e sentimentos deles, as críticas constantes apontam as falhas sem reconhecer conquistas, minando a autoestima dos jovens e afastando-os emocionalmente.

Transição para a vida adulta

O afastamento acontecerá se os pais não ajustarem a dinâmica de relacionamento à nova independência dos filhos. Cobranças, falta de apoio ou desvalorização das escolhas dos filhos são causas frequentes. Os jovens tentam estabelecer sua autonomia, tomando decisões próprias e assumindo responsabilidades, buscando por independência. Na passagem da adolescência para a vida adulta, é preciso redefinir os papéis dentro da família. Os jovens formam novos vínculos sociais e afetivos, como amizades e relacionamentos amorosos, e assim dedicam menos tempo à família. Isso traz afastamento. Com amadurecimento, os filhos podem desenvolver opiniões e crenças distintas das dos pais.

As crises nas famílias resultam em grandes perdas, como:

Quando acontece um desentendimento entre o casal, resulta em separação conjugal, e quando acontece disputa sobre guarda de filhos, divisão de bens e redefinição de papéis. Perdas financeiras, desemprego ou dificuldades econômicas geram estresse, ansiedade e conflitos dentro do núcleo familiar. A perda de um ente querido é um evento profundamente doloroso que afeta a comunicação e a coesão familiar. Eventos inesperados, mudanças de residência, alterações na estrutura familiar ou crises de saúde podem desestabilizar as rotinas e relações familiares.

Calma, tem solução, podemos acabar com o silêncio dentro do lar. Das perdas entre pais e filhos, formar famílias alegres e cheias de exemplos para as próximas gerações.

Escolhi esse título "Além das palavras não ditas: pais perdidos e filhos abandonados" porque ouço muitas famílias desabafando sobre isso e foi uma realidade dentro da minha casa. Eu sei bem que depende de nós lutar para a família não acabar e sugiro uma reflexão profunda sobre as lacunas de comunicação e compreensão que podem existir nas relações familiares. Essas lacunas, muitas vezes, resultam em sentimentos de abandono e desorientação tanto para pais quanto para filhos.

Quero chamar a atenção para o impacto das palavras não ditas

A ausência de comunicação clara e afetuosa, ou frases como "Você me decepcionou" ou "Você deveria aprender a…", podem causar mágoas profundas nos filhos, afetando sua autoestima e confiança. Devemos construir pontes de comunicação, não barreiras. Alguns pais comparam um filho com outra pessoa e assim destroem sua autoconfiança, gerando ressentimento. Acolher as emoções dos membros da família ajuda a restaurar.

Uma das armas mais poderosas é a oração. Conversar com Deus me fortaleceu nos dias mais difíceis na minha jornada de mãe e amiga dos meus filhos. Durante alguns anos, sentia e sabia o que estava acontecendo dentro da minha casa. Palavras que entristeciam a alma (como preguiçoso, burro, bagunceiro, desobediente), que eram ditas dentro da minha casa. Não adiantava eu falar, explicar, porque nada acontecia, nada mudava. Foi quando comecei um propósito de oração com Deus; eu decidi restaurar e ser a mudança que faltava na minha família.

PARTE V

OS TRANSTORNOS DA INFÂNCIA E SEUS DIAGNÓSTICOS

CAPÍTULO 28

Nem tudo é diagnóstico

Neste capítulo, vamos refletir sobre a importância de um olhar que vá além do diagnóstico e do enquadramento, permitindo que a subjetividade e a singularidade de cada indivíduo sejam respeitadas e compreendidas. O objetivo é mostrar que, mesmo a sociedade atual nos impulsionando a colocar as questões emocionais sempre em enquadramentos, devemos observar a real importância e necessidade de rotulação. O diagnóstico pode auxiliar o crescimento e as possibilidades de desenvolvimento do sujeito, mas, em alguns casos, pode engessá-lo e trazer dificuldades. Quando um rótulo passa a ser a principal lente pela qual se enxerga uma criança, existe o perigo de reduzir sua identidade a uma condição.

Laura Drummond

LAURA DRUMMOND

Psicóloga graduada em 2004 pela PUC-GO, mestre em Processos Clínicos pela mesma instituição, especialista em Psicologia Perinatal e da Parentalidade, especialista em Psicologia Escolar e Educacional, Doula. Professora em cursos de pós-graduação na área da psicologia. Psicóloga e palestrante do grupo terapêutico de gestantes de beneficiários da Medicina Preventiva da Unimed Goiânia, nos períodos de 2008 a 2009 e de 2016 a 2020. Cofundadora do Instituto Afeto, da página Psicanálise com Afeto, no YouTube, do projeto Conferência Goiana de Perinatalidade e Parentalidade. Atua na psicologia clínica com intervenção terapêutica individual com bebês, crianças, adolescentes, adultos, casais e gestantes, e também com intervenções terapêuticas em grupo com gestantes, casais e crianças. Coautora do livro *Quando a infância dói – vol. 1*, 2024, com o capítulo "A importância da gestação, parto e puerpério no desenvolvimento emocional do sujeito".

Contatos: lauradrummondpsi@gmail.com
Facebook e YouTube: @lauradrummond6168 | @PsicanalisecomAfeto
Instagram: @laura.drummond_ | @institutoafeto
62 99972 0456

Vivemos em uma época em que nomear e categorizar experiências tornou-se quase uma obsessão. Sentir tristeza vira depressão, momentos de ansiedade tornam-se transtornos, desafios relacionais são vistos como padrões patológicos e qualquer desatenção recebe o diagnóstico de TDAH. Mas será que tudo precisa ser diagnosticado?

A psicanálise ensina que o sofrimento psíquico faz parte da existência e que nem toda dor ou dificuldade indica patologia. O excesso de rótulos pode afastar a compreensão profunda dos conflitos e afetos humanos. Neste texto, refletiremos sobre a importância de um olhar que vá além do diagnóstico, respeitando a subjetividade e a singularidade de cada indivíduo.

O que nos leva em busca de um diagnóstico?

Muitas vezes, a necessidade de classificar doenças emocionais surge do desejo de controle e previsibilidade. A sociedade busca explicações rápidas e soluções objetivas para o sofrimento, e nomeá-lo como "transtorno" permite enquadrá-lo em um discurso científico, tornando-o mais previsível e, teoricamente, mais tratável. Isso responde à angústia do sujeito diante do desconhecido e do incontrolável. No entanto, a experiência psíquica é única para cada um. Devemos sempre perguntar: "O que isso significa para o sujeito?", em vez de apenas o enquadrar em explicações externas e generalizadas.

Outro fator que impulsiona o excesso de diagnósticos é a medicalização do sofrimento, um fenômeno cada vez mais presente. A psicanálise entende que o sofrimento psíquico faz parte da existência e não pode ser eliminado por completo. Não há medicamento ou terapia dirigida que resolva tudo. Mais do que eliminar o sofrimento, precisamos compreendê-lo e descobrir sua origem.

A fragilidade do ser humano e a falta de referências sólidas no mundo contemporâneo fazem com que haja uma necessidade crescente de catalogar comportamentos e emoções. Diante de um cenário social no qual as exigências são muitas e as respostas precisam ser rápidas, o diagnóstico frequentemente surge como um ponto de ancoragem para a identidade do sujeito. A pessoa passa a se definir a partir do rótulo que recebe, o que pode, por um lado, ajudá-la a se entender, mas, por outro, limitar suas possibilidades, justificando dificuldades sem necessariamente buscar compreendê-las em sua totalidade.

Isso não significa negar a importância dos diagnósticos. Pelo contrário, quando são necessários e bem conduzidos, os diagnósticos são ferramentas valiosas para garantir que uma pessoa receba o cuidado adequado, seja por meio do acompanhamento terapêutico, do suporte familiar ou até mesmo de intervenções médicas. O problema não está no diagnóstico em si, mas no seu uso excessivo e indiscriminado, que pode acabar obscurecendo a singularidade do sujeito e reduzindo sua experiência a um rótulo fixo e imutável.

Na infância

No caso das crianças, esse cenário se torna ainda mais preocupante. O desenvolvimento infantil não é linear, e desafios fazem parte do processo de amadurecimento. Algumas dificuldades podem ser passageiras, outras podem refletir questões emocionais, familiares ou do ambiente em que a criança está inserida. Quando rotulamos tudo com demasiada rapidez, corremos o risco de perder de vista as transformações naturais que ocorrem ao longo da infância.

É fundamental, portanto, adotar um olhar mais atento e cuidadoso sobre a infância. O problema surge quando qualquer diferença no comportamento infantil é interpretada como um sinal de alerta imediato. Crianças passam por fases distintas, reagem ao ambiente à sua volta e enfrentam desafios que, muitas vezes, são transitórios. Dificuldades que parecem preocupantes em determinado momento podem ser superadas com o tempo e com o suporte adequado, sem que haja a necessidade de um diagnóstico definitivo.

A infância é um período de descobertas, e cada vivência, cada experiência e cada desafio contribuem para a construção subjetiva da criança. Não podemos reduzir a complexidade do desenvolvimento infantil a diagnósticos rígidos e imutáveis. Se fizermos isso, corremos o risco de transformar qualquer traço de singularidade em um transtorno. A criança mais inquieta passa a ser vista como hiperativa, a mais introspectiva pode ser diagnosticada dentro do espectro autista, aquelas com maior facilidade de aprendizado recebem o rótulo de altas habilidades, enquanto dificuldades escolares são rapidamente associadas a transtornos neurológicos. Esse movimento pode ter consequências graves, tanto para a criança quanto para sua família.

Toda singularidade precisa ser transformada em diagnóstico?

Essa é a grande questão que devemos nos perguntar e refletir. Convido todos a refletirem sobre a infância com mais escuta e menos pressa. No contexto sociocultural atual, essa não é uma tarefa fácil, mas é essencial. O desenvolvimento infantil é um processo dinâmico e singular, e os desafios que aparecem ao longo desse percurso podem ser expressões de um momento específico, de um contexto ou até mesmo de uma necessidade emocional que ainda não foi nomeada. Quando rotulamos de forma precipitada, corremos o risco de reduzir a complexidade da criança a um diagnóstico e, pior, de limitar suas potencialidades.

Isso não significa que devemos ignorar dificuldades reais ou deixar de buscar apoio quando necessário. O equilíbrio está em sempre perguntar: essa criança está sofrendo? Esse comportamento realmente impede seu crescimento e bem-estar? Como sua história, suas relações e seu ambiente influenciam seu modo de ser?

Conclusão

Convido a todos a olhar a criança para além da lente do diagnóstico. Mais do que rotular, é preciso compreender. Mais do que intervir, é essencial escutar. Afinal, cada criança é única e merece ser vista para além dos rótulos. O olhar atento e cuidadoso deve sempre prevalecer.

A infância é um período de intensas transformações, em que cada um desenvolve habilidades cognitivas, emocionais e sociais em seu próprio ritmo. O desenvolvimento infantil é um processo dinâmico e singular, e há uma grande diferença entre um desafio transitório e um quadro clínico que realmente demanda intervenção. Por isso, ao pensarmos sobre diagnósticos na infância, devemos nos perguntar: a criança está sofrendo? Esse comportamento realmente impede seu crescimento e bem-estar? Como sua história, suas relações e seu ambiente influenciam seu modo de ser?

Ignorar sinais importantes ou deixar de buscar ajuda quando necessário não é uma opção. Não estamos falando sobre negar diagnósticos ou desconsiderar sua importância. Pelo contrário, quando bem conduzidos, eles podem ser ferramentas essenciais para a compreensão e o suporte ao desenvolvimento saudável, proporcionando mais leveza tanto para a criança quanto para sua família. Um diagnóstico preciso e correto pode abrir caminhos para intervenções adequadas, oferecer acolhimento aos pais e educadores e garantir que a criança receba o apoio necessário para se desenvolver plenamente.

Por outro lado, um diagnóstico precipitado, mal compreendido ou excessivamente utilizado pode levar a intervenções inadequadas e ao uso desnecessário de medicações. Além disso, quando a criança passa a ser vista apenas pelo prisma do rótulo, suas potencialidades podem ser ofuscadas. Os pais, professores e a própria sociedade podem acabar limitando suas expectativas em relação a ela, e, pior ainda, a própria criança pode internalizar esse rótulo, acreditando que sua identidade se resume a ele.

Por isso, é essencial cultivarmos um olhar mais sensível, que valorize a singularidade de cada um, respeitando sua história e seu tempo de desenvolvimento. Precisamos aprender a diferenciar dificuldades naturais do amadurecimento de condições que, de fato, exigem uma atenção especializada. Afinal, quando reduzimos uma criança a um diagnóstico, podemos negligenciar aquilo que realmente importa: sua subjetividade, suas emoções, seus desafios e sua capacidade de crescer e se transformar.

Mais do que nomear, precisamos compreender. Mais do que classificar, devemos acolher. O cuidado com a infância não deve ser pautado pela pressa em encontrar respostas, mas pelo compromisso genuíno em ouvir e compreender cada criança em sua totalidade. O desafio que se impõe é este: como garantir que o diagnóstico, quando necessário, seja um instrumento de cuidado, e não um mecanismo de redução da complexidade humana? Como construir uma sociedade que valorize o desenvolvimento infantil respeitando suas nuances, sem cair na armadilha da medicalização excessiva?

O convite, portanto, é para um olhar mais atento, menos apressado e mais humano. Um olhar que enxergue além do diagnóstico e que compreenda que, acima de qualquer rótulo, cada criança é um universo único em constante construção.

Referências

CARON, N. A (org). *A relação pais-bebês:* da observação à clínica. São Paulo: Casa do Psicólogo, 2000.

DUNKER, C. I. L. *Estrutura e constituição da clínica psicanalítica:* uma arqueologia das práticas de cura, psicoterapia e tratamento. Annablume, 2012.

FREUD, S. *Inibições, sintomas e ansiedade.* Rio de Janeiro: Imago, 1980; vol. XX, 1926.

FREUD, S. *Projeto para uma psicologia científica.* Rio de Janeiro: Imago, 1895; vol. I., 1926.

FREUD, S. *Três ensaios sobre a teoria da sexualidade*. Rio de Janeiro: Imago, 1905; vol. VII, 1926.

FOUCAULT, M. *História da sexualidade – Vol. 1:* A Vontade de Saber, 1976.

ILLICH, I. *A expropriação da saúde*: Nêmesis da Medicina, 1975. LACAN, J. Os escritos técnicos de Freud. *In*: *O seminário, Livro 1*. São Paulo: Zahar, 1953-1954.

LACAN, J. Os quatro conceitos fundamentais da psicanálise. *In*: *O seminário, Livro 11*. São Paulo: Zahar, 1964.

ROUDINESCO, E. *Por que a psicanálise?* São Paulo: Zahar, 2000.

ROUDINESCO, E.; PLON, M. *Dicionário de psicanálise*. São Paulo: Zahar, 1998.

STERN, D. N. *A constelação da maternidade*. Porto Alegre: Artes Médicas, 1997.

WINNICOTT, D.W. *Os bebês e suas mães*. São Paulo: Ed. Ubu, 2019.

WINNICOTT, D. W. *Da pediatria à psicanálise*. São Paulo: Ed. Ubu, 2021.

WINNICOTT, D. W. *Tudo começa em casa*. São Paulo: Ed Ubu, 2021.

CAPÍTULO 29

Diferenças e similaridades na avaliação neuropsicológica de TDAH e TEA

Cada criança é única e vai além de um diagnóstico. A avaliação neuropsicológica identifica habilidades e desafios, orientando intervenções personalizadas. Diagnósticos precisos evitam rótulos equivocados e guiam tratamentos eficazes, transformando dificuldades em avanços para um futuro mais saudável e leve.

Débora Pacheco

DÉBORA PACHECO

Natural de Astolfo Dutra-MG, é mãe da tão sonhada Maithê e esposa de Douglas, que sempre a incentivou nos estudos. Graduada em Psicologia, alcançou essa formação com o apoio de seus pais, Sr. Antônio e Sra. Fátima. Iniciou sua trajetória na especialização em Gestão de Pessoas, mas encontrou sua verdadeira paixão durante a especialização em Psicologia Clínica: Terapia Cognitivo-Comportamental, que despertou seu interesse pela Neuropsicologia, área em que também se especializou. Com sólida formação em TDAH e transtornos específicos de aprendizagem, concluiu sua quarta pós-graduação em Neuroeducação: Educação e Neurociência. Há 15 anos, dedica-se à escuta especializada, com foco em transtornos de ansiedade, e à avaliação neuropsicológica, que encara com entusiasmo, tratando cada caso como uma experiência única.

Contatos: deborapachecopsic@yahoo.com.br
Instagram: @deborapacheconeuropsi
32 99954 2414

Precisamos tratar as pessoas como são, únicas, e não como pessoas que têm transtorno de déficit de atenção e hiperatividade (TDAH), transtorno do espectro autista (TEA), transtorno do desenvolvimento intelectual (TDI), transtornos específicos da aprendizagem (TEAp – anteriormente chamados de dislexia e discalculia) e assim por diante.

Essas pessoas têm músicas preferidas que marcaram momentos importantes em suas vidas, gostos por lugares e situações, um amor para cuidar e são o amor de alguém, por isso, não podemos reduzi-las a um diagnóstico. Mas, ao mesmo tempo, não podemos negligenciar esses diagnósticos, pois eles nos direcionam para qual caminho devemos seguir para alcançarmos êxitos no tratamento. Portanto, é importante ter cautela em relação à escolha do profissional que fará a avaliação de seu filho; e aos profissionais, é necessária a busca incessante por novos conhecimentos, e atualizações, evitando ao máximo um diagnóstico errado, que poderá interferir de forma significativa na vida desses pacientes.

Nesses 15 anos de clínica, eu ouvi inúmeros relatos de pacientes que conseguem detalhar da melhor forma qualquer conceito das doenças ou transtornos mentais, de modo que nem os melhores manuais que temos disponíveis hoje descrevem com tanta riqueza.

Uma paciente, apaixonada por cachoeiras, descreveu a ansiedade e hiperatividade mental com uma clareza que eu nunca vi em nenhum livro científico. Segundo ela, ser ansiosa e ter uma mente hiperativa é como sentar em uma cadeira no centro de uma sala onde há vários monitores de TV ligados, cada um em um canal da sua vida. Todos são importantes, mas, ao mesmo tempo, ela não sabe diferenciar qual deles é o mais importante naquele momento, o que ela precisa resolver de imediato. Com isso, o ciclo de ansiedade e hiperatividade mental se retroalimenta, causando vários desconfortos, físicos e cognitivos.

Em outra ocasião, um paciente adolescente que gosta de gatos e é um excelente desenhista, diagnosticado com TDAH, predominantemente desatento, disse-me uma frase que ecoa até hoje na minha cabeça: "É muito injusto esse diagnóstico de transtorno de déficit de atenção e hiperatividade, porque o que eu mais tenho é atenção, só que em tudo ao mesmo tempo, com isso, eu me perco".

E ele não está errado. Realmente, precisamos entender o TDAH como um transtorno no qual as pessoas apresentam déficits no funcionamento executivo, assim como de autorregulação. Limitar o paciente com TDAH como apenas uma pessoa que possui déficit de atenção ou hiperatividade e impulsividade é uma visão muito reducionista do transtorno. As disfunções executivas vão muito além. Essas disfunções fazem com que eles não regulem a sua atenção para o que realmente é importante naquele momento, e cabe a nós, psicoterapeutas/terapeutas, auxiliarmos nesse processo.

Imagine as funções executivas como se fossem soldados de um exército, no qual cada componente possui uma função específica, porém, assim como todo exercício, o trabalho é em conjunto. Se um desses soldados não consegue desempenhar a sua função tão bem quanto foi treinado para fazer, pode colocar em risco toda a estratégia da operação. Outros soldados ficarão sobrecarregados e, com isso, todo o sistema entra em colapso. Esses soldados, ou melhor, as nossas funções executivas, ficam localizadas geralmente nos lobos frontais do cérebro, e são responsáveis pelos planejamentos conscientes, pelo desempenho cognitivo para a resolução de problemas, em relação a um comportamento socialmente independente, ou seja, são funções que se relacionam e que são responsáveis por um comportamento intencional.

A avaliação neuropsicológica se faz de extrema importância, pois é por meio dela que conseguimos mensurar essas funções, e o quanto elas estão de acordo com a média da população. E, para isso, utilizamos ferramentas que nos ajudam nessa investigação. A anamnese inicial, a primeira consulta com os responsáveis pela criança, é quando iremos colher todas as informações referentes ao desenvolvimento neuropsicomotor, por isso utilizamos escalas e testes que são favoráveis para o uso, e que passam pelo crivo do Conselho Federal de Psicologia, assim, analisamos todos os comportamentos apresentados dentro dos consultórios, além de relatórios médicos, da equipe pedagógica da escola e de todos os profissionais que estão envolvidos no tratamento da criança. Após a aplicação dos testes, a correção de todo o material é realizada, e construímos o laudo de avaliação neuropsicológica, relatando à família/paciente e à equipe multidisciplinar quais são as suas habilidades e possíveis déficits. Conseguimos, então, traçar novas possibilidades de intervenções terapêuticas, diminuindo as possibilidades de prejuízos na vida dessa pessoa.

Reforço a importância da utilização de testes padronizados, aplicados por neuropsicólogos que tenham experiências com tais transtornos, pois com a era da informação, existem algumas escalas disponíveis na internet, como a SNAP-IV, por exemplo, que "acende uma luzinha de alerta" para a possibilidade da hipótese diagnóstica do TDAH, ou a CARS, que tem a mesma função para o TEA. Mas esses dois transtornos do neurodesenvolvimento não devem ser diagnosticados de forma tão simples assim – "preencheu os critérios diagnósticos, e pronto".

Depois da anamnese inicial, é importante fazer um planejamento de avaliação neuropsicológica, independentemente de qual transtorno será investigado, pois precisamos entender todo o funcionamento neuropsicológico da criança, ou seja, funções como memória, os vários tipos de atenção, concentração, hiperatividade, impulsividade, regulação emocional, personalidade, inteligência, comportamentos adaptativos, inibição, flexibilidade cognitiva etc. Por isso, não existe um único teste que avalie o TEA, o TDAH ou outros transtornos, e, o mais importante, os resultados dos testes não podem ser soberanos, pois a experiência ao aplicar, corrigir e elaborar o raciocínio clínico é o que realmente fará a diferença no processo avaliativo.

Ambos são transtornos do neurodesenvolvimento, porém distintos, e não existem diferenças significativas em relação às disfunções executivas que eles apresentam, portanto, é comum encontrarmos esses dois transtornos em uma mesma pessoa, e denominamos isso de comorbidade, ou seja, quando um ou mais transtornos coexistem em um único indivíduo. Segundo a *American Psychiatric Association* (2022, p. 74),

> Indivíduos com TDAH e aqueles com transtorno do espectro autista exibem desatenção, disfunção social e comportamento de difícil manejo. A disfunção social e a rejeição pelos pares encontradas em pessoas com TDAH devem ser diferenciadas da falta de envolvimento social do isolamento e da indiferença a pistas de comunicação faciais e de tonalidade encontrados em indivíduos com transtorno do espectro autista. Crianças com transtorno do espectro autista podem ter ataques de raiva devido a incapacidade de tolerar mudanças no curso dos eventos esperado por elas. Em contraste, crianças com TDAH podem se comportar mal ou ter um ataque de raiva durante alguma transição importante devido a impulsividade ou autocontrole insatisfatório.

As diferenças entre TDAH e autismo se relacionam, e enquanto crianças com TDAH têm, em geral, maior dificuldade no controle inibitório, crianças com TEA apresentam maior rigidez cognitiva. Elas compartilham, ainda, algumas características, como dificuldade na atenção e, muitas vezes, uma socialização prejudicada.

A atenção e o foco no TEA podem estar mais relacionados ao interesse restrito e repetitivo, já no TDAH a falta de foco apresenta-se quando as tarefas são monótonas e desinteressantes, ocasionando, inclusive, muita desorganização.

Em relação às habilidades sociais, o TEA geralmente não apresenta interesses sociais, de interação, e mostra dificuldades em se adaptar a regras sociais. No TDAH, por terem dificuldades no controle inibitório, apresentam-se mais impulsivos e hiperativos, possuem desejo de socializar, mas também encontram barreiras na interação social devido à desregulação emocional.

O TEA possui padrões de comportamentos restritivos, repetitivos e interesses fixos, podendo apresentar hiperfoco, característica esta que também pode estar presente no TDAH.

Ambos os transtornos são incluídos na classificação de condições neurológicas atípicas, por mais que no TDAH ouvimos menos essa terminologia. Portanto, pessoas diagnosticadas com esses transtornos são "neuroatípicas", e esse termo é usado para descrever as pessoas que possuem funcionamento cognitivo, comportamental e de desenvolvimento que não são típicos em relação à maioria de seus pares.

Entendendo que existe a diferença entre crianças típicas e atípicas, podemos desenvolver alguns métodos de apoio, e a avaliação neuropsicológica auxilia para que esses métodos de apoio sejam personalizados, pois ela pode ser um norte para entendermos quais são as habilidades e déficits da criança, reforçando em terapia o que ele tem de bom e desenvolvendo o que está deficitário.

Com frequência, recebo no consultório adultos com hipótese diagnóstica de TEA nível 1 de suporte e TDAH, que solicitam a avaliação neuropsicológica mesmo sem encaminhamento médico, mas por se identificarem com os sinais e sintomas divulgados na mídia. Relatam, com grande tristeza, o quanto foram (e ainda são) "diferentes", e o quanto isso os atrapalha na vida adulta. Certa vez, uma mulher muito inteligente, apaixonada por bichos, com dois cursos superiores concluídos de forma memorável, estava na minha frente para que eu pudesse realizar a entrevista devolutiva – entrevista na qual explico ao paciente ou família os resultados da avaliação. Ao perceber que eu não havia carimbado as folhas do laudo, pois, de acordo com as normas do nosso conselho, todas as folhas precisam ser carimbadas, comecei a fazê-lo. E ao chegar a determinada quantidade de folhas (eram aproximadamente 30), ela me interrompeu, pedindo para parar, pois o barulho era intenso. Percebem o quanto situações simples para pessoas típicas podem ser desafiadoras para pessoas atípicas? Ela aprendeu a se controlar, aprendeu o que é socialmente aceito, mas algumas situações ainda são muito difíceis de lidar.

Em relação ao TDAH, vejo chegar adultos frustrados por não conseguirem completar um curso, terem relacionamentos conturbados e serem desorganizados; geralmente, eles possuem maior probabilidade de abuso de álcool e outros tipos de drogas, pois buscam pela dopamina de forma mais rápida, o que não é a forma mais saudável. Após o diagnóstico, começam a entender a importância da organização diária, a higiene do sono, implementação de métodos simples como lembretes no celular e agenda, para minimizar os estragos da desorganização temporal, impactando em maior produtividade, e, para isso, a Terapia Cognitivo-Comportamental, que é uma das abordagens da psicologia, auxilia trazendo ferramentas para que essas orientações sejam colocadas em prática. Tenho vários pacientes que são bem-sucedidos em suas vidas financeiras, amorosas, sociais, assim como tenho pacientes que estão em busca de tudo isso, mas o que todos eles têm em comum é o entendimento de que um diagnóstico não os limita, mas direciona o tratamento, para que seus comportamentos sejam modificados pela identificação do que eles devem dar mais atenção. Ter esses transtornos não sentencia a sua vida como improdutiva, sofrida e ruim.

Para que no futuro o seu filho não seja uma dessas pessoas, que procuraram por si só entender por que agiam de forma diferente de seus colegas, é importante que ele seja avaliado por profissionais experientes. Ouvir relatos de adultos que se forçaram a aprender "na marra" o que é socialmente aceito ou não, causa uma tristeza muito grande, imagino o quanto aquela criança sofreu por não ser entendida quando não queria abraçar e olhar para alguém, quando sentia ânsia de vômito quando a forçavam comer algo que ela dizia ter nojo (seletividade alimentar), quando ela dizia que simplesmente não conseguia ficar parado ("Tia, ficar parado me dá muita agonia, por isso que eu preciso andar pela sala"), quando a chamavam de preguiçosa. Esses adultos poderiam ter vivido a sua infância de forma menos pesada, com auxílio profissional, mas, por algum motivo, tiveram que ser autodidatas e conviver com as disfunções executivas que o TDAH e o TEA apresentam. Isso custou caro para eles, custaram promoções que nunca chegaram, casamentos que se desfizeram, demissões por atrasos recorrentes, procrastinação em todas as áreas da vida. Então, você já pensou em deixar como herança para seus filhos a saúde mental?

Referência

AMERICAN PSYCHIATRIC ASSOCIATION. *Manual diagnóstico e estatístico de transtornos mentais*: DSM-5-TR. 5. ed. Washington, D.C.: American Psychiatric Association, 2022.

CAPÍTULO 30

Altas habilidades/superdotação e a dupla excepcionalidade

O presente capítulo abarca conceitos, características e vivências clínicas das manifestações de altas habilidades/superdotação e dupla excepcionalidade em contexto clínico e vivencial. O conteúdo visa oportunizar a visibilidade, com evidências reais e científicas, as estratégias que contribuem para identificação, autoconhecimento e senso de pertencimento destas vidas dentro da condição humana de dupla excepcionalidade/dupla condição.

Delair Teixeira

DELAIR TEIXEIRA

Mãe da jovem Kau. Psicóloga, Neuropsicóloga, Empreendedora, Perita judicial e Escritora. Fundadora da Neuronconecta e cofundadora do Espaço Integrar. Atuou como Analista em Gestão de Pessoas, Professora universitária e Psicóloga em Apae. Formação em Psicologia; especialização em Neuropsicologia (USP); especialização em Neuropsicologia (Albert Einstein); especialização em Intervenção ABA para Autismo e Deficiência Intelectual e MBA em Inteligência Artificial para Negócios. Formação em Altas Habilidades/Superdotação (AH/SD); formação em Transtorno de Déficit de Atenção e Hiperatividade (TDAH) e Transtornos Específicos da Aprendizagem (TEAp); em Perfil Neuropsicológico dos Transtornos Mentais; em Teste Rorschach e Denver II. Coautora do best seller *Quando a infância dói*. Espiritualmente guiada por Deus.

Contatos: delairpsico@gmail.com
Instagram: @delair.neuropsicologia
WhatsApp: 47 99967 5970

Objetivamente, podemos iniciar pela conceituação de altas habilidades/superdotação (AH/SD) e dupla excepcionalidade (DE). O público dentro do quadro de altas habilidades/superdotação aprecia a objetividade sucinta e rápida, com linguagem compreensível. É um público exigente, sem mesmo os próprios terem consciência desse fato. Busco trazer este conteúdo da forma que estas vidas relatam apreciar.

Existem diversas teorias que abordam altas habilidades e superdotação, cada uma com perspectivas únicas. Aqui estão algumas das mais conhecidas: Teoria dos Três Anéis de Renzulli; Modelo Diferenciado de Superdotação e Talento de Gagné; Teoria das Inteligências Múltiplas de Gardner; Teoria da Desintegração Positiva de Dabrowski; e Modelo WICS de Sternberg.

A **Teoria dos Três Anéis de Joseph Renzulli** é uma das mais influentes no campo da superdotação. Consiste em um modelo de desenvolvimento de talentos que explica a alta capacidade e a criatividade como uma interação de três componentes principais: **habilidade acima da média, criatividade e envolvimento com a tarefa (ou motivação)**. Segundo Renzulli, quando esses três componentes interagem, surgem os comportamentos que caracterizam indivíduos altamente capazes e talentosos. Ele acredita que o talento não é uma qualidade inata, mas algo que pode ser desenvolvido por meio da educação e da oportunidade. Enfatiza que não é um traço inato fixo, mas algo que pode ser cultivado com o ambiente certo e oportunidades adequadas. Sua teoria também contribuiu para práticas educacionais, sugerindo que programas para alunos superdotados devem encorajar esses três elementos.

Uma das teorias que busco citar e que utilizo em avaliação neuropsicológica é a de Kazimierz Dąbrowski, psicólogo e psiquiatra polonês conhecido por sua Teoria da Desintegração Positiva (TPD), que oferece uma perspectiva única sobre o desenvolvimento da personalidade, sugerindo que crises e conflitos internos podem ser catalisadores para o crescimento psicológico. Dąbrowski identificou cinco áreas de sensibilidade intensificada (superexcitabilidade intelectual, emocional, imaginativa, sensorial e psicomotora) que são comuns em indivíduos superdotados e podem impulsionar o desenvolvimento. No Brasil, os termos altas habilidades ou superdotação são equivalentes em significado. Conforme conceituado por cientistas do Columbus Group, os quais têm Kazimierz Dąbrowski como uma de suas bases teóricas, a superdotação é uma condição de desenvolvimento humano (Silverman, 1997).

Nota: Respeito o fato de que no Brasil os termos AH e SD sejam tratados como sinônimos, porém, me posiciono tecnicamente, e há perceptíveis evidências em prática clínica de que são condições distintas, sendo as altas habilidades uma forma de ser e a superdotação outra forma de ser. Há países que também as utilizam distintamente (nota mencionada pela profissional responsável pelo conteúdo a título de posicionamento e informação atual).

Dupla excepcionalidade

A expressão "dupla excepcionalidade" surgiu em 1975, sendo cunhada pela primeira vez "duas vezes excepcional" por James Gallagher. De acordo com Coleman, Harradine & King (2005), foi Gallagher quem usou o termo pela primeira vez para designar alunos que apresentavam a coexistência de alto potencial e alguma deficiência. Tal afirmação é corroborada por Prior (2013), ao defender que, apesar de haver referências na literatura científica aos estudantes identificados com talentos especiais e déficits desde 1923, foi realmente Gallagher *apud* Coleman, Harradine & King (2005) quem cunhou o termo, em 1975, pela primeira vez.

Neste capítulo, veremos que a "dupla excepcionalidade pode ser definida como a presença de alta performance, talento, habilidade ou potencial superior à média em uma, ou mais áreas, ocorrendo em conjunto com uma desordem psiquiátrica, educacional, sensorial e física" (Pfeiffer, 2013), ou seja, consiste em uma pessoa ter potencialidade e talento, e, ao mesmo tempo, apresentar dificuldades e deficiências. "A dupla excepcionalidade tem sido definida como a presença concomitante de alta capacidade, habilidade, potencial em uma área ou mais e de alguma desordem física, sensorial, psiquiátrica" (Alves Nakano, 2015; Feifer, 2015).

Semelhanças entre crianças com AH/SD e crianças com TEA

1.	Fluência verbal e precocidade, além de excelente memória.
2.	Interesse acentuado por letras, números e prazer em memorizar fatos em idade precoce.
3.	Demonstram interesse por um tema específico e adquirem um vasto repertório de informações sobre o tópico que os fascina.
4.	Hipersensibilidade a estímulos sensoriais, como texturas, ruídos, toques e sabor de alimentos.
5.	Discrepância entre distintos aspectos do desenvolvimento, como, por exemplo, o cognitivo e o social e o afetivo.
6.	Apresentam grande variedade de habilidades, com excelente desempenho em áreas de interesse especial, paralelamente a um desempenho mediano em outras áreas.

Fonte: Neihart (2000, p. 223 apud *Pereira & Rangni, 2019).*

O quadro a seguir apresenta algumas características de altas habilidades/ superdotação em crianças com dupla excepcionalidade evidenciados em anos de pesquisas.

1	Pensamento divergente, nova abordagem para a solução de problemas, raciocínio abstrato e habilidades analíticas excepcionais.
2	Vocabulários extensos.
3	Boa memória.
4	Boa compreensão auditiva e capacidade de se expressar bem.
5	Pensamentos críticos fortes e gosto por interesse ou *hobbies*.
6	Desejo de conhecimento, desejo de explorar e descobrir.
7	Alto nível de criatividade e grande interesse em *hobbies* fora do ambiente escolar.
8	Aptidão específica (estética, literária ou mecânica) e comprometimento de tarefas com áreas de interesses.
9	Amplas áreas de interesse.
10	Bom senso de humor.
11	Perfeccionismo, autoexpectativas irrealistas.
12	Altamente sensível a críticas e aos sentimentos dos outros.
13	Frequentemente entediado com atividades para seu nível de ano escolar, aprendizado repetitivo e rotineiro. Frustrado com a falta de estímulo e estímulo nas áreas de excelência.
14	Sentimento de frustração, infelicidade e isolamento.

15	Hiperativo, desatento, impulsivo, agressivo, defensivo e afastamento.
16	Escassas habilidades de escuta e concentração.
17	Falta de habilidades organizacionais. Falha ao concluir tarefas/atribuições.
18	Comportamento perturbador na sala de aula, falta de motivação e desamparo aprendido.
19	Baixa autoestima, baixo autoconceito.
20	Ausência de habilidades sociais.

Nota: todas as referências presentes neste quadro foram mencionadas por Kurup & Dixit (2018), citado em Roama-Alves & Nakano (2021. p. 242).

Uma percepção que ocorre, e que dificulta a identificação, se dá quando os quadros são percebidos isolados, ou seja, veem somente a dificuldade, ou somente a potencialidade ou, ainda, não veem nenhum. Para Alves & Nakano (2015), há outros fatores também que dificultam uma avaliação para a identificação da dupla excepcionalidade: a) escassez de estudos sobre a dupla excepcionalidade no contexto brasileiro; b) perpetuação do mito segundo o qual pessoas com AH/SD não apresentam dificuldades emocionais, comportamentais, educativas; c) ausência de preparação nos profissionais das diversas áreas da saúde e da educação para reconhecer que pessoas com algum tipo de deficiência e/ou comprometimentos funcionais possam ter talentos, habilidades especiais; d) história recente da descoberta da condição da dupla excepcionalidade, datada em 1975, a partir dos trabalhos de Gallagher.

Observe classificação a seguir:

Tabela 1 – Vivências na prática.

%	CLASSIFICAÇÕES
>98	Muito superior à média = Potencialidade
91 a 97	Superior à média = Facilidade II
75 a 90	Média superior = Facilidade I
25 a 73	Média = Preservado
9 a 24	Média inferior = Prejuízo leve
3 a 8	Limítrofe = Prejuízo moderado
<2%	Deficitário = Prejuízo grave

Fonte: Elaborada pela autora.

Obtive conhecimento dessa classificação na especialização em neuropsicologia e em **cursos de atualizações**, à qual incluí mais dados complementares, conforme Tabela 1. A vida da maioria das pessoas está no percentual dentro da média, sendo o padrão (de 25 a 73%). Os que estão abaixo e acima desse percentual padrão sofrem desconforto ao expressarem sua forma de viver. É perceptível que as dificuldades são vistas, e as potencialidades, não ("São invisíveis, não precisam de ajuda, pois (mito), são inteligentes"). Ao mostrar **essa tabela nos atendimentos**, cito as características em todas as partes quantitativas de forma qualitativa e, ao concluir, pergunto: "em qual você se vê?", e os dedinhos e dedões começam a apontar, e neste momento, percebe-se sua localização no mundo, e aqueles com quadro clínico que não apontam... os olhos e o corpo comunicam, expressam. É algo divino como o conhecimento tem o poder de fazer diferença nessas vidas.

Casos reais de dupla excepcionalidade – 2020 a 2025

Compartilho duas histórias reais, com autorização, sem o nome dos participantes, por respeito, sigilo, e muita gratidão pela grandiosa contribuição.

1. Dupla excepcionalidade: participante 1 (39 anos) – Altas habilidades/superdotação, TEA e TDAH

Vida que evoluiu, e voltou após um tempo para rever suas características. O que compartilho com respeito é que este moço sabe e conhece muito bem seu quadro clínico hoje, sente e descreve o efeito do medicamento em seu organismo, tem uma sensibilidade que utiliza de forma favorável a se sentir seguro. Sabe quando está expressando TEA, o momento TDAH e AS/SH... e sua personalidade é o carro-chefe que o guia.

2. Dupla excepcionalidade: participante 2 (6 anos) – Quadro de DE – AH/SD com TEA

Criança superinteligente que fez um livro com números em quantidades altas, conforme foto da Figura 1. Trouxe brinquedos, que para uma criança, achei muito complexo. Gosta de planetas e vem com roupinhas com essa estampa, vive e tem respeito em expressar sua forma no mundo.

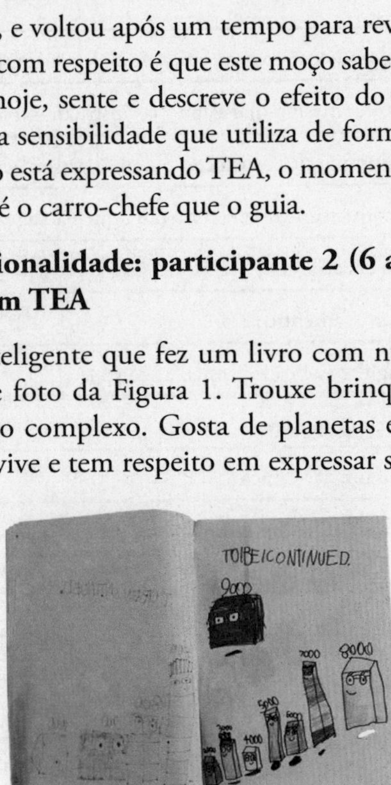

Figura 1

Dupla excepcionalidade na surdocegueira

Helen Adams Keller é uma escritora, ativista e educadora americana, nascida em 27 de junho de 1880, em Tuscumbia, Alabama. Aos 19 meses, uma doença (provavelmente escarlatina ou meningite) a deixou cega e surda. Em 1887, aos seis anos, Helen começou a trabalhar com sua professora Anne Sullivan, que a ensinou a se comunicar usando o método Tadoma (soletrar palavras em sua mão). Sua vida virou filme, que deixo como sugestão: *O milagre de Anne Sullivan.*

Esse filme foi sugerido por uma pessoa com deficiência visual adquirida, atendida por mim em psicoterapia, que ricamente ensina braille com caixinhas de ovos.

Uma das vidas que conheço dentro dessa temática expressou a seguinte frase, quando falei que iria escrever sobre o assunto: "Que bom que você vai falar de nós, vidas invisíveis!" (anônima, 22 anos).

Recurso: checklist de dupla excepcionalidade

Assinale os comportamentos que você faz com frequência:

Comportamento A	( ) Se preocupa intensamente com horários de chegada em um lugar que agendou.
	( ) Lê ou entende antes mesmo que as pessoas instruam ou termine de contar fatos.
	( ) Ao escutar histórias que a pessoa já contou, diz à pessoa "você já falou", "já contou".
	( ) Fica entediado com assuntos sem conteúdo, que não agregam em nada.
	( ) Sente que não se encaixa.
	( ) É muito verdadeiro, autêntico e original.
	( ) Organização singular (sabe onde estão as coisas).
Comportamento B	( ) Sempre esquece compromissos.
	( ) Inicia muitas coisas e não conclui.
	( ) Fala em excesso a todo momento.
	( ) Sempre age antes de pensar/faz as coisas, depois pensa.
	( ) Termina as frases das pessoas ou interrompe quando as pessoas estão falando.
	( ) Sempre tem dificuldade de se concentrar, tanto em escola, quanto em casa ou no trabalho.
	( ) Não consegue se organizar (por exemplo, não encontra rapidamente onde deixou seus pertences em seu próprio ambiente).

Comportamento C	
	( ) Apresenta movimentos com as mãos repetitivos.
	( ) Ao falar, não olha muito nos olhos das pessoas.
	( ) Não gosta de lugares com muitas pessoas.
	( ) Não entende metáforas.
	( ) Gosta demais de determinados personagens.
	( ) Tem comportamentos restritos e repetitivos e muda de humor quando há interferência.
	( ) É apegado a rotinas e organização fixa; é inflexível à mudança.

Fonte: Elaborado pela autora (piloto com AH/SD).

Obs.: gabarito/legenda:
Comportamento A = AH/SD; **Comportamento B** = TDAH; e **Comportamento C** = TEA.
Instruções técnicas: se pontuar sete itens em alguma letra (A, B ou C), procure um especialista da área de saúde mental (psicólogo/neuropsicólogo) que tenha conhecimento em dupla excepcionalidade.

Momento interação: se identificou com algum item? Por gentileza, poste e marque @delair.neuropsicologia nos stories e conte com qual item, A, B ou C, fechou mais pontos, assim posso explicar respondendo seus stories.

Conclusão

Diante do conteúdo oportunizado, o leitor poderá refletir acerca da importância da identificação de ambas as condições em um ser humano. Tanto o quadro clínico dentro das deficiências e transtornos mentais, quanto das potencialidades dentro do domínio das altas habilidades/superdotação. Podemos perceber, por meio de casos reais citados, desde os primórdios até hoje, que o que faz essas vidas viverem levemente e com qualidade é o autoconhecimento, por meio de informações e conhecimento real e atual com evidências seguras.

Uma vida, no momento em que conhece seu quadro clínico, sua condição humana, sente pertencer de uma forma duplamente aceitável, buscando adaptação e segurança em manifestar com respeito sua forma de ser.

Dentro dessa temática, podemos perceber que o ser humano evoluído é aquele que conhece sua condição humana em sua totalidade (dificuldades e potencialidades) e sabe perceber qual quadro está se manifestando em cada momento vivido. De posse dessa percepção, sua personalidade (forma de ser) o direciona em suas atitudes, posicionando-se de forma segura.

Ressalto a importância de mais autores escreverem sobre essa temática, no intuito de enriquecimento de **conhecimento e informação**. Desejo que este conteúdo possa **alcançar** e oportunizar muitas **vidas** a se conhecerem e, principalmente, acolher sua forma de ser.

Referências

E-BIOGRAFIA. *Helen Keller*. Disponível em: https://www.ebiografia.com/helen_keller/?form=MG0AV3. Acesso em: 29 abr. 2025

ENCYCLOPAEDIA BRITANNICA. *Helen Keller*. Disponível em: https://www.britannica.com/biography/Helen-Keller. Acesso em: 29 abr. 2025.

MIOTTO, E. C. Avaliação neuropsicológica e funções cognitivas. *In*: MIOTTO, E. C.; DE LUCIA, M. C. S.; SCAFF, M. *Neuropsicologia clínica*. São Paulo: Roca, 2012.

NEUMANN, P. A sobre-excitabilidade e a educação nas altas habilidades ou superdotação. *Revista Cocar*, Guarapuava: Universidade Estadual do Centro Oeste (Unicentro), v. 17, n. 35, p. 1-20, 2022. Disponível em: https://periodicos.uepa.br/index.php/cocar. Acesso em: 29 abr. 2025.

PEREIRA, J. D. S.; RANGNI, R. de A. Cenas do filme "O Jogo da Imitação": reflexões sobre a invisibilidade da dupla excepcionalidade no contexto social. *Aprender – Caderno de Filosofia e Psicologia da Educação*, Vitória da Conquista, ano XIII, n. 21, jan./jun. 2019, p. 76-89.

ROAMA-ALVES, R. J.; NAKANO, T. de C. *Dupla excepcionalidade*: altas habilidades/superdotação nos transtornos neuropsiquiátricos e deficiências. 1. ed. São Paulo: Vetor, 2021.

RONDINI, C. A.; REIS, V. L. *Altas habilidades/superdotação:* instrumentais para identificação e atendimento do estudante dentro e fora da sala de aula comum. Curitiba: CRV, 2021.

SILVERMAN, L. K. The construct of asynchronous development. *Peabody Journal of Education*, v. 72, n. 3 & 4, p. 36-58, 1997.

CAPÍTULO 31

Os gatilhos emocionais no autismo

Vidas diferentes, histórias semelhantes

Neste capítulo, vamos compreender os gatilhos emocionais no autismo infantil e adulto. A descrição da vida real durante as manifestações de crise existencial, as dificuldades relacionadas e apresentadas a seguir são todas experiências reais, de indivíduos conhecidos e avaliados por mim desde 2016. Os nomes serão preservados no anonimato e a confiabilidade do encaminhamento à autora.

Maria da Conceição Carneiro Barbosa

MARIA DA CONCEIÇÃO CARNEIRO BARBOSA

Psicóloga Clínica, especialista em Neuropsicologia, pelo Instituto de Neuropsicologia de São Paulo (Inesp), especialista em Psicologia Jurídica, pelo Centro Universitário do Norte (Uninorte) e em Gestão de Emergência em Saúde Pública – Sírio Libanês. Pós-graduada em Neurociências pelo Instituto de Desenvolvimento Educacional (IDE), Terapia Comunitária, pela Universidade Federal do Ceará (UFC), Gerontologia em Saúde pela Universidade do Amazonas (UEA), possui MBA em Gestão de Pessoas pela Universidade Gama Filho (UGF). Membro da Sociedade Brasileira de Psicologia e Neuropsicologia. Fundadora e Responsável Técnica do Instituto de Neuropsicologia do Amazonas (Inepam).

Contatos: barbosaconceicao@yahoo.com.br

A descrição da vida real durante as manifestações de crise existencial no autismo, as dificuldades relacionadas e apresentadas a seguir são todas experiências reais, de indivíduos conhecidos e avaliados por mim, os nomes serão preservados no anonimato e a confiabilidade do encaminhamento à autora.

O diagnóstico do autismo de alto funcionamento ocorre na infância, quando normalmente o indivíduo frequenta a escola regularmente, é capaz de viajar, gosta de ler e tem conhecimento factual sobre vários tópicos de interesse. Porém, em determinado momento o indivíduo começa a mostrar um padrão de regressão, deterioração e episódios de congelamento. Nessa etapa da vida, é muito difícil o diagnóstico diferencial como: 1- Avaliação Neuropsicológica especializada com coeficiente de inteligência (QI) e altas habilidades; 2- Exame de mapeamento cerebral funcional 10-20 qEEG; 3- Classificação Internacional de Funcionalidade (CIF). Sem esses instrumentos, fica difícil afirmar que o indivíduo é portador do transtorno do espectro autista (TEA) com diagnóstico, logo, a consulta de rastreamento neuropsicológica especializada por um Neuropsicólogo Clínico é muito importante no primeiro marco do neurodesenvolvimento infantil.

Sem um encaminhamento para avaliação, com instrumentos como M. CHAT, DENVER, ABA, esses subtipos de autismo não são notificados e, sem essa estratégia de investigação, os pais chegam a ficar desesperados, passam por vários profissionais de saúde e clínicas médicas, fazendo diferentes exames, como de sangue, eletroencefalograma (EEG), ressonância magnética e, na maioria das vezes, esses exames não mostram qualquer anormalidade física. Geralmente, isso leva anos de busca ativa, tanto por parte do paciente como dos pais em busca de tratamento precoce.

Sem o diagnóstico, também não há uma neurorreabilitação com plano individualizado ou padronizado para cada autista. As clínicas trabalham com equipe multidisciplinar, mas não integrativa na investigação ou reabilitação, ou seja, as famílias recorrem a variados tipos de tratamento, levando ao alto índice de precificação nas terapias, sem relatórios clínicos e avaliação de estudo de caso específico para cada subtipo de autista.

As dificuldades secundárias do autista tipo 1 e 2 de nível de suporte são qualidade de vida e autorregulação emocional, causando desorganização na dinâmica familiar e gerando grande pressão e estresse em seus pais, que tentam cuidar e apoiar os filhos em casa, orientando ou buscando apoio profissional adequado. A seguir, confira um relato de hiperfoco/gatilhos de paciente:

- Problemas com alarmes, pois me deixam ansioso e nervoso; odeio ligações e áudios, as ligações e vibrações do celular me deixam sobressaltado; nunca ouço ou assisto músicas e filmes/séries novas. Prefiro assistir sempre às mesmas coisas desde criança e, quando gosto muito de algum filme, assisto sozinho quase toda semana e, também, assisto com todos que se dispõem a assistir comigo; ouço a mesma música várias vezes ao dia; não consigo estudar sem ter uma música ou filme ao fundo; é como se meu cérebro tivesse várias gavetas e se uma dessas gavetas não estiver ocupada com algo, eu não consigo estudar, pois me distraio com qualquer coisa.
- Não consigo tocar em certos tipos de textura, parece que fica a sensação nas minhas mãos. Não toco em frutas nem como nenhuma delas. Tenho uma forte seletividade alimentar, posso comer a mesma refeição todos os dias, sem enjoar.
- Tenho dificuldades em conversar, não sei quando iniciar a minha hora de falar e não sei terminar uma conversa. Fico extremamente nervoso, não consigo fazer contato visual por muito tempo com a maioria das pessoas. As pessoas me acham chato, porque gosto de conversar sobre assuntos bem específicos e gosto de falar sobre eles em todas as conversas.
- Sou muito sensível a qualquer tipo de barulho, me assusto, fico em estado de alerta e, muitas vezes, extremamente irritado ao ponto de chorar.
- Tenho um péssimo sono. Acordo várias vezes, sonho enquanto meus olhos estão abertos. Tenho mania de pegar em algo para dormir, e antes da adolescência pegava na minha mãe. Depois da adolescên-

cia, passei a me arranhar enquanto dormia. Recentemente, acordei pegando na minha boca, despertei, pois estava fazendo cócegas, e percebi que arranhei meus lábios. Gosto quando estou com os braços presos para dormir, como se fosse um braço de bebê. Tenho o hábito de dormir por cima dos braços, sinto uma sensação boa quando estou em locais pequenos, um pouco apertados.

- Quando entro em crise, me regulo quando me balanço ou fico em um local pequeno. Também, me balanço quando começo a ficar impaciente por algo que não está de acordo com o planejado. Tenho hiperfocos fortes. Esqueço de comer e tomar banho, desde criança. Eu lembro de todos os hiperfocos que já tive e tenho até hoje, eles são, literalmente, a única coisa sobre a qual consigo conversar com as pessoas e também assistir ou ouvir.
- Tenho problemas em tomar banho, às vezes, porque realmente esqueço, mas, na maioria das vezes, tomar banho me deixa ansiosa e odeio a sensação da água caindo sobre mim. Apesar disso, gosto muito de piscina.
- Odeio rios, areia e grama. A sensação ao pisar é péssima. Parece que ativo todo o sistema nervoso do meu corpo. Só consigo beber água em uma garrafinha específica, não sei explicar o motivo de não tomar água em outros recipientes.
- Às vezes, eu posso não estar prestando atenção na figura do professor, mas estou escutando tudo que ele está falando. É o mesmo com filmes: nunca estou olhando para a TV/computador, é como se eu estivesse só no áudio. Outro dia, eu dormi durante a aula de biologia, mas, mesmo assim, continuei ouvindo o que a professora estava falando e aprendi que sapos se adaptam à temperatura do ambiente, então, se a gente cozinhar um sapo vivo, ele não sentirá.
- Não consigo controlar a altura da minha voz. Às vezes, as pessoas acham que eu estou sendo mal-educado ou querendo chamar atenção, mas eu apenas não consigo perceber ou controlar se estou falando alto ou baixo demais.
- Quando estudo, não consigo ficar mais de dez minutos concentrada, paro por qualquer pensamento. Agora mesmo, estou tentando estudar, mas já interrompi umas quatro vezes. Tenho problema na hora de grifar só o que é importante, acabo grifando tudo. E faço tudo com música. É muito comum para jovens da minha idade, mas, para mim, ajuda a isolar os sons externos. Quando eu tinha dez anos, comecei a ficar completamente obcecada por música. Não conseguia

fazer nada sem música, levava o rádio para o banheiro, ouvia música enquanto embalava na rede etc. Quando junto música e alguma coisa, como a rede, parece que é uma forma de liberar toda a energia (acho que é isso) que tem na minha cabeça. Às vezes, não controlo e tenho reflexos. Quando eu leio, é como se eu não entendesse as palavras, como se eu estivesse vendo o texto na minha frente, mas em outro idioma. Eu troco letras e palavras na hora de falar. É como se meu cérebro nunca ficasse quieto, até mesmo na hora de dormir. Meus pensamentos são muitos unidos, às vezes, é como se as pessoas pudessem ouvir.

- Tenho problemas para ficar em público e em espaço com muitas pessoas, eu não consigo explicar muito bem, mas o barulho me deixa atormentada e odeio que me toquem, até que toquem no meu cabelo. É como se todos os meus sentidos fossem um pouco mais sensíveis e ativassem as minhas terminações nervosas. Tenho sérios problemas em espaço, odeio que toquem nas minhas coisas e no meu corpo.

"Quando congelo, é provável que minha mente fique confusa por estar presa em um estado de ansiedade intensa. É claro que é muito estressante, especialmente quando me envolvo em algo que já temia que pudesse acontecer. Nada mais cabe em minha mente, exceto esses pensamentos e o que quer que eu estava tentando fazer." ISSO É AUTISMO, desregulação emocional no TEA.

Destacamos as maiores dificuldades /sintomas do adulto (autismo grau 1), de acordo com relatos reais:

- Pedir ajuda de quem quer que seja (não me incomoda).
- Dizer não para o outro.
- Retroceder com a minha palavra (não me incomoda).
- Falar eu te amo para quem quer que seja (não me incomoda).
- Lidar com medo ou dor da rejeição (**medo** antes de ser rejeitado e a **dor** após ser rejeitado).
- Parar de se comparar com os outros.
- Parar de se autossabotar.
- Querer sempre ser o salvador da pátria, o super-herói, salvar o mundo, ajudar todo mundo, mesmo que isso seja prejudicial, querer mudar o mundo e torná-lo um lugar de paz e tranquilidade para viver-

mos sempre em harmonia, saúde e longevidade. Em outras palavras, é como se ao ver uma pessoa sofrendo, vá oferecer ajuda e carregue a cruz dela (os problemas da outra pessoa), sendo que já carrego a cruz de um bocado de gente.

- É muito enfadonho para mim conseguir lidar com a "mania de perseguição" (quando estou na rua, tenho a sensação de estar sendo perseguido ou que alguém vai me assaltar).
- **A campeã de todas e a que mais me perturba:** controlar e/ou lidar com pensamentos intrusos, pensamentos ruins e maléficos a minha saúde. Cerca de 80% ou até mais dos meus pensamentos estão diretamente relacionados com necessidade de aprovação/necessidade de validação/dependência emocional do transtorno de personalidade dependente. Manter o foco e disciplina em novas atividades que estão fora da minha rotina, ou seja, atividades estão fora do meu "padrão automático". Parar de procrastinar mesmo sem redes sociais, como TikTok, Kwai, Twitter, Instagram e Facebook.
- Não consigo me organizar no momento nem ter autocontrole emocional. Por exemplo, ao acontecer algo positivo na minha vida, já crio expectativas fora da realidade sobre aquilo. Aceitar ser chamado de "José", eu fico logo bravo, pois odeio me sentir ser tratado como "alguém comum" e "José" é bastante comum. Ter que dizer a verdade ao perguntarem a minha idade. Ter paciência para conversar com pessoas que "assassinam a língua portuguesa". Se for paquerar, eu advirto na primeira vez e, se a pessoa continua falando ou escrevendo errado, o meu interesse vai embora.
- Sou, exageradamente, muito seletivo em tudo. Me desagrada ter que sempre ceder a caprichos da necessidade de querer agradar/ser validado. Mesmo sendo muitíssimo seletivo, em um duelo em que eu tenho que escolher uma ocasião/pessoa/ambiente/situação na qual tenho que ser seletivo demais ou buscar aprovação, a necessidade de validação ganha de goleada, ainda escolhe sempre as piores opções e eu sempre acabo me ferrando.
- Ser sério quando eu tenho que ser sério. Eu sou exageradamente extrovertido, a ponto de que quando quero falar sério com alguém, não sou levado a sério. Eu não tenho habilidade de ser sério quando é para ser sério ou ser extrovertido/divertido quando é para ser extrovertido. Ser implosivo demais, quando, na verdade, essas situações seriam ótimas situações para explorar o meu lado extrovertido, mas geralmente nunca funciona assim. Eu implodo quando é para ser di-

vertido/extrovertido e sou extrovertido em muitas situações nas quais eu deveria ficar em silêncio.

- Falta de ânimo pela vida, falta de libido, desinteresse em querer socializar e fazer amigos (eu só quero ficar só).
- Tenho hipersensibilidade a muitas coisas: sons/ruídos altos, sinto dor de cabeça ao tomar um açaí gelado (por exemplo), passo mal no meio de aglomeração de pessoas, sinto muito calor quando pessoas normais dizem que o clima está bacana (como um frango no micro-ondas quando a temperatura já é 28 ºC).
- Em aglomerados de pessoas, meu corpo absorve a energia negativa das pessoas negativas.
- Dificuldade absurda em ENCERRAR ciclos sociais (amizades e relacionamentos amorosos e/ou profissionais).
- Ser muito impulsivo em algumas ocasiões.
- Ser compulsivo por gastar (principalmente, quando tenho dinheiro suficiente para me achar o *Rei da cocada preta* e sair gastando sem controle nenhum).
- Dificuldade absurda em saber lidar com gestão de tempo, prazos, metas, objetivos etc.
- Sensação de que sou inútil por não conseguir gerir meus próprios recursos e, quando isso acontece (gatilho), entro na fase da depressão bipolar.
- Não ter controle sobre o próprio salário, gastando dinheiro de forma compulsiva, impulsiva e displicente.
- Dói ser chamado de homem ou adulto e é prazeroso ser chamado de menino, garoto, guri, rapaz, moço (deve ter alguma relação com algo que foi ausente na infância ou algo que tive em excesso). Quando alguém me repreende e diz que eu sou um "palhaço", imaturo, infantil, isso me causa dor e muito desconforto.
- Elevar a minha autoestima, pois ela está na lama atualmente.
- Ser ingênuo demais. Caio em esparrelas (armadilhas) com uma facilidade absurda, que até mesmo quem é cego consegue escapar.
- Bruxismo ao dormir.
- Se contentar e/ou se iludir com migalhas afetivas, como um emoji de coração ou emoji carinhoso, reagir a uma foto ou comentário, ou mensagem com um coração, ou com "Amei" ou com um "haha" o " 😂😂😂".

- Querer ser detalhista e perfeccionista ao extremo (não me causa tanto incômodo assim, apesar de ser chato).
- Crença de não merecimento. Exemplo: ao ver uma moça muito atraente, antes de flertar com ela, a vejo caminhando e, de repente, tira da bolsa a chave de um carro, ao perceber que ela tem um veículo e eu ando de ônibus/Uber, vem a crença de que ela merece alguém melhor do que eu. Ausência de amor-próprio. Insegurança, medo e/ou vergonha de falar em público ou, até mesmo, de se expor quando é necessário.
- Dificuldade de impor limites. Não saber a hora de começar, nem a hora parar e nem o momento de sair de certas situações. E quando sei a hora/o momento, eu simplesmente travo por medo de machucar ou desagradar alguém.

Conclusão

Finalmente, à medida que o desconhecimento e a aceitação aumentam, estou mais convencida de que as estimativas atuais de prevalência na crise do autismo continuarão mudando e aumentando, e que muitos subtipos serão identificados. Meu objetivo final e mais amplo ao escrever este capítulo é mudar o entendimento, com a aceitação e as atitudes, em benefício dos indivíduos autistas que já sofrem com efeitos e consequências devastadores dos enganos históricos e impedir que isso ocorra com outros, pelo aumento do conhecimento sobre o tema.

O diagnóstico de autismo e catatonia, a formulação psicológica de seu perfil de autismo subjacente e os fatores de estresse e recomendações capacitaram o(a) paciente a validar as dificuldades, se entender melhor e ajustar suas expectativas e objetivos. A aplicação da abordagem psicoecológica é o divisor de águas na vida das pessoas com transtorno do espectro autista (TEA) quando recebem o diagnóstico diferencial de autismo e catatonia.

A abordagem **psicoecológica** no contexto do transtorno do espectro autista (TEA) foca na compreensão e intervenção a partir da **análise dos fatores de estresse** presentes no ambiente de um indivíduo autista, relacionando-os ao seu perfil único de autismo. O principal objetivo é capacitar a pessoa com TEA a desenvolver **estratégias de enfrentamento e autogestão** baseadas nesse conhecimento.

A abordagem psicoecológica reconhece que as dificuldades experienciadas por pessoas autistas não são apenas intrínsecas ao transtorno, mas também são significativamente influenciadas pela **interação entre o indivíduo e seu ambiente**. Ao identificar como certos ambientes, situações ou estímulos atuam como gatilhos de estresse, é possível criar intervenções personalizadas que visam modificar o ambiente, desenvolver habilidades de regulação emocional e promover a autonomia.

Essa abordagem se diferencia por ir além do tratamento dos sintomas isolados, buscando uma compreensão mais profunda da **dinâmica entre a pessoa autista e seu ecossistema**, seja ele familiar, escolar ou social.

Os componentes mais importantes de abordagem psicoecológica são a análise dos possíveis fatores causais de estresse relacionados ao seu perfil individual de autismo e a sua capacitação para usar esse conhecimento a fim de desenvolver estratégias de enfrentamento e autogestão.

Referências

APA – AMERICAN PSYCHIATRIC ASSOCIATION. *Diagnostic and Statistical Manual of Mental disorders*. 5. ed. Washington: APA Press, 2013.

AMERICAN PSYCHIATRIC ASSOCIATION. *Manual diagnóstico e estático de transtorno mentais-DSM-5*. Porto Alegre: Artmed, 2014.

BOSA, C.; CALLIAS, M. Autismo: breve revisão de diferentes abordagens. *Psicol. Reflex. Crit.*, v.13, n1, 2000. Disponível em: https://www.scielo.br/j/prc/a/4b8ymvyGp8R4MykcVtD49Nq/?lang=pt. Acesso em: 17 jun. 2025.

BRASIL. Diretrizes de Atenção à Reabilitação da Pessoa com Transtornos do Espectro do Autismo (TEA). Brasília: Ministério da Saúde, 2014. 86 p. ISBN 978-85-334-2089-2

INEPAN. Instituto de Neuropsicologia do Amazonas. Disponível em: www.inepam.com.br. Acesso em: 17 jun. 2025.

TELESSAÚDERS-UFRGS. *Como identificar a possibilidade de transtorno do espectro de autismo (TEA) precocemente na atenção primária?*. Porto Alegre: UFRGS, 2020.

CAPÍTULO 32

Um outro olhar para o autismo

Revelando a estrutura por trás dos sintomas

O texto propõe a compreensão ampliada do TEA, indo além dos sintomas descritos nos manuais diagnósticos, considerando a estrutura psíquica e experiências subjetivas sob a ótica da psicopatologia fenomenológica, que entende o autismo como uma alteração estrutural da existência humana, com desequilíbrios nas proporções dialéticas da psique: intersubjetividade, corporeidade, espacialidade e temporalidade.

Cynthia Mazzoni Magalhães

CYNTHIA MAZZONI MAGALHÃES

Psicóloga, Neuropsicóloga, Mestre em Distúrbios do Desenvolvimento pela Universidade Presbiteriana Mackenzie com foco no Transtorno do Espectro Autista (TEA) e estudante da pós-graduação em Psicopatologia Fenomenológica pela Faculdade de Ciências Médicas da Santa Casa de São Paulo.

Contatos: mazzonipsi@gmail.com
Instagram: @mazzonipsi

O número de crianças diagnosticadas com transtorno do espectro autista (TEA) tem aumentado consideravelmente nos últimos anos. De 1 em 166 nascidos, no ano de 2004, passou para 1 em 36 nascidos no ano de 2024, aumentando assim a prevalência de 0,6% para 2,8% em 20 anos, segundo os dados divulgados pelo Centro de Controle e Prevenção de Doenças (CDC). É sabido do aumento da população mundial, melhoria dos instrumentos de avaliação, além da inclusão de adultos na pesquisa diagnóstica desse transtorno. As meninas têm também sido reconhecidas no espectro, aumentando assim a incidência. Diante desse crescimento, deve-se questionar como ocorre essa avaliação e percepção do transtorno na singularidade, observando não somente os sintomas descritos nos manuais, mas principalmente o funcionamento de suas estruturas psíquicas fundantes.

Diante dos índices diagnósticos em expansão, é importante compreender essa população em suas experiências singulares, não somente a partir das características apresentadas nos manuais. Assim, com auxílio do *Manual diagnóstico e estatístico de transtornos mentais* – 5ª ed. (DSM-5-TR) e a Classificação Estatística Internacional de Doenças e Problemas Relacionados à Saúde (CID 11), pretende-se discutir o conceito de autismo na percepção da psicopatologia fenomenológica estrutural (PFE), pensando as estruturas apresentadas em indivíduos com esse transtorno e observando os fenômenos e vivências psicológicas transtornadas para exploração aprofundada por meio da compreensão dialético-essencialista e seus conceitos fundamentais: essência, proporção dialética e estrutura (Messas & Fukuda, 2018).

A CID 11 e o DSM-5-TR unificam os conceitos de autismo adotando a mesma nomenclatura: TEA. Estipulam especificadores que identifiquem "limitações concomitantes em habilidades de linguagem intelectual e funcional, que são fatores importantes na individualização apropriada de suporte", marcando as necessidades individuais de apoio. As subdivisões passaram a ser apenas relacionadas a prejuízos na linguagem funcional e deficiência intelectual, adicionando as comorbidades ou características clínicas adicionais.

Percebe-se que os manuais descrevem as características comportamentais do transtorno, focando no déficit da interação social, na comunicação e comportamentos repetitivos, atividades e interesses restritos e estereotipados, sendo entendido como um espectro, que abrange o contexto social em que está inserido, a gravidade da condição autista, o nível de desenvolvimento, idade cronológica e necessidade de apoio (APA, 2014). Os sinais e sintomas só podem "tornar plenamente manifestos até que as demandas sociais excedam as capacidades limitadas" (APA, 2014), ou seja, as características do autismo só ficam evidentes quando as relações sociais se iniciam, o que ocorre por volta dos 24 meses, quando as crianças passam a perceber-se como sujeitos na relação com os outros.

Na perspectiva da PFE, entende-se a idade de 24 meses como o início das relações intersubjetivas, sendo essa uma proporção/função da estrutura psíquica como um todo, que se divide em mais três outras partes: corporeidade, espacialidade e temporalidade. Por meio dessa perspectiva, o interesse está na experiência vivida por essa estrutura lançada ao mundo, buscando olhar para a ontologia do transtorno, ou vivência transtornada, considerando que os aspectos dialéticos das proporções podem estar alterados desde o princípio da vida e essas alterações desequilibram todas as funções da estrutura. Desse modo, o transtorno é percebido como "uma alteração de toda a existência e não alterações isoladas de funções psíquicas" (Ceron-Litvoc 2022), assim, quando uma das proporções (temporalidade, espacialidade, corporeidade ou interpessoalidade) se mostra alterada, todas as outras também se alteram, dificultando, com isso, o desenvolvimento saudável.

Ressalta-se que a estrutura psíquica da criança é proporcionalmente diferente da estrutura do adulto em virtude das vivências já experimentadas pela estrutura madura, por isso, a criança necessita da relação intersubjetiva para conhecer o mundo e expandir os elementos de espaço e tempo, criar memórias e se estruturar como sujeito. Assim, é necessário um olhar diferenciado para essa fase da vida, bem como para o início da vida em que o bebê chega ao mundo dependente da ação do outro, responsável por propiciar um ambiente saudável.

Na relação com o cuidador, logo ao nascer, o bebê se apoia na estrutura madura para se desenvolver (relação intersubjetiva) e conhecer o mundo em que está chegando. Mas, para que esse apoio aconteça, é necessária a sintonia entre o cuidador/mãe e o bebê, e essa sintonia é denominada por D. W. Winnicott como simbiose, período em que mãe/bebê se fundem em uma só existência, estabelecendo as bases da personalidade, da saúde psíquica e, por meio delas, a peculiar relação bebê/mãe acontece (Dias, 2003).

Após o período de simbiose absoluta, o bebê ganha estrutura, se percebe sujeito mediante as memórias adquiridas com as experiências, sendo percebido na PFE como um momento relevante da existência, pois, se entende que a estrutura psíquica que se constrói é própria da subjetividade humana, se desenvolvendo desde o nascimento. E é por meio dela que a consciência de si e do mundo se expande, gerando condições de possibilidades singulares para conquistar uma "consciência situada estável e permanente para que se possa compreender uma vida particular" (Messas, 2010), desenvolver a percepção de si (corpo), do outro (intersubjetividade), do tempo (temporalidade) e do espaço circundante (espacialidade).

Voltando ao período da infância em que as estruturas ainda estão imaturas, percebe-se que é por volta de dois anos que as crianças estabelecem relações intersubjetivas conscientes, aumentando as demandas sociais, o que, segundo DSM-5-TR, é o período de maior evidência dos sintomas de TEA. Entende-se, então, que as dificuldades do sujeito com TEA podem estar relacionadas com a intersubjetividade e a dificuldade na sintonia com o mundo relacional. Contudo, é importante lembrar que na dialética da PFE há a necessidade do equilíbrio na estrutura psíquica, assim, no momento em que uma proporção estrutural está alterada, as outras também serão impactadas. Se a intersubjetividade no sujeito com TEA está alterada, as outras proporções – corporal, temporal e espacial – também apresentarão alterações.

Com o intuito de ampliar a compreensão do leitor, detalharemos essas proporções dialéticas, a começar pela proporção da intersubjetividade, afinal é com ela que nos constituímos sujeitos.

Intersubjetividade

Sabe-se que a pessoa com autismo apresenta dificuldade na sintonia necessária para perceber e compreender o mundo, com suas regras e dinâmicas em movimento, assim, o meio externo se mostra incompreensível, pois não consegue lê-lo. Diante da não compreensão, retrai-se em sua individualidade, levando à diminuição ou não abertura (trocas) com o mundo externo, e essa abertura é necessária para percepção do outro e até de si mesmo. Assim sendo, a relação fica distanciada e dominada pela experiência interna.

Além do distanciamento, há uma fragmentação da percepção das experiências, ou seja, cada momento vivido é único e não se junta com o momento seguinte, com isso, a relação interpessoal não é compreendida e acaba sendo vista de forma instável "com aproximações e distanciamentos, continuidades e ausências constantes" (Ceron-Litvoc, 2022), gerando um desejo do afastamento da relação intersubjetiva e uma priorização da relação com os objetos que são constantes e imutáveis, diferente das pessoas que mudam sempre. A constância dos objetos promove segurança em virtude da possibilidade de compreensão e memorização do todo, e não de fragmentos dele, como ocorre na relação interpessoal, por isso, prioriza "seu mundo íntimo, restringindo o contato por distanciamento e diminuição" (Ceron-Litvoc, 2022).

Entendendo que a proporção intersubjetiva está alterada e que há o maior domínio do mundo interno, alguns comportamentos incomuns aparecem, como, por exemplo, o "monólogo", fala na terceira pessoa, brincadeiras solitárias etc., comportamentos que ocorrem em função do não reconhecimento da relação intersubjetiva, não compreensão da intencionalidade do outro (regras sociais) e da percepção fragmentada das sensações próprias e do outro, deixando a relação sem sentido, e sem compreensão das intenções próprias e do outro. Percebe-se aqui o distanciamento por dificuldade na relação e não falta de desejo em estar no grupo, por isso, muitas vezes, é importante essa "leitura" vir de fora para mediar a relação.

Corporeidade

As proporções de intersubjetividade e corporeidade são as primeiras a se desenvolverem no indivíduo, afinal as relações subjetivas se dão pela via do corpo, pois é por meio dele que as relações com o mundo acontecem, desse modo vai adquirindo significado próprio conforme se desenvolve. Contudo, o autista apresenta dificuldade em sintonizar o mundo, que, por sua vez, é percebido de forma fragmentada. Então, o corpo físico também será percebido de forma alterada/fragmentada, perdendo o sentido de existência, ficando desinvestido de significados, sentido como um "bloco" no espaço, um todo "estranho", um instrumento das próprias necessidades ou sensações, que, por vezes, também não são reconhecidas, haja vista a dificuldade do controle do esfíncter em alguns casos.

A fragmentação no corpo pode ser também observada nas sensações e nos sentidos que não se sincronizam como um todo nas interações com o meio, um se sobressaindo em relação aos demais. Ao mesmo tempo, torna-se desnorteante prestar atenção à simultaneidade de expressões sensoriais provenientes de um mesmo interlocutor ou de um ambiente (Grandin

& Panek 2015). Essas alterações são entendidas como crises sensoriais (*shutdown*) e ocorrem em função da fragmentação da sensação do corpo, portanto o mundo íntimo está restrito ao contato por distanciamento, diminuição e fragmentação dessa percepção do externo, ficando reduzido ao contato imediato das necessidades, sem objetivo ou desejo (Ceron-Litvoc, 2022).

Em alguns casos, aparece o uso do corpo do outro como instrumento para alcançar algo. Isso ocorre, pois o autista não tem percepção do corpo do outro na totalidade (aquele braço não é a mãe, é só um braço), percebendo como partes fragmentadas do outro; quando brinca com partes do objeto e não com o todo, também está observando os fragmentos e não o todo, tentando, muitas vezes, fazer a síntese desses objetos (sejam eles os corpos com quem interage ou os objetos que manipula).

Resumindo, entende-se que a alteração na corporeidade está relacionada à fragmentação da percepção de si e do outro, dificultando a síntese e a compreensão dos "sinais corporais" que possam indicar alterações, tanto em termos sensoriais como subjetivos, já que a síntese dos elementos da relação é de difícil compreensão e está fragmentada e sem sentido.

Espacialidade

A noção de espacialidade é colocada aqui propositadamente para mostrar a dimensão espacial desses corpos, pois é por meio do corpo que se experimenta e sente o meio (espaço). O corpo está inserido em um espaço físico e constitui em si um volume no espaço, se manifestando como forma tanto física, concreta, como sensorial. Esse corpo no espaço experimentará os objetos, os espaços com os quais se relaciona de forma misturada, sem diferenciação entre o próprio corpo e o local onde está inserido, então "cada ação cria uma vivência de espacialidade distinta, de forma que não há a possibilidade de se constituir a vivência de um espaço estável com leis uniformes" (Ceron-Litvoc 2016).

A fusão entre corpo e espaço é uma construção da espacialidade que se inicia por volta dos dois a três meses de vida. Nessa fase, a cama do bebê parece ter "espinhos", pois ao adormecer no colo dos cuidadores e ser colocada no berço, a criança frequentemente chora. Esse acontecimento evidencia uma fragmentação típica e esperada para a idade, já que a troca de espaço ainda é percebida como estranha – o ambiente ao redor permanece desconhecido. Com o tempo e por meio de experiências repetidas, esses espaços vão sendo gradualmente apreendidos e memorizados pela intersubjetividade e corporeidade, estruturas já desenvolvidas. No entanto, em indivíduos com TEA, esse processo de memorização pode não ocorrer de maneira esperada. O espaço é percebido de forma fragmentada, como partes isoladas e desconectadas, focadas apenas no momento presente. Essa percepção desorganizada e, muitas vezes, aversiva pode gerar um intenso desgaste sensorial.

O espaço aqui referido não é apenas o externo, mas também a percepção de si, da própria intimidade, chamado de espaço interno, e na percepção do TEA, os espaços internos e externos estão muitas vezes colados. Ao usar um objeto, corpo e objeto se fundem em si, não havendo separação entre os dois, por isso a presença ou ausência de um elemento no espaço pode ser sentida como uma invasão ou uma ruptura de seu mundo interno. Com isso, a exploração do meio externo também fica empobrecida, presa em um só aspecto que traz segurança, afinal o todo não é apreendido com a captação imediata e natural, ela ocorre por meio da ação isolada, sem sentido e sem continuidade, não obtendo nessa somatória um todo lógico, assim não conquista o aprendizado necessário pela ação, e a vivência biográfica fica sem sentido.

Diante da não apreensão da ação, há a necessidade da repetição de forma padronizada para que a memória e a lógica criem um padrão seguro. Mas, por vezes, esses padrões se quebram e aquilo que era considerado estável, seguro e permanente já não é mais, mudou, levando à necessidade de nova adaptação, que, diante do pensamento rígido e padronizado, é uma dificuldade, necessitando permanecer mais uma vez na rotina do presente.

Temporalidade

No corpo, as relações com o mundo se estabelecem, contudo, o corpo é percebido de forma fragmentada, consequentemente as experiências serão sentidas também dessa forma, gerando a necessidade de se fixar no presente momento. O não sincronizar com o ritmo biológico do corpo ao longo do dia, não percebendo as necessidades físicas de sono e vigília, notadas desde cedo nos autistas, é uma forma de presentificação, pois a percepção de tempo, como um fluxo de antes, agora e depois não é compreendido, sendo necessário garantir o agora. As ações são vividas em "blocos" sem conexão entre si, por isso o tempo presente impõe-se de maneira concreta e sem significado, dissociado do antes ou do depois, o que gera a imobilidade no fluxo do tempo e também do comportamento (rigidez cognitiva).

Essa dificuldade de compreensão temporal é percebida quando pessoas com TEA apresentam dificuldade em mudar de tarefa, mostrando a segurança do presente e temendo o depois pela dificuldade de previsão. Coloca-se aqui como exemplo a dificuldade em atividades compartilhadas, quando não conseguem ceder a vez, pois, presos no presente, não conseguem suportar a espera da volta no jogo. O mesmo pode ser observado com os objetos em exploração, pois quando é necessário deixar o objeto, há uma ruptura em sua estrutura, pois não se percebem sem ele (mistura), só o instante imediato é percebido e identificado, o antes e o depois não existem.

Diante do exposto, revela-se a importância de se olhar para as subjetividades a partir de sua estrutura psíquica, não somente para as alterações comportamentais ou biológicas, pois, por meio da compreensão da estrutura, é possível perceber o indivíduo lançado no mundo com suas singularidades e modos de ser. Percebe-se o TEA em sua singularidade e experiências, mostrando como as proporções dialéticas estruturais alteradas impactam diretamente na percepção de si como um sujeito todo corporificado, em suas relações sociais, separação eu/outro (sendo esse outro corpo ou objeto), compreensão ou sintonia com o fluxo temporal, vivendo sempre o presente. Seu modo de estar no mundo está atravessado por essas alterações estruturais, levando à percepção fragmentada do todo e, consequentemente, a dificuldades relacionais, priorizando tantas vezes a relação estável com o objeto e seu mundo interno.

Referências

AMERICAN PSYCHIATRIC ASSOCIATION. *Manual diagnóstico e estatístico de transtornos mentais*: DSM-5-TR. 5. ed. Porto Alegre: Artmed, 2014.

CERON-LITVOC, D.; MESSAS, G. Análise fenômeno-estrutural da espacialidade nos 24 primeiros meses de vida. *Psicopatologia Fenomenológica Contemporânea*, v. 5, n. 2, p. 86-110, 2016.

CERON-LITVOC, D. Psicopatologia diferencial do contato: esquizoides e autistas. *In*: CERON-LITVOC, D. *Fundamentos de clínica fenomenológica*. São Paulo: Manole, 2022.

DIAS, E. O. *A teoria do amadurecimento de D. W. Winnicott*. Rio de Janeiro: Imago, 2003.

GRANDIN, T.; PANEK, R. *O cérebro autista*: pensando através do espectro. Rio de Janeiro: Record, 2015.

MESSAS, G. *Ensaio sobre a estrutura vivida*: psicopatologia fenomenológica comparada. São Paulo: Roca, 2010.

MESSAS, G.; FUNKADA, L. O diagnóstico psicopatológico fenomenológico da perspectiva dialético-essencialista. *Revista Pesquisa Qualitativa*, São Paulo, v. 6, n. 11, p. 160-191, ago. 2018.

SÁ, C. Uma a cada 36 crianças é autista, segundo CDC. *Autismo e Realidade*, 14 abr. 2023. Disponível em: https://autismoerealidade.org.br/2023/04/14/uma-a-cada-36-criancas-e-autista-segundo-cdc/. Acesso em: 8 jan. 2025.

CAPÍTULO 33

A suportável leveza de ser TEA nível 1

Relatos de vivências na psicoterapia

Relato o caso de Oliver, que recebeu diagnóstico de TEA nível 1, o que promoveu um novo olhar psicoterapêutico: foco em autoconhecimento, autonomia, habilidades sociais, manejo de ansiedade e controle de comportamentos repetitivos. Tendo como base a Terapia Cognitivo-Comportamental (TCC), o desenvolvimento de Oliver ocorre a partir das técnicas de psicoeducação e intervenções comportamentais personalizadas para suas necessidades.

Sirlon Martins da Silva

SIRLON MARTINS DA SILVA

Psicólogo, com formação em Terapia Cognitivo--Comportamental. Especialista em Neuropsicologia e Neuropsicopedagogia. Tem oito anos de experiência como avaliador e psicoterapeuta de crianças e adolescentes com transtorno de Neurodesenvolvimento. Professor de Educação Básica por mais de 20 anos, com experiência da Educação Infantil ao Ensino Médio. Professor de Educação Especial na Apae de Divino por seis anos. Atuou como Especialista em Educação na Rede Pública por oito anos. Formado em Letras. Especialista em Educação e Educação Inclusiva. Palestrante e Capacitador com ampla experiência. Escritor de livros infantis. Professor de Ensino Superior no curso de Psicologia do Centro Universitário Univértix de Matipó/MG. Atualmente, cursa o Mestrado em Educação na Universidade Federal de Ouro Preto/MG.

Contatos: sirlonsemiotica@hotmail.com
Instagram: @sirlonmartins
32 99912 6882

Introdução

Desde a publicação da 5ª edição do *Manual diagnóstico e estatístico de transtornos mentais- DSM-5-TR*, muitos estudos científicos têm sido feitos sobre o autismo, que nesse manual vem com a nomenclatura transtorno do espectro autista (TEA). Percebe-se uma diversidade de manifestações dos sintomas, variando em intensidade e dimensão de uma criança para outra, o que torna o transtorno muito distinto: daí a adoção da nomenclatura "espectro autista".

A psicoterapia com crianças diagnosticadas com TEA apresenta desafios únicos e requer uma abordagem personalizada para alcançar os melhores resultados. Este trabalho tem como objetivo explorar as peculiaridades da psicoterapia com autistas de nível de suporte 1, com foco nas características específicas ao aspecto subjetivo da criança atendida e nas estratégias terapêuticas mais eficazes.

O diagnóstico e seus desafios

O TEA é uma condição neurobiológica caracterizada por dificuldades na comunicação e interação social, além de comportamentos repetitivos e interesses restritos. O *DSM-5-TR* (*Diagnostic and statistical manual of mental disorders*, 5ª edição, texto revisado) fornece os critérios diagnósticos para o TEA, que incluem dificuldades persistentes na comunicação e na interação social em múltiplos contextos; padrões restritos e repetitivos de comportamento, interesses ou atividades; presença dos sintomas desde o início do desenvolvimento; e os sintomas causam prejuízo clinicamente significativo nas áreas social, ocupacional, escolar, entre outras.

Dessa forma, a psicoterapia com crianças dentro do TEA exige um olhar personalizado, promovendo intervenções únicas e adaptadas às necessidades e ao sofrimento de cada criança.

O *DSM-5-TR* considera essas especificidades ao implantar a nova nomenclatura do autismo. O manual promove foco na necessidade do sujeito, enfatizando a importância do apoio e da intervenção adequados para cada pessoa com TEA. Nesse sentido, o desenvolvimento das psicoterapias vai para além do atendimento para adaptação às funcionalidades sociais ou institucionais. Ele busca, a partir das habilidades e potencialidades da criança, alternativas para superação de fragilidades e vulnerabilidades da criança.

Quando pensamos na pessoa dentro do TEA, com nível de suporte 1, percebemos tratar-se de pessoas com menor necessidade de suporte para realização de suas funcionalidades, apresentando maior autonomia em comparação com outros níveis do espectro. Em muitos casos, as habilidades cognitivas são preservadas, a linguagem está desenvolvida, contudo, ainda encontram dificuldades para organizar seu pensamento e aplicar de forma adequada e coerente suas habilidades de comunicação.

A pessoa com TEA no nível de suporte 1 pode enfrentar desafios ligados à interação social, com dificuldades na realização do jogo social. Também é desafiador lidar com questões cognitivas do campo abstrato e, embora tenham as habilidades cognitivas preservadas, encontram desafios para organização do pensamento e para expressá-lo de forma coerente.

Oliver e suas dores na barriga

Oliver,[1] de 10 anos, chega ao consultório encaminhado pelo Programa de Saúde da Família do bairro, após vários exames por conta de dores abdominais constantes, descontrole emocional, dificuldade em lidar com a visita de seu pai. Como já havia passado por vários exames, inclusive de imagens e, aparentemente, não havia razões fisiológicas que explicassem suas dores, o médico responsável recomendou um acompanhamento psicológico com hipótese diagnóstica de ansiedade, como alternativa antes de possíveis intervenções invasivas.

No consultório, o relato da responsável por Oliver correspondia a um quadro clínico de ansiedade. Porém, já no primeiro contato com Oliver, sua dificuldade em sustentar o discurso e manter coerência em sua fala chamou atenção. Durante o encontro, Oliver tomava água constantemente,

1 O nome é fictício para preservar a identidade da pessoa atendida. O caso é narrado com autorização dos responsáveis. Mantemos aqui apenas as características e os sintomas ligados ao TEA.

tinha um olhar vago, sendo de pouco contato visual. Apresentava uma forma peculiar de passar um dedo sobre o outro constantemente, circulando o indicador sobre o polegar repetidas vezes. Ao sugerir que fizessem um exercício de respiração para relaxamento, Oliver reclamou do barulho do ar entrando em seu nariz. Outro fato que aguçou a atenção ao caso.

Para Bennie (2019), temos um sentido responsável para promover o entendimento do que ocorre internamente em nosso corpo, a interocepção. É esse sentido que nos leva a compreender todas as sensações internas como fome, sede, funções fisiológicas excretoras, respiração.

A interocepção representa uma função sensorial complexa, que auxilia na percepção de informações viscerais, alcançando a percepção consciente. Trata-se da percepção das sensações físicas internas, relativas ao funcionamento dos nossos órgãos (Furtuoso, 2023).

Ela permite compreender funções como fome e sede. A disfunção implica o não reconhecimento dessas funções. Para Oliver, ter fome, ou sede, representava uma dor.

No segundo encontro com Oliver, as falas continuaram desconexas. Ele não conseguia dar sequência ao diálogo, respondia às perguntas com assuntos que não faziam sentido, começava um assunto e não terminava. Apresentou dificuldade em realizar o jogo social. Percebi que não falava de amigos ou colegas da escola. Na entrevista inicial, quando perguntei sobre amizades, a mãe relatara que eles "não são de sair." E que "em casa Oliver brinca muito sozinho e só responde aos irmãos depois de muito insistirem com ele".

Quando finalizamos esse encontro, na recepção, Oliver disse para a mãe: "por favor, faz strogonoff com taioba pra mim?!" Como achei inusitado, perguntei à mãe novamente sobre seus hábitos alimentares. A mãe, então, disse que Oliver não consegue ingerir alimentos brancos: arroz, queijo, leite puro, clara de ovo, purê de batata. Tudo precisa ser "colorido", para que ele consiga comer. E apresenta essa questão com alimentos desde o início da infância.

No terceiro encontro, Oliver aparece, pela terceira vez, com a mesma roupa: mesma sandália, mesma bermuda, mesma camisa. Então, ainda na recepção (que estava vazia), comentei com a mãe sobre o vestuário de Oliver. Ela então comenta que sempre foi assim: Oliver exige sempre as mesmas roupas, ela precisa comprar três, quatro unidades da mesma camisa, da mesma bermuda. Que se sente incomodado com lençol, com toalha de banho.

Nesse momento, sugiro que tenhamos um momento em particular no consultório. Enquanto explico para ela sobre o transtorno do espectro autista, ambos percebemos a inquietação de Oliver na recepção, por ter que esperar. Ela justifica dizendo que para ele é muito difícil aceitar quando "as coisas não acontecem como é falado para ele". E, mediante a configuração de todas as nossas observações, sugiro uma avaliação para investigação de TEA.

A partir dos sintomas observados, considerando os relatos da mãe e da escola, elaboramos um processo de Avaliação Neuropsicológica[2] que evidenciou a ausência de outros transtornos. Posto isso, encaminhamos Oliver ao neuropediatra para confirmar nossa hipótese diagnóstica: transtorno do espectro autista nível de suporte 1. E, a partir daí, iniciou-se um novo olhar sobre o processo psicoterapêutico de Oliver.

A Terapia Cognitivo-Comportamental e o TEA

A TCC[3] tem se mostrado eficaz no tratamento de indivíduos com TEA nível de suporte 1. As áreas de foco podem incluir: autonomia e independência (promoção da capacidade de realizar tarefas diárias de forma independente); treino de habilidades sociais (desenvolvimento de habilidades para interações sociais mais eficazes); redução e manejo de comportamentos repetitivos; manejo de ansiedade (estratégias para lidar com a ansiedade e o estresse); psicoeducação dos responsáveis; apoio ao ambiente escolar.

Cada criança com TEA nível de suporte 1 tem uma combinação única de potencialidades e fragilidades. Por isso, pensar em cada pessoa como única, ao desenvolver o plano terapêutico, é fundamental. A eficácia da psicoterapia depende, também, da capacidade de personalizar as intervenções para atender às demandas específicas. Sempre o objetivo principal será promover o desenvolvimento e o bem-estar, equilibrando as potencialidades e o contexto com as fragilidades, para alcançar uma qualidade de vida satisfatória.

Para Oliver, nossas estratégias por meio da TCC foram inicialmente o trabalho de psicoeducação com a responsável sobre o TEA e o suporte necessário para a criança. É importante lembrar que Oliver não apresentou prejuízos intelectuais, o que foi muito favorável em todo seu processo de aprendizagem.

Em seguida, trabalhamos sobre controle de ansiedade, com técnicas alternativas de relaxamento, proporcionando a Oliver a confiança e segurança para realizar tudo no seu próprio tempo. Paralelamente ao controle de ansiedade, fizemos uma intervenção comportamental, sugerindo a adoção de quadro de rotinas diárias.

2 Por não ser nosso objetivo neste capítulo, não detalharemos o processo de Avaliação Neuropsicológica.

3 Em síntese, a Terapia Cognitivo-Comportamental (TCC) é uma terapia focal, baseada no modelo cognitivo que trabalha a reestruturação cognitiva e comportamental, por meio de sessões estruturadas, buscando o bem-estar do cliente (Rangé, 2011).

Por meio de técnicas de exposição gradual e *role play*,[4] iniciou-se o processo de avanços nas habilidades de comunicação e habilidades sociais de Oliver: recordar situações vividas na escola e em casa, repensar novas formas de agir, criar roteiros para situações cotidianas como cumprimentar as pessoas, agradecer, pedir ajuda, entre outras ações.

Considerações finais

A psicoterapia com indivíduos diagnosticados com TEA nível de suporte 1 requer uma abordagem personalizada e uma compreensão profunda das características e necessidades desses indivíduos. Em cada caso, o olhar do profissional precisa ser único, na busca de potencialidades que podem ser aliadas no processo de superação das fragilidades.

A implementação de estratégias específicas da TCC pode promover a autonomia, melhorar as habilidades sociais e de comunicação, e reduzir comportamentos desafiadores, resultando em uma melhor qualidade de vida.

Referências

AMERICAN PSYCHIATRIC ASSOCIATION. *Diagnostic and statistical manual of mental disorders, 5th Edition, Text Revision (DSM-5-TR)*. Arlington: American Psychiatric Association, 2022.

BENNIE, M. *Interocepção e autismo*: desafios da consciência corporal. 2019. Disponível em: https://autismawarenesscentre.com/interoception-and-autism-body-awareness-challenges-for-those-with-asd/. Acesso em: 4 maio 2025.

FERNANDES, C. S.; TOMAZELLI, J.; GIRIANELLI, V. R. Diagnóstico de autismo no século XXI: evolução dos domínios nas categorizações nosológicas. *Psicologia USP*, v. 31, p. e200027, 2020.

FURTUOSO, P. *Teoria da integração sensorial na aprendizagem de crianças com transtorno do espectro autismo*. Maringá, 2023. Disponível em: https://ppe.uem.br/teses-e-dissertacoes-1/teses-1/2023/2023-patricia-furtuoso.pdf. Acesso em: 4 maio 2025.

RANGÉ, B. *Psicoterapias cognitivo-comportamentais*. 2. ed. Porto Alegre: ArtMed, 2011. E-book.

4 Ou dramatização, é uma técnica que consiste em simular situações reais para treinar e modificar comportamentos, pensamentos e emoções. Os pacientes assumem papéis específicos e atuam em cenários que podem reproduzir situações difíceis que enfrentam na vida cotidiana, permitindo-lhes praticar novas formas de reação e resolução.

CAPÍTULO 34

A jornada Down: entre desafios e doçuras

As dualidades da Síndrome de Down

Neste capítulo, convido você a mergulhar, com leveza, em uma história de amor verdadeiro. Vamos falar sobre a convivência e o cuidado com uma princesa muito especial: Clara. Ela tem Síndrome de Down e enfrenta importantes desafios em suas habilidades cognitivas e motoras. Compartilharei aqui um breve relato do trabalho terapêutico que desenvolvemos. E, é claro, não poderiam faltar algumas das preciosas "pérolas" com as quais ela nos presenteou ao longo das sessões.

Fabiana Marques Pedrosa Azevedo

FABIANA MARQUES PEDROSA AZEVEDO

Contadora de histórias, esposa do Francisco e mãe do Samuel, da Elisa e do José, seu filho do coração. Atua como Neuropsicopedagoga Clínica e Institucional, Psicopedagoga Clínica e Institucional, com graduação em Pedagogia e Educação Especial e Inclusiva. Pós-graduada em Contação de Histórias e, atualmente, está concluindo a formação em Musicoterapia. É sócia do Espaço TerapeuTEAr, Espaço de Desenvolvimento Infantil. Ao longo de 25 anos, dedicou-se com muito amor à Escola Municipal Antônio Franco Laviola, onde idealizou o 1º Chá Literário da Educação Infantil. Hoje, segue sua missão como professora de Apoio em Comunicação, Linguagem e Tecnologia Assistiva na Escola Estadual "Santo Agostinho", com foco no atendimento e inclusão dos estudantes TEA. Sua caminhada é guiada pela empatia, pela escuta sensível e pelo compromisso com a transformação por meio da educação, da arte e do afeto.

Contatos: Neuropsicofabiana1@gmail.com
Instagram: @tiafabicontahistorias
32 99822 1176

A Síndrome de Down é uma condição genética caracterizada, além das alterações fenotípicas, por um perfil neuropsicológico que envolve déficits na linguagem expressiva, dificuldades de processamento cognitivo e desafios nas funções executivas, como planejamento, autocontrole e flexibilidade cognitiva (Fidler *et al.*, 2008).

Acompanhar o desenvolvimento de uma criança com Síndrome de Down é uma experiência singular, repleta de descobertas, aprendizados e uma conexão emocional profunda. Essas crianças têm um ritmo próprio para crescer e aprender, e encantam com uma personalidade geralmente marcada por afeto, resiliência e uma alegria contagiante – traços que florescem com a presença do cromossomo extra. No entanto, há também comportamentos disruptivos como teimosia, resistência a mudanças, frustração frequente ou até mesmo comportamentos agressivos, tornando a jornada terapêutica ainda mais desafiadora.

O ponto crítico é justamente este: "o que é esperado para o nível de desenvolvimento". Na deficiência intelectual, e especialmente na SD, o nível de desenvolvimento cognitivo e socioemocional é tipicamente inferior à idade cronológica, o que pode gerar comportamentos desafiadores, muitas vezes impulsionados por frustração, dificuldade de comunicação ou baixa compreensão das normas sociais. Estudos recentes mostram que, embora comportamentos desafiadores sejam relativamente comuns em indivíduos com SD, a prevalência de diagnósticos formais de TOD é significativamente menor do que em populações com transtornos do espectro autista (TEA) ou com transtorno de déficit de atenção/hiperatividade (TDAH) (Capone *et al.*, 2006).

Sendo assim, os desafios terapêuticos somam-se à doçura do atendimento a esses pacientes, pois o quadro clínico pode se manifestar por meio de comportamentos como irritabilidade, agressividade e uma constante resistência a regras ou orientações. Tais atitudes muitas vezes refletem estresse acumulado, dificuldades no ambiente escolar ou tensões no convívio familiar. A missão de apoiar uma criança nessas condições vai muito além da aplicação de técnicas terapêuticas. Exige paciência, empatia e, sobretudo, uma escuta verdadeira – **aquela que não se limita aos comportamentos, mas busca alcançar o coração.**

Em um estudo clássico, Capone *et al.* (2006) analisaram comportamentos disruptivos em crianças com Síndrome de Down e encontraram taxas mais elevadas de comportamentos opositores, mas não necessariamente configurando um transtorno opositor-desafiador formal. O que se observou foi que muitos desses comportamentos **diminuíam quando estratégias de comunicação alternativa, apoio emocional e estruturação ambiental eram implementadas.**

Contudo, é possível enfrentar essas dificuldades por meio de abordagens específicas. O primeiro passo é estabelecer regras que sejam claras e consistentes, acompanhadas de explicações objetivas e acessíveis, para que a criança possa entender as expectativas em relação ao seu comportamento. Além disso, é crucial reconhecer e valorizar comportamentos positivos, uma vez que isso incentiva a criança a repetir as ações desejadas. Essas práticas são recomendadas para a criação de um ambiente que promove o aprendizado e o desenvolvimento, permitindo que, com o tempo, a criança supere os comportamentos desafiadores e continue a desenvolver seu potencial único.

A solução para lidar com essa situação envolve a implementação de uma estratégia equilibrada que combina empatia, uma aplicação consistente de regras e o progresso da valorização, sempre levando em consideração que cada criança é única e, com o suporte protegido, pode superar esses desafios de forma construtiva. Crianças com Síndrome de Down também podem desenvolver comportamentos opositivos e desafiadores, uma condição comportamental comumente observada na infância, especialmente durante a fase escolar.

Há uma linha tênue entre a deficiência intelectual que acompanha a Síndrome de Down e o manejo das emoções. Isso nos provoca a questionar como compreender que uma pessoa com deficiência intelectual possa ser desafiadora, sem necessariamente ser opositora no sentido clínico do termo? A chave está na compreensão do papel da linguagem e da cognição na regulação emocional. Segundo estudiosos da psicologia do desenvolvimento, como Vygotsky, o pensamento verbal é uma ferramenta central para o autocontrole emocional e a internalização de normas sociais.

Na Síndrome de Down, há um conhecido atraso na aquisição e complexificação da linguagem, o que compromete a capacidade de nomear emoções, expressar desejos e compreender limites abstratos. **Assim, comportamentos que parecem desafiadores podem ser, na realidade, expressões primárias de desconforto, frustração ou incompreensão.** Essa perspectiva exige dos profissionais uma escuta ética e sensível: **não se trata de punir a conduta, mas de decifrá-la, compreendê-la e acolhê-la.**

Breve relato das terapias

Clara, atualmente com 13 anos, é carinhosamente chamada de "minha branquela" e frequentemente me trata com a expressão "Baby, can I hold", que repete com entusiasmo durante as sessões de terapia e também na Escola Estadual Joaquim Bartholomeu Pedrosa, onde estuda. Nos dias de atendimento, é comum que os funcionários da escola a cumprimentem com alegria, perguntando se ela está a caminho de ver a "Baby, can I hold", pois o brilho em seus olhos revela a felicidade e o carinho desse vínculo terapêutico.

As atividades na escola têm um significado especial para Clara: ela frequentemente solicita que cantem a música "Baby, can I Hold". Quando novos funcionários, ainda sem conhecimento do contexto, perguntam aos pais sobre essa pessoa ou a razão da música, a explicação é simples e profunda: isso é terapia, isso é amor incondicional. A infância, quando marcada pelos desafios comportamentais, pode ser repleta de dificuldades. No entanto, o amor, evidenciado pela dedicação da família e dos profissionais, consegue transformar essa trajetória em um processo de superação, afeto e construção de laços genuínos.

Clara é uma menina encantadora, especificamente com Síndrome de Down e comportamentos extremamente desafiadores. Há quatro anos, ela recebe acompanhamento de uma equipe interdisciplinar no Espaço TerapeuTEAr, um ambiente que prioriza acolhimento, respeito e cuidado integral com o ser humano. O plano terapêutico elaborado para a minha branquela leva em conta não apenas os aspectos cognitivos e comportamentais, mas também as dimensões emocionais, afetivas e sociais.

Graças a esse trabalho cuidadoso e contínuo, Clara tem demonstrado avanços significativos em sua aprendizagem, desenvolvimento de linguagem, autonomia e qualidade nas relações interpessoais. Seu progresso é um reflexo direto de um ambiente onde coexistem escuta, carinho e comprometimento – pois, acima de tudo, isso também representa amor na forma de cuidado.

A atuação neuropsicopedagógica e psicopedagógica tem como foco disciplinas que visam ao desenvolvimento cognitivo, emocional e comportamental de Clara, sempre respeitando seu ritmo e estilo de aprendizagem. São estratégias lúdicas, estruturadas e personalizadas para abordar aspectos como autorregulação, linguagem, funções executivas e sociabilidade.

Há um apoio direto nas demandas escolares, promovendo a inclusão e a adaptação. A música é utilizada terapeuticamente como um meio para a expressão emocional, organização sensorial e comunicação. Durante as sessões, integram-se canções infantis, instrumentos simples e dinâmicas musicais, criando momentos de alegria, afeto e cooperação. Clara demonstrou uma resposta emocional e comportamental positiva em relação à música, o que facilitou a construção de vínculos e momentos de relaxamento.

Na Interação Familiar com Acolhimento, a prática da escuta ativa, a realização de diálogos regulares, a contação de histórias, os desabafos e as risadas foram elementos essenciais nas sessões. O trabalho abrange o acolhimento emocional, a valorização da individualidade de Clara e uma colaboração eficaz com os pais, garantindo a continuidade do cuidado em casa. A família viu, de maneira marcante, o progresso de Clara, notadamente na comunicação, no comportamento e na afetividade.

É preciso entender que, mais do que distinguir síndromes e transtornos, precisamos distinguir **sujeitos – cada um com sua história, suas lutas e seus modos próprios de estar no mundo, e isso vai muito além de qualquer síndrome ou diagnóstico que possa existir na vida da Clara.**

Em um tempo em que há risco de transformar toda diferença em patologia, talvez o maior desafio não seja o comportamento da criança, mas a nossa capacidade de compreender que, por trás de cada ato desafiador, há sempre um pedido: "me veja, me compreenda, me ajude a me regular".

As pérolas de Clara

Clara apresenta uma sensibilidade particular em relação aos cabelos, o que, muitas vezes, resulta em situações curiosas durante suas interações. Quando Elisa, minha filha, visita o Espaço TerapeuTEAr, é comum que as mãos pequenas de Clara acabem cheias de fios. Em um breve momento de distração ou diversão, alguns cabelos se vão como se fossem uma parte natural de sua forma de se conectar com o mundo.

Na Síndrome de Down, é amplamente documentado um perfil de funções executivas deficitário, que inclui dificuldades na inibição comportamental, no controle emocional e na flexibilidade cognitiva (Fidler *et al.*, 2008). Essas alterações podem levar a comportamentos que, à primeira vista, se assemelham a sintomas do TOD, mas que, na realidade, são manifestações primárias da deficiência intelectual e não evidência de psicopatologia comórbida.

Após o incidente, Clara demonstra ser reflexiva e sensível: pergunta se houve dor, expressa tristeza por Elisa, pede desculpas e, com sua expressividade habitual, questiona o que Elisa fará a seguir. Esse comportamento, embora impulsivo, revela não apenas a profundidade das emoções, mas também sua habilidade de empatia, de considerar as consequências de suas ações e expressar afeto e sinceridade de maneira muito honesta.

Mais do que intervir nesses casos, essa reflexão nos obriga a inverter a lógica clínica tradicional: será a criança com Síndrome de Down que está sendo desafiadora, ou é o ambiente que está sendo incapaz de compreendê-la e acolhê-la? Ao patologizarmos expressões de resistência ou frustração, corremos o risco de transformar legítimos pedidos de ajuda em sintomas, e de mascarar a necessidade urgente de práticas educativas, familiares e terapêuticas mais responsivas às especificidades do desenvolvimento na Síndrome de Down.

Em um outro dia habitual no Espaço TerapeuTEAr, a tia Só, tia de Elisa, passou de carro pela rua e avistou a menina com lágrimas nos olhos devido aos puxões de cabelo de Clara. Movida pela necessidade de entender o que estava acontecendo, decidiu iniciar uma conversa com a Clara. A menina, aguardando o pai buscá-la, acomodada no sofá com as pernas cruzadas, inclinando-se levemente e demonstrando interesse na interação, fixou o olhar na tia. Por sua vez, a tia de Elisa, de maneira divertida, comentou:

— Princesa que puxa o cabelo da outra vai levar chinelada no bumbum!

Ao ouvir isso, Clara respirou profundamente, arregalou os olhos e, com sua habitual espontaneidade, exclamou em voz alta:

— Chinelada no bumbum? Meu Deus do céu, misericórdia! De onde saiu essa louca?

Esse episódio gerou risos entre os presentes e, mais uma vez, evidenciou a personalidade vibrante desta princesa, seu senso de humor e uma inteligência emocional que se revela de forma singular, mesmo nas situações mais inesperadas.

Isso nos leva a pensar que, talvez, o maior desafio não esteja na criança com Síndrome de Down que insiste, resiste ou se opõe, mas na nossa dificuldade, enquanto sociedade e profissionais, de criar espaços onde sua diferença possa ser compreendida, valorizada e acolhida.

Nas terapias agora há uma boneca que, quando Clara está nervosa, peço que pegue e puxe o cabelo dela, porque boneca não sente dor. Bom, já colei a peruca da boneca várias vezes, mas o importante é que as colegas continuam com seus fios de cabelo na cabeça.

Durante uma tarde de atendimento, vivenciei uma situação de oposição com a Clara. Ao nos dirigirmos para a sala, Clara entrou na minha frente e, inesperadamente, trancou a porta por dentro. Alertei-a de que não era permitido trancar a porta, pois isso poderia gerar riscos, inclusive de ela própria ficar presa. Ainda assim, ela não respondeu e fechou completamente a porta, deixando-me do lado de fora. Insisti diversas vezes para que abrisse a porta, mas Clara respondeu de forma tranquila, porém desafiadora:

— Não posso, *Baby, can I hold!* Está trancada.

Apesar dos meus apelos, ela não cedeu. Diante da situação, e preocupada com a segurança, busquei apoio e, com a ajuda do pai, decidi entrar pela janela, que era estreita e um pouco elevada. Por um momento, senti-me presa e sem alternativas. Enquanto eu tentava entrar, Clara permaneceu sentada no puff, me observando e dizendo que eu era "doida", que aquilo era perigoso e que eu poderia cair. Após o ocorrido, Clara ainda comentou que eu não deveria ter feito aquilo e que pediria ao pai para "brigar" comigo por estar fazendo "arte".

Apesar da tensão inicial, conseguimos retomar o clima de leveza posteriormente e rimos da situação. Como medida preventiva, escondi todas as chaves da sala, evitando que o episódio se repetisse. A situação foi resolvida sem danos físicos, mas evidencia a importância de revisarmos protocolos de segurança e estratégias de manejo em momentos de oposição.

Depois do ocorrido, quando tudo estava calmo, foi o momento mais fértil para **ensinar de verdade**. Conversei com ela, com clareza e de forma respeitosa e afetuosa:

— Clara, hoje fiquei muito preocupada quando você trancou a porta. Isso é perigoso. Eu gosto muito de você e preciso cuidar da sua segurança. Podemos pensar juntas em outra forma de brincar sem colocar ninguém em risco?

Perguntei a ela o que poderia ter feito diferente. Dei opções como "Você podia ter me chamado para conversar?" e "Podia ter deixado a porta aberta e me convidado pra brincar?".

Isso desenvolve **consciência, empatia e responsabilidade emocional**, ao invés de só obediência. Usei histórias **sociais**, cartazes e imagens com rotinas e regras. Reforcei **as consequências de forma lógica e previsível**, não como castigo:

— Se a porta for trancada, a brincadeira precisa ser adiada até termos um lugar seguro.

Pode ser útil conversar sobre sentimentos com recursos visuais: "Como você estava se sentindo? Zangada? Brava? Querendo brincar sozinha?". Validar o sentimento, mas **ensinar outra forma de expressar**: "Você pode dizer: 'Quero um tempo sozinha', em vez de trancar a porta".

No fim de uma tarde bonita, Clara chegou ao Espaço TerapeuTEAr com um sorriso no rosto. Animada, contou que tinha visto as fotos do meu casamento. Logo, quis saber por que eu tinha me casado de bigode e, sem pensar duas vezes, soltou:

— Você estava parecendo uma galinha gorda!

Dava para ver que o ciúme falava mais alto. Com um gesto firme, mostrou os dois dedinhos e declarou: a amizade estava cancelada.

Aquela foi, sem dúvida, a tarde do desafio. Ouvi mais de cinquenta "nãos" e vi brinquedos cruzando a sala como pequenos aviões em voos cheios de emoção.

Na hora de ir embora, ainda me lançou uma última pérola, com seu jeito único:

— Baby, can I hold... raspa esse bigode.

Acolhi com bom humor, mas sem ignorar os limites.

— Você achou engraçado o meu bigode? Que engraçadinha! Mas olha, pode brincar com palavras, mas não precisa mandar cortar amizade. Nossa amizade é forte! Eu gosto de você com bigode ou sem!

Disse olhando nos olhos dela:

— Mesmo eu me casando, Clara, eu continuo aqui com você. Eu gosto muito de estar contigo. Nada mudou entre a gente. Você é uma pessoa importante pra mim.

Crianças precisam ouvir isso com frequência, especialmente se há mudanças percebidas em figuras de referência. Estabeleci uma regra:

— Aqui a gente pode dizer o que sente, mas sem jogar brinquedo.

Usei o humor e o vínculo para redirecionar:

— Quer voar igual aviãozinho? Vamos brincar de avião com os braços, sem jogar brinquedo!

Uma boa forma de lidar com o ciúme é **fortalecer a relação com experiências positivas exclusivas**. Algo como: "Toda sexta, você escolhe uma música pra dançarmos juntas!" ou "Vamos fazer um segredo entre amigas hoje?".

— Clara, eu adorei te ver sorrindo hoje, mesmo que tenha sido uma tarde difícil. Eu entendi que você ficou com ciúmes e isso acontece quando gostamos muito de alguém. Que bom saber que você gosta de mim. Eu também gosto muito de você e a gente continua amigas, com bigode ou sem!

No aniversário da minha sobrinha, eu estava em atendimento com a Clara, quando minha irmã me ligou perguntando se eu ia demorar para ajudar com os enfeites da festinha. Assim que Clara ouviu a ligação, logo quis falar ao telefone:

— Ô, Mali, você me perdoa? Por favor, Mali, me perdoa!

Minha irmã, sem entender nada, quis saber por que ela precisava ser perdoada. Foi então que Clara explicou, aflita, que estava em atendimento com a "*Baby, can I hold*", e que não podia ir embora.

— Como é que eu vou fazer sem o atendimento? – dizia ela, repetindo sem parar: – Me perdoa, por favor, Mali! Amanhã você chama "*Baby, can I hold*", hoje ela está com a Clara.

E com o sinal de término de ligação, meu celular foi para os ares, voando como uma gaivota! Neste momento, fui explicar para a Clara que não precisava jogar fora meu celular, que eu só iria ajudar minha irmã depois do atendimento dela.

No casamento da prima Anna Elisa, Clara e Elisa foram damas de honra. Entraram antes da noiva, uma verdadeira maratona desde cedo! A saga começou com os cabelos. Nada fácil. No salão da Marcilene, Clara só aceitou lavar os cabelos com a "*Baby, can I hold*". Enquanto isso, os cabelos de Elisa já ficaram prontos. Marcilene, uma verdadeira malabarista, com muita paciência (e ajuda do Sávio, seu filho, que ficou segurando as mãozinhas da Clara, conversando e entretendo), conseguiu fazer um belíssimo penteado. Entre teimosia e desafios, foram apenas duas horas e meia para o penteado ficar pronto! Com os cabelos prontos, só faltavam o vestido e os sapatos que estavam na minha casa, esperando por elas. O pai nos deixou na porta de casa e foi buscar a Lurdinha, minha cunhada, para ajudar a vestir a menina dengosa de forma descontraída, sendo um momento de brincadeiras e poses e, a cada sorriso, era um *flash*. Todo mundo empolgado, na correria dos bastidores... mas aí veio o drama final: Clara se recusou a calçar os sapatos. Dizia, com toda convicção que os sapatos estavam feios.

Moral da história: Clara entrou linda e maravilhosa com Elisa na igreja, fazendo o sinal da cruz, jogando beijos para todos... **porém, descalça!**

Apesar de todos os desafios, cultivar uma relação com crianças com Síndrome de Down é uma experiência que exige dedicação, amor e carinho, mas, acima de tudo, é uma troca, partilhamos momentos de pura alegria, aprendemos a ver o mundo com outros olhos, mais leves, mais verdadeiros. Ser terapeuta de crianças com Down vai muito além de aplicar técnicas. É preciso empatia, curiosidade genuína e um desejo constante de aprender com cada pequeno gesto. Cada criança nos convida a moldar o nosso jeito de ensinar e a encontrar caminhos criativos para que ela possa se desenvolver. É um exercício diário de paciência e escuta. Não podemos e não devemos ser barreiras no caminho dessas crianças. Pelo contrário, somos pontes. Este trabalho não é para qualquer um. Envolve desafios que só quem tem o real desejo de transformar a vida do outro consegue abraçar de verdade. E quando a gente consegue, mesmo que em pequenos passos, a recompensa é imensa. Porque ver o crescimento de uma criança, sua autonomia e conquistas, é um presente que palavras não explicam, só o coração entende.

Clara e Fabiana.

ALMIR & KATIA,
As melhores referências que a vida me apresentou sobre esta jornada afetiva da Síndrome de Down. A vocês, minha eterna gratidão por confiarem em mim e me permitirem desfrutar das pérolas da doce Clara. Uma menina que ensina com o coração e ilumina cada caminho por onde passa!

Referências

CAPONE, G. T. *et al.* Behavioral observations in children with Down syndrome. *Journal of Developmental and Behavioral Pediatrics*, [s.l.], 2006.

DYKENS, E. M. *et al.* Behavioral phenotypes and co-occurring psychiatric disorders. *Current Opinion in Psychiatry*, [s.l.], 2015.

EL-BAZ, F.; EL-SAYED, S. Comportamento disruptivo em crianças com Síndrome de Down: um estudo comparativo transversal. *Neuropsychiatric Disease and Treatment*, [s.l.], v. 11, p. 1301–1307, 2015. Disponível em: https://pubmed.ncbi.nlm.nih.gov/25971826/. Acesso em: 2 jun. 2025.

FIGUEIREDO, F. P. Contribuições dos manuais diagnósticos para a avaliação e o tratamento do transtorno desafiador-opositor na infância: a importância da topografia através de um estudo de caso. *Revista Brasileira de Terapia Comportamental e Cognitiva*, v. 17, n. 1, p. 4-10, 2015.

FIDLER, D. J. *et al.* Neuropsychological profiles in Down syndrome. *Journal of Intellectual Disability Research*, [s.l.], 2008.

FUCÀ, E. *et al.* Avaliação do transtorno desafiador opositivo e do comportamento opositor em crianças e adolescentes com Síndrome de Down. *European Neuropsychopharmacology*, [s.l.], 2023.

MATSON, J. L. *et al.* Co-occurring psychopathology in children with intellectual disability. *Research in Developmental Disabilities*, [s.l.], 2012.

MOVIMENTO DOWN. *Portal Movimento Down*. 2012. Disponível em: https://www.movimentodown.org.br. Acesso em: 1 jun. 2025.

TEIXEIRA, G. O. *O reizinho da casa:* manual para pais de crianças opositoras, desafiadoras e desobedientes. Rio de Janeiro: BestSeller, 2014. 108 p.

VAN GAMEREN-OOSTEROM, H. B. *et al.* Behavioural and emotional problems in children with Down syndrome. *Journal of Intellectual Disability Research*, [s.l.], 2011.

CAPÍTULO 35

Funções executivas no TDAH

Da avaliação à intervenção

Este capítulo apresenta os principais instrumentos de avaliação psicológica voltados ao diagnóstico do transtorno do déficit de atenção e hiperatividade (TDAH), bem como estratégias para estimular as funções executivas, destacando sua importância no desenvolvimento das habilidades adaptativas, visando apoiar prática clínica de psicólogos e educadores, fortalecendo a inclusão nas escolas.

Renata Massalai

RENATA MASSALAI

Psicóloga com mais de 15 anos de prática clínica auxiliando crianças e adolescentes, é mestre em Neuropsicologia pela PUC-Rio e doutoranda em Educação. Atua como professora em cursos universitários de graduação e pós-graduação, com enfoque em Psicologia do Desenvolvimento e Avaliação Neuropsicológica. Especialista em intervenção e diagnóstico do TDAH e TEA, é docente na Academia do Autismo, onde ministra cursos como Avaliação das Funções Executivas no TEA e Instrumentos de Rastreio e Diagnóstico do TEA. Autora de mais de dez publicações científicas sobre neurodesenvolvimento, lidera pesquisas sobre a identificação precoce de transtornos do neurodesenvolvimento e problemas de aprendizagem, integrando neuropsicologia e tecnologia inovadora. Além disso, oferece supervisão clínica para orientar profissionais na avaliação, prognóstico e implementação de adaptações escolares para promover a educação inclusiva.

Contatos: www.renatamassalai.com
psirenatamassalai@gmail.com
Instagram: @renatamassalaipsi
Facebook: Psicóloga Renata
27 99650 7652

Como as funções executivas influenciam o TDAH?

O transtorno do déficit de atenção e hiperatividade (TDAH) é uma condição neurobiológica de origem multifatorial, envolvendo fatores genéticos e ambientais, caracterizada por sintomas persistentes de desatenção, hiperatividade e impulsividade, que surgem na infância e, frequentemente, perduram ao longo da vida, sendo mais prevalente em meninos (APA, 2023). No Brasil, a prevalência em crianças em idade escolar é de cerca de 8,6% (Utida *et al.*, 2025). Avanços na identificação de biomarcadores neurobiológicos têm aprimorado o diagnóstico e o manejo clínico do TDAH conforme a secretaria de São Paulo (2025).

O diagnóstico, baseado nos critérios do *DSM-5-TR*, requer a presença de pelo menos seis sintomas de desatenção ou hiperatividade/impulsividade, manifestados por no mínimo seis meses, em dois ou mais contextos, com início antes dos 12 anos e impacto funcional significativo. Entre os sintomas de desatenção, destacam-se dificuldade de concentração, erros por descuido, esquecimento e perda de objetos. Já os sintomas de hiperatividade e impulsividade incluem agitação motora, fala excessiva, impulsividade verbal e dificuldade para esperar a vez.

O TDAH é classificado em três tipos: predominante desatento, predominante hiperativo/impulsivo e tipo combinado, que reúne sintomas de ambos os grupos. O TDAH está fortemente associado a déficits nas funções executivas (FE), como controle inibitório, planejamento, atenção sustentada, memória de trabalho, flexibilidade cognitiva, funções mediadas pelo córtex pré-frontal (Barkley, 2023). Tais déficits prejudicam o desempenho escolar e as interações sociais, dificultando a inibição de impulsos, a resistência a distrações e o foco em recompensas futuras, bem como o monitoramento comportamental por meio da flexibilidade cognitiva e a autorregulação emocional, aumentando o risco de conflitos interpessoais, baixa autoestima e comportamentos de risco.

Cerca de 80% das crianças com TDAH apresentam comorbidades psiquiátricas, incluindo transtorno desafiador opositivo (34,7%), transtorno de conduta (30,7%), transtornos de ansiedade (18,4%), transtorno do espectro autista (20-21%), dificuldades de aprendizagem (20-30%) e transtornos de tiques, agravando o quadro clínico (Frontiers, 2024).

Quais estratégias podem fortalecer as FE em crianças com TDAH?

O estímulo contínuo das FE são fundamentais para o desenvolvimento cognitivo. Intervenções que integram estratégias cognitivas, comportamentais e educacionais têm se mostrado eficazes nesse processo. Atividades como jogos com regras, tarefas lúdicas estruturadas e treinamentos cognitivos fortalecem habilidades como memória de trabalho, controle inibitório e resolução de problemas. Ambientes estruturados, com rotinas claras, apoio visual e verbal graduado, são fundamentais para o fortalecimento das FE, especialmente quando aliados à participação ativa da escola e da família na promoção da autonomia e da autorregulação emocional (Barkley & Crawford, 2024).

No Brasil, programas como o Programa de Intervenção Cognitiva nas Dificuldades de Aprendizagem (Pincda), Treinamento Cognitivo de Funções Executivas (TCFE) e Programa de Intervenção em Autorregulação e Funções Executivas (Piafex) têm mostrado resultados positivos na intervenção com crianças com TDAH, ao estimular FE no contexto escolar, esses programas utilizam jogos, tarefas estruturadas e estratégias metacognitivas para promover autorregulação, engajamento e inclusão de forma lúdica e eficaz (Miranda *et al.*, 2021).

Entre outras intervenções promissoras, destaca-se o neurofeedback, técnica que treina a autorregulação da atividade cerebral por meio de sinais eletroencefalográficos (EEG), atuando especialmente na regulação da atividade das ondas theta e beta, permitindo ao indivíduo modular seus próprios padrões neurais. Estudos mostram que essa abordagem contribui significativamente para o aprimoramento da atenção sustentada, do controle inibitório, da memória de trabalho e da flexibilidade cognitiva, áreas frequentemente comprometidas no TDAH (Heinrich *et al.*, 2024).

Quais instrumentos são usados para avaliar o TDAH?

A avaliação psicológica é essencial para diagnosticar o TDAH e suas comorbidades, como ansiedade e dificuldades de aprendizagem, garantindo um entendimento completo do paciente (Lopes *et al.*, 2025). Por meio de testes que medem atenção, funções executivas e aspectos emocionais, é possível obter dados objetivos que orientam o diagnóstico e o tratamento personalizado. Além disso, destaca-se a necessidade de desenvolver medidas psicométricas objetivas mais alinhadas aos sintomas centrais do TDAH, com o objetivo de aprimorar a precisão diagnóstica, bem como a elaboração de diretrizes claras e atualizadas sobre as melhores práticas em psicodiagnóstico do transtorno, considerando os avanços científicos e as demandas atuais.

Nesse contexto, cresce o interesse pelo uso de tecnologias digitais e interativas como ferramentas complementares na avaliação e intervenção. Jogos digitais, aplicativos cognitivos e realidade virtual têm demonstrado potencial para aumentar o engajamento, melhorar a coleta de dados e proporcionar uma avaliação mais ecológica das funções executivas, da atenção sustentada e do controle inibitório em indivíduos com TDAH (Silva & Lima, 2023). Ressalta-se ainda que, na prática da avaliação psicológica, é fundamental consultar a lista atualizada do Sistema de Avaliação de Testes Psicológicos (Satepsi) e respeitar a legislação vigente do Conselho Federal de Psicologia.

Tabela 1 – Instrumentos de avaliação do TDAH em crianças.

<table>
<tr><th></th><th>Instrumentos</th><th>Idade</th><th>O que avalia?</th></tr>
<tr><td rowspan="10">Avaliação da inteligência e FE</td><td>WISC-V</td><td>6-16 anos e 11 meses</td><td>Inteligência geral.</td></tr>
<tr><td>WNV</td><td>4 a 21 anos e 11 meses</td><td>Inteligência geral.</td></tr>
<tr><td>SON-R 2\6 a 7 anos</td><td>2 anos e 6 meses a 7 anos</td><td>Inteligência geral.</td></tr>
<tr><td>CMMS-3</td><td>3 a 9 anos e 11 meses</td><td>Raciocínio geral.</td></tr>
<tr><td>TNVRI</td><td>5 a 13 anos</td><td>Potencial intelectual da criança e fator g de inteligência.</td></tr>
<tr><td>FDT</td><td>A partir dos 6 anos</td><td>Controle inibitório e flexibilidade cognitiva.</td></tr>
<tr><td>Teste Wisconsin classificação de cartas</td><td>6 anos e 6 meses a 89 anos</td><td>Raciocínio abstrato, resolução de problemas, flexibilidade cognitiva.</td></tr>
<tr><td>Neupsilin-infantil</td><td>6 a 12 anos e 11 meses</td><td>Atenção, memória, linguagem, funções executivas, habilidades acadêmicas.</td></tr>
<tr><td>Torre de Londres</td><td>10 a 56 anos</td><td>Resolução de problemas e planejamento.</td></tr>
<tr><td>Trilhas parte A\B</td><td>6 a 14 anos</td><td>Atenção sustentada, velocidade de processamento, coordenação visuomotora/flexibilidade cognitiva, controle inibitório.</td></tr>
</table>

Fonte: elaborado pela autora.

	Instrumentos	Idade	O que avalia?
Avaliação da atenção e memória	BPA-2	6 a 94 anos	Atenção concentrada, dividida e alternada.
	TAC	5 a 14 anos	Atenção seletiva e sustentada.
	TAVIS-4	6 a 17 anos e 11 meses	Funções atencionais incluindo seletividade alternância e sustentação.
	RAVLT	6 a 92 anos	Memória declarativa episódica e de reconhecimento, aprendizagem auditivo verbal, interferência, retenção de informações.
	TIME-R	3 a 6 anos e 11 meses.	Memória de curto prazo com componentes fonológicos e visuoespaciais.
	Cubos de Corsi	4 a 10 anos	Memória operacional através do esboço visuoespacial.
	Tarefa *span* de dígitos	4 a 10 anos	Memória operacional.
Avaliação do desenvolvimento	IDADI	4 a 72 meses	Cognitivo, socioemocional, comunicação; linguagem receptiva, comunicação e linguagem expressiva, motricidade ampla, motricidade fina; comportamento adaptativo.
	DENVER-II	0 a 6 anos	Desenvolvimento: pessoal social, motor-fino adaptativo, linguagem e motor grosso.
	PORTAGE	0 a 6 anos	Motricidade, autocuidado, sociabilidade, cognição e linguagem.
	Escalas BAYLEY III	Idades entre 1 e 42 meses	Habilidades cognitivas, linguísticas e motoras.
Avaliação de competências socioemocionais	CBCL	1 ano e 6 meses a 18 anos	Problemas de comportamento e competências sociais.
	EDEIJ	10 a 17 anos	Desregulação emocional de criança e adolescente.
	SRSS	6 a 13 anos	Habilidades sociais, problemas de comportamento, competência acadêmica.
	TRIC	2 a 5 anos	Problemas emocionais e comportamentais relativos aos domínios inter e externalizante pró-social.

	Instrumentos	Idade	O que avalia?
Avaliação do TDAH	SNAP-IV	Crianças e adolescentes	Avalia rastreio de TDAH e transtorno opositivo desafiador.
	ETDAH-AD	12 a 87 anos	Auxilia no diagnóstico do TDAH e sua intensidade de prejuízo de leve a grave.
	Conners-3	6 a 18 anos	Rastreio de TDAH.
	ETDAH-CriAd	6 a 15 anos	Atenção, hiperatividade/ impulsividade, bem como o prejuízo no TDAH.
	TDE-II	1º ao 9º ano do ensino fundamental	Leitura, escrita e aritmética.

Fonte: elaborado pela autora.

TDAH e práticas inclusivas na escola

Diante dos desafios enfrentados por estudantes com TDAH, a adoção de estratégias pedagógicas adaptadas é fundamental para favorecer sua aprendizagem (Barkley & Crawford, 2024). A organização do ambiente escolar tem papel central nesse processo: listas de tarefas, quadros visuais e cronogramas acessíveis ajudam na estruturação das atividades, e mudanças devem ser comunicadas com antecedência para evitar desorganização emocional.

A disposição da sala deve minimizar distrações, posicionando o aluno próximo ao professor; tarefas longas devem ser fracionadas e acompanhadas de instruções claras. Avaliações com tempo restrito devem ser evitadas, priorizando instrumentos qualitativos e personalizados. O fortalecimento da autoestima é essencial e pode ser promovido com reforços positivos, metas personalizadas e estratégias motivacionais. Técnicas como lembretes visuais, leitura em voz alta e fala autodirigida auxiliam no foco e na autorregulação, enquanto tecnologias organizacionais e a prática regular de atividades físicas favorecem o controle dos sintomas.

Por fim, o monitoramento contínuo do processo educativo, com devolutivas frequentes e a elaboração de um Plano Educacional Individualizado (PEI), assegura equidade no acesso ao conhecimento e contribui para o pleno desenvolvimento dessas crianças.

Considerações finais

A avaliação e a intervenção das FE em crianças com TDAH são essenciais para seu desenvolvimento cognitivo e emocional, promovendo a inclusão escolar. Diagnóstico preciso, recursos tecnológicos e práticas que estimulam autocontrole e autorregulação fortalecem o desempenho acadêmico e social, garantindo maior autonomia e participação plena na escola.

Referências

AMERICAN PSYCHIATRIC ASSOCIATION. *Manual diagnóstico e estatístico de transtornos mentais*: DSM-5-TR. 5. ed. rev. Porto Alegre: Artmed, 2023. 1152 p.

BARKLEY, R. A.; CRAWFORD, M. *Gerenciando o TDAH na escola*: os melhores métodos baseados em evidências para professores. 1. ed. rev. Rio de Janeiro: Artmed, 2024. Audiolivro, 3 h 09 min. Narrador: Mitch Crawford. Originalmente disponível em inglês pelo selo Tantor Media, maio de 2023.

BARKLEY, R. A. *Tratando TDAH em crianças e adolescentes*: o que todo clínico deve saber. 1. ed. Porto Alegre: Artmed, 2023. Trad. Sandra Maria Mallmann da Rosa. 384 p.

FRONTIERS. *Advances in the etiology and neuroimaging of children with attention deficit hyperactivity disorder*. Frontiers in Pediatrics, 2024.

HEINRICH, H.; VOLLEBREGT, M. A.; ARNS, M.; VAN DOREN, J.; STREHL, U. Comparative efficacy of neurofeedback interventions for attention-deficit/hyperactivity disorder in children: a network meta-analysis. *Brain and Behavior*, v. 14, n. 12, p. e70194, 2024. Doi: 10.1002/brb3.70194. Disponível em: http://bit.ly/3I0OX8y. Acesso em: 13 jun. 2025.

LOPES, R. M. F. *et al. Reabilitação neuropsicológica*: avaliação e intervenção de crianças e adolescentes. 2. ed. Porto Alegre: Núcleo Médico Psicológico, 2025. 336 p.

MIRANDA, M. C.; ROHDEN, V. R.; LUIZ, C. A. A. Intervenção neuropsicológica das funções executivas no TDAH: estudo em contexto escolar. *Revista Psicopedagogia*, São Paulo, v. 38, n. 115, p. 192-201, 2021. Disponível em: http://bit.ly/44fubLb. Acesso em: 13 jun. 2025.

SECRETARIA DE SAÚDE DE SÃO PAULO. Pesquisadores criam método mais preciso para identificar TDAH em jovens. São Paulo, 22 mar. 2025. Disponível em: https://www.saude.sp.gov.br/coordenadoria-de-controle-de doencas/homepage/notícias/22032025-pesquisadores-criam-metodo-mais-preciso-para-identificar-tdah-em--jovens. Acesso em: 13 jun. 2025.

CAPÍTULO 36

O reizinho da casa

A construção alienada de crianças elevadas à majestade

Quando não ensinamos nossos filhos a lidar com o "não", com o "espere", com o "isso não é para você agora", estamos, na verdade, sabotando o desenvolvimento de habilidades fundamentais: a resiliência, a empatia, a paciência e a capacidade de negociação. Cada vez que evitamos uma frustração, acreditando estar protegendo, estamos, de fato, privando-os de uma das experiências mais importantes para o amadurecimento: **a capacidade de entender que não somos o centro de tudo. Para tanto, os pais precisam entender isso primeiro.**

Karla Filó Mazzini Mota

KARLA FILÓ MAZZINI MOTA

Psicóloga há mais de 12 anos. Especializou-se em Neuropsicologia pela Faculdade de Medicina da USP em 2015. Foi palestrante no Congresso Latino-Americano de Psicoterapias no Equador em 2013 e já palestrou em diversos congressos de educação no Brasil. Apresentou diversos artigos em congressos de âmbito nacional e internacional. Atualmente, seus estudos estão direcionados à Teologia e a uma maior comunhão com Deus.

É a idealizadora do projeto do livro e da marca ***Quando a infância dói*** e coordenadora editorial das duas edições. Enfim, é mãe, escritora, psicóloga e mulher. O que a move, de verdade, é **o desejo de fazer a diferença na vida das pessoas.**

Contatos: karlafmmota@gmail.com
Instagram: @neuropsykarlafilo
32 98833 3176

Vivemos a era dos filhos elevados ao espetáculo. Crianças que, antes mesmo de nascer, já são tratadas como eventos extraordinários, protagonistas absolutos de roteiros cuidadosamente elaborados para exaltar sua existência. Aqui fica a pergunta: como será a percepção de mundo, de vivências e relacionamentos dessas crianças que vêm ao mundo para ser o objeto extraordinário dos pais?

Meus incômodos com esse assunto já começam com o chá revelação, em que a descoberta do sexo vira um espetáculo, uma performance pública, uma comoção coletiva. Depois, segue com quartos temáticos dignos da realeza: coroas, tronos, nomes estampados em letras douradas, slogans como "o rei da casa" ou "a princesa da mamãe". A simbologia é clara: a criança nasce para ocupar o centro do mundo, como se a soberania fosse parte intrínseca da infância e, principalmente, como se fosse obrigação dos pais transformar seus filhos em majestades. Tudo muito fofo? Talvez. Mas também profundamente perigoso.

Há quem defenda essas manifestações e a necessidade de se comemorar tudo, a ponto de gerar uma obrigatoriedade de apresentar o filho ao mundo e a todos, antes mesmo de nascer. Há quem goste dessas recepções cheias de protocolos e paletas, como se a vida e o nascimento fossem algo que pudéssemos controlar o roteiro ou estrear como em um cinema. Mas meu incômodo vai além, quando penso na postura que essas novas famílias estão assumindo diante da maternidade, em que tudo tem que parecer um trailer de um filme aspirante ao Oscar, e isso inclui a forma como essa construção de pai e mãe está se formulando. Pais que hoje já não sabem reconhecer que a vida não é feita só de aplausos e mimos, mas também de limites, recusas, esperas e de frustrações.

Em muitos momentos, nosso papel, dentro dos consultórios, está sendo ensinar a esses pais que eles não estão aqui para criar pequenos deuses, mas seres humanos, capazes de viver em sociedade, com humildade, força e respeito pelos outros. Entendemos que isso acontece devido à ânsia de proteger os filhos da dor, mas, com isso, estão criando uma geração extremamente vulnerável. Porque a realidade, lá fora, não está interessada em manter ninguém no pedestal. **O mundo não celebra diariamente quem somos. O mundo não nos entrega troféus por existir.** Mas, a cada dia, vejo famílias reivindicando esses troféus para si e para seus filhos. Seja na escola, nos parques, nos consultórios e em brincadeiras, a regra é exaltar e nunca criticar. Isso precisa mudar.

Existe uma parte da sociedade e das famílias que está construindo uma geração de pequenos monarcas, que crescem convictos de que o mundo está a seu serviço. São educados não apenas para serem amados, mas também para serem reverenciados, e ai daquele professor que disser o contrário e frustrar a criança, ou daquele professor que, no papel de educador, aponta para as famílias um problema, atrasos e demandas de alguma criança. Essas famílias só querem que os filhos sejam sempre os melhores, os mais destacados, os mais premiados, os mais protegidos. E não importa a família ao lado.

Sabe qual é o resultado disso? Crianças alienadas da realidade, que não sabem perder, não toleram a frustração, não compreendem limites e, sobretudo, não percebem que o mundo não gira ao redor delas. Consequentemente, temos pais exaustos, culpados, fazendo de tudo para que os filhos não sofram, não se frustrem, não fiquem em segundo lugar, não chorem, não se decepcionem.

Então, cada desejo vira necessidade. Cada capricho vira direito. Cada festa vira a obrigatoriedade de ser o destaque. Uma simples festa junina vira disputa de vestidos caipiras luxuosos. Um "dia do cabelo maluco", ao invés de divertido, vira a competição do mais diferente para receber aplausos e olhares. O festival de inglês da escola vira exibicionismo e obstinação opressora, levando crianças a buscar uma apresentação de dança profissional com figurinos dignos de novela. Pensa comigo: **seu filho realmente precisa estar em evidência sempre ou ele pode sentar na plateia para aplaudir os outros?**

Assim, os consultórios se enchem de pais que não têm mais voz, adolescentes ansiosos, adultos frágeis, profissionais que não suportam críticas, pessoas que confundem amor com adulação e que se desesperam quando a vida, inevitavelmente, não lhes dá tudo o que desejam.

Quando não ensinamos nossos filhos a lidar com o "não", com o "espere", com o "isso não é para você agora", estamos, na verdade, sabotando o desenvolvimento de habilidades fundamentais: a resiliência, a empatia, a paciência, a capacidade de negociação. Cada vez que evitamos uma frustração, acreditando estar protegendo, estamos, de fato, privando-os de uma das experiências mais importantes para o amadurecimento: **a capacidade de entender que não somos o centro de tudo. No entanto, os pais precisam entender isso primeiro.**

A criança, colocada em um pedestal, cresce acreditando que é, de fato, um ser superior, que merece sempre o melhor, que não pode esperar, que o mundo existe para girar ao seu redor, e, pior, que a felicidade é um direito inegociável, imediato e constante. Com certeza, isso será um grande problema quando chegar à fase adulta.

Quero aqui iniciar um movimento. Que ele comece na sua casa, na sua rua, na escola em que você trabalha. Vamos promover ações que gerem reflexões para as pessoas poderem entender que a criança não precisa ser rei, nem princesa, nem estrela. Ela precisa ser gente. Há uma urgência em retirar os tronos de dentro das casas. O mundo real é feito de limites, frustrações, recusas e decepções. E quando essas crianças, educadas no trono, dão de cara com a vida sem o tapete vermelho estendido, elas adoecem. Não sabem esperar, não sabem negociar, não sabem perder. São frágeis, intolerantes, ansiosas e inseguras. **Assim, para proteger as crianças, é preciso se posicionar. Se não nos posicionarmos, há muitas infâncias que vão doer.**

Que sejamos aqueles que levantam a bandeira de que: educar não é adorar o filho, mas, sim, prepará-lo para um mundo que não o adora. Que o amor que protege demais, sufoca. Que o amor que nunca frustra, aliena. E o amor que transforma a criança em rei, vai condená-la à solidão de quem nunca aprendeu a ser apenas humano. Precisamos psicoeducar essa geração de pequenos tiranos e crianças mimadas, que acreditam que o mundo existe para servi-las, que suas vontades são ordens, que qualquer contrariedade é uma injustiça. **Isso pode trazer sérias consequências se não houver intervenção, tanto com a criança, quanto na família que provocou isso tudo.**

Leitor, que por meio deste capítulo eu possa contar com a sua ajuda para desmontar os tronos infantis, desfazer os tapetes vermelhos e ensinar algo muito mais valioso para essas famílias e essas crianças: que somos amados, mas não somos o centro do mundo e não precisamos de aplausos para sermos felizes e nos sentirmos especiais.

Meu recado aos pais: o excesso de proteção, de mimos e de facilidades está criando filhos alienados, incapazes de lidar com a mais básica contrariedade. Crianças emocionalmente frágeis, mas arrogantes. E isso é culpa nossa. Na ânsia de evitar que sofram, os impedimos de crescer. Na tentativa de exaltá-los, os tornamos incapazes de se relacionar com a coletividade, com a humildade, com a realidade.

É preciso destruir os tronos que nós mesmos construímos. Educar não é bajular. Educar não é impedir que o filho chore ou se frustre. Educar é preparar para a realidade. Pare de transformar cada desejo em uma ordem. Nem tudo que seu filho quer, ele precisa ter. O "não" educa mais do que muitos "sim". Ensine a esperar. O mundo não vai atender aos seus desejos de forma imediata. E tudo bem. Frustre, com consciência. Deixe seu filho perder. Deixe errar. Deixe ficar bravo e frustrado. Depois, acolha, mas não anule a frustração. Ensine que ele não é o centro. Valorize a empatia. Mostre que existem outros com necessidades, desejos e direitos. Que o mundo não gira ao redor dele e também não gira em torno de você, pai ou mãe, e nem da sua família.

Cuidado com o discurso de que seu filho é "especial" demais. Ele é único para você, mas não é mais importante que os outros. A supervalorização cria adultos narcisistas, não autoconfiantes. Reduza o espetáculo. Pense duas vezes antes de transformar cada momento da vida da criança em performance pública. Nem tudo precisa ser postado, exposto, celebrado como um grande feito. Ensine que respeito se conquista, não se exige. Acredite, crianças que são tratadas como majestades, crescem acreditando que merecem respeito apenas por existir. Isso é um erro.

Que nós possamos aprender a amar nossos filhos sem idolatrar.

PARTE VI

INTELIGÊNCIA EMOCIONAL E ESPIRITUALIDADE NA INFÂNCIA

CAPÍTULO 37

Fé e espiritualidade no cérebro autista

As pessoas autistas são frequentemente descritas como "pragmáticas" ou "literalistas". Mas o que isso significa quando falamos de espiritualidade? Ao contrário do que se pensa, muitos autistas vivenciam experiências espirituais profundas, mas não necessariamente por meio das metáforas, das parábolas ou das narrativas simbólicas que costumam marcar as religiões tradicionais, e isso tem sido um grande desafio às instituições religiosas.

Karla Filó Mazzini Mota

KARLA FILÓ MAZZINI MOTA

Psicóloga há mais de 12 anos. Especializou-se em Neuropsicologia pela Faculdade de Medicina da USP em 2015. Foi palestrante no Congresso Latino-Americano de Psicoterapias no Equador em 2013 e já palestrou em diversos congressos de educação no Brasil. Apresentou diversos artigos em congressos de âmbito nacional e internacional. Atualmente, seus estudos estão direcionados à Teologia e a uma maior comunhão com Deus.

É a idealizadora do projeto do livro e da marca ***Quando a infância dói*** e coordenadora editorial das duas edições. Enfim, é mãe, escritora, psicóloga e mulher. O que a move, de verdade, é **o desejo de fazer a diferença na vida das pessoas.**

Contatos: karlafmmota@gmail.com
Instagram: @neuropsykarlafilo
32 98833 3176

Há tempos venho buscando conhecer sobre como a espiritualidade acontece e como a fé pode ser estimulada no cérebro de uma criança autista, principalmente aquelas não verbais, nível de suporte 3. Nascem vários questionamentos em minha mente que vão pautando e delineando minhas pesquisas até então. Acredito que, neste momento, enquanto lê este capítulo, surgirão muitos questionamentos na sua cabeça também acerca desse tema.

Sabemos que o cérebro autista apresenta diferenças estruturais e funcionais significativas, que podem afetar a experiência espiritual. Um estudo clássico de Beauregard & Paquette (2006) mostrou que experiências espirituais intensas ativam regiões do sistema límbico e do córtex pré-frontal. A questão é: como estas redes se comportam em cérebros autistas?

As pessoas autistas são frequentemente descritas como "pragmáticas" ou "literalistas". Mas o que isso significa quando falamos de espiritualidade? Ao contrário do que se pensa, muitos autistas vivenciam experiências espirituais profundas, mas não necessariamente por meio das metáforas, das parábolas ou das narrativas simbólicas que costumam marcar as religiões tradicionais, e isso tem sido um grande desafio às instituições religiosas.

Se aprofundarmos mais nossas reflexões com relação às pessoas com autismo severo, veremos que, por serem incapazes de se comunicar verbalmente, essa espiritualidade adotará uma linguagem atípica, frequentemente expressa por música ou simbolismo. Portanto, é provável que haja uma espiritualidade que não dependa da linguagem para expressão ou validação entre pessoas com autismo não verbal. Atualmente, não há pesquisas que explorem a espiritualidade dessa população, o que tem sérias implicações quanto à adequação da prestação de serviços atual e sua inclusão em comunidades religiosas. Diante do crescente número de diagnósticos de autismo, as necessidades e expressões espirituais dessa população exigem nossa atenção urgente (Hills, Clapton & Dorsett, 2019).

Essas crianças, com maior prejuízo cognitivo, aprendem muito mais observando. Assim, se veem seus familiares fechando os olhos, juntando as mãos ou expressando emoções positivas em certos momentos, é comum que imitem esses gestos. Mesmo sem compreender plenamente o "porquê", essas ações podem gerar nelas uma vivência afetiva que, com o tempo, será associada a um sentimento de pertencimento e, possivelmente, à ideia de "Deus" como um símbolo de proteção ou amor.

Para muitas pessoas autistas, a espiritualidade acontece de maneira concreta e sensível: no contato direto com a natureza, na contemplação silenciosa de um céu estrelado, na percepção minuciosa de padrões na música ou na matemática, ou mesmo em rotinas que proporcionam segurança e estrutura. Essa espiritualidade não se dá, necessariamente, pelo **"acreditar"** em um Deus invisível, mas pelo **"sentir"** intensamente o mundo e reconhecer, dentro dessa experiência sensorial, um sentido de ordem, beleza ou pertencimento e relacionar isso com Deus. Reconhecer e validar formas atípicas de espiritualidade é fundamental para práticas terapêuticas e educacionais com indivíduos autistas. **Estratégias que respeitem a preferência por experiências solitárias, sensoriais e não verbais podem ser mais adequadas do que abordagens religiosas tradicionais.**

O autismo não é a única neurodivergência que propõe um jeito diferente de viver a espiritualidade. Cada neurodivergência, seja no transtorno de déficit de atenção e hiperatividade (TDAH), na dislexia, nas altas habilidades/superdotação, ou mesmo condições como a esquizofrenia, podem gerar formas únicas de perceber o mundo e de buscar sentido, inclusive na maneira de se relacionar com Deus.

No TDAH, por exemplo, a espiritualidade pode aparecer como uma busca incessante por experiências novas, como um movimento constante em direção ao desconhecido, ao transcendente. Essas pessoas tendem a ter maior facilidade em se envolver em igrejas com maior uso de entretenimento, diferenciações visuais, propostas intensas e até mesmo místicas de relacionamento com Deus. A dificuldade de manter a atenção em rituais longos e estruturados não significa ausência de espiritualidade, mas talvez uma preferência por vivências mais dinâmicas e intuitivas. Assim, rituais tradicionais nem sempre serão a melhor vivência espiritual para uma pessoa com TDAH e, dependendo da intensidade e do apelo religioso da instituição, isso pode agravar problemas psiquiátricos (Dew, Kollins & Koenig, 2022).

Na dislexia, as dificuldades com a linguagem escrita podem afastar a pessoa de textos sagrados ou doutrinas religiosas muito baseadas na leitura da Bíblia. Mas, ao mesmo tempo, podem abrir portas para espiritualidades baseadas na oralidade, na música, na arte ou na experiência direta com a natureza (Novis-Deutsch *et al.*, 2022).

Essa diversidade nos mostra que não existe uma única maneira correta de viver a espiritualidade. O cérebro neurodivergente, seja ele autista ou não, propõe outras formas de se conectar com Deus, formas que podem parecer estranhas ou "diferentes" para quem está acostumado com padrões mais comuns, mas que são tão válidas e profundas quanto qualquer outra. A espiritualidade autista, muitas vezes, se afasta das palavras e se aproxima do mundo real, do contato direto com aquilo que se pode **ver, ouvir e tocar**. Não é menos espiritual por isso, talvez seja até mais pura, por não depender de convenções sociais, doutrinas ou tradições, mas apenas da própria experiência.

Algo curioso a ser relatado aqui também é que há um grande número de ateus autistas ou pessoas neurodivergentes com grande dificuldade de construir Deus em sua existência. Algumas pesquisas sugerem que isso acontece devido ao déficit de teoria da mente, que resulta em uma compreensão religiosa prejudicada e, por isso, maior probabilidade de ateísmo entre autistas. Revisões empíricas conferem suporte robusto intermediário a essas ideias (Kéri, 2023). Esse déficit na teoria da mente aponta a dificuldade do autista de conceber Deus como agente intencional com desejos e pensamentos (Norenzayan, Gervais & Trzesniewski, 2012). Diversos estudos (Canadá, EUA) demonstram que traços autísticos predizem menor crença em Deus, mediada exatamente pelos déficits de mentalização, até mesmo quando fatores como QI, frequência religiosa e gênero são controlados.

Pessoas com autismo tendem a um estilo cognitivo literal e analítico, o que dificulta a compreensão de metáforas religiosas e pode trazer reflexões e contradições na teologia tradicional. Assim, o autista tende a questionar e interpretar simbolismos de modos extremamente concretos.

Mas o importante é destacar aqui que autistas podem, sim, expressar religiosidade, porém de forma mais reflexiva, simbólica, contemplativa e menos vinculada às experiências intuitivas. Portanto, precisamos reconhecer essas diferenças para compreender de que forma Deus será construído nas vivências de uma pessoa com transtorno do espectro autista. A espiritualidade no cérebro autista não é ausente, **mas diferente**. Caracteriza-se por estilos cognitivos próprios, modos sensoriais amplificados e estruturas narrativas menos convencionais.

Não há uma espiritualidade autista. Há muitas espiritualidades autistas, assim como há diferentes formas de vivenciar o autismo. O mesmo vale para outras neurodivergências.

A reflexão que deixo aqui é para que saibamos abrir espaço, para que cada pessoa, com seu cérebro único, encontre o seu caminho de sentido, transcendência e conexão com Deus do jeito que puder, do jeito que quiser ou da forma que Deus quiser usar. Que não sejamos barreiras, obstáculos e tampouco opressores. Que saibamos buscar a forma certa de apresentar Deus às diferentes pessoas.

Referências

BEAUREGARD, M.; PAQUETTE, V. Neural correlates of a mystical experience in Carmelite nuns. *Neuroscience Letters,* v. 405, n. 3, p. 186-190, 2006.

DEW, R. E.; KOLLINS, S. H.; KOENIG, H. G. ADHD, religiosity, and psychiatric comorbidity in adolescence and adulthood. *Journal of Attention Disorders,* v. 26, n. 2, p. 307-318, 2022. Doi: 10.1177/1087054720972803. PMID: 33334235. Acesso em: 3 jul. 2025.

HILLS, K.; CLAPTON, J.; DORSETT, P. Espiritualidade, silêncio e solidão: uma interpretação reflexiva sobre mistério e pessoas com autismo não verbal. *Journal for the Study of Spirituality,* v. 9, n. 2, p. 138-151, 2019. Disponível em: https://doi.org/10.1080/20440243.2019.1658266. Acesso em: 3 jul. 2025.

HILLS, K.; CLAPTON, J.; DORSETT, P. Spirituality in the context of nonverbal autism: practical and theological considerations. *Practical Theology,* v. 12, n. 2, p. 186-197, 2019. Disponível em: https://doi.org/10.1080/1756073X.2019.1592927. Acesso em: 3 jul. 2025.

KÉRI, S. Autism and religion. *Children (Basel),* v. 10, n. 8, p. 1417, 2023. Doi: 10.3390/children10081417. PMID: 37628416. Acesso em: 3 jul. 2025.

NORENZAYAN, A.; GERVAIS, W. M.; TRZESNIEWSKI, K. H. Mentalizing deficits constrain belief in a personal God. *PLoS One,* v. 7, n. 5, e36880, 2012. Doi: 10.1371/journal.pone.0036880. PMID: 22666332. Acesso em: 3 jul. 2025.

NOVIS-DEUTSCH, N. *et al.* Religiosity as a moderator of ADHD-related antisocial behaviour and emotional distress among secular, religious and Ultra-Orthodox Jews in Israel. *International Journal of Social Psychiatry,* v. 68, n. 4, p. 773-782, 2022. Doi: 10.1177/00207640211005501. PMID: 33855872. Acesso em: 3 jul. 2025.

CAPÍTULO 38

Guiando pequenos corações

A importância da inteligência emocional e da espiritualidade na formação infantil

Este capítulo aborda a relevância da inteligência emocional e da espiritualidade no desenvolvimento infantil, propondo uma formação integral. A obra destaca que a infância é um período crucial para a formação de habilidades emocionais e espirituais, que influenciam diretamente a maneira como as crianças interagem com o mundo e desenvolvem suas identidades.

Paty Lee

PATY LEE

Professora certificada pelo Instituto de Educação Professor Manuel Marinho (2000), graduada em Língua Portuguesa e Língua Inglesa pelo Centro Universitário Geraldo Di Biase (UGB) (2005), pós-graduada em Língua Portuguesa pelo UGB (2014); bacharel em Teologia pela Faculdade Faceten (2019), pós-graduada em Psicopedagogia pela Universidade Cruzeiro do Sul (2020) e em Neuropsicopedagogia pela Faculdade Metropolitana (2021), especialista em coach pessoal e de equipe pela Faculdade Metropolitana (2023) e em Psicanálise Clínica pela Faculdade Metropolitana (2024); graduada em Pedagogia pela Universidade Cruzeiro do Sul (2025). Palestrante nas áreas do ensino, inteligência e gerenciamento emocional; Missionária pela Igreja Metodista Wesleyana, escritora do livro *O poder de uma vida equilibrada* e coautora do livro *Quando a infância dói* – vol. 1.

Contatos: patylee1983@hotmail.com
Instagram: @profpatylee
24 99814 2215

Instrui o menino no caminho em que deve andar, e, até quando envelhecer, não se desviará dele.

Provérbios 22.6

Na formação das crianças, a inteligência emocional e a espiritualidade desempenham papéis fundamentais. A capacidade de entender e gerenciar emoções, bem como a busca por significado e propósito, molda não apenas o comportamento individual, mas também a capacidade de se relacionar com o mundo ao redor.

A inteligência emocional é a capacidade de reconhecer, compreender e gerenciar as próprias emoções. De acordo com Daniel Goleman, essa habilidade é composta por cinco componentes principais: autoconhecimento, autorregulação, motivação, empatia e habilidades sociais. Para crianças, o desenvolvimento da inteligência emocional é fundamental por várias razões: as crianças que entendem suas emoções são mais capazes de lidar com elas. Isso é crucial em situações de estresse, como conflitos com amigos ou desafios escolares. A capacidade de reconhecer e entender as emoções dos outros permite que elas formem relacionamentos saudáveis e duradouros. A inteligência emocional ajuda as crianças a interagir de maneira eficaz com os outros, promovendo um ambiente social positivo.

A espiritualidade, por outro lado, refere-se à busca por significado e propósito na vida. Não está necessariamente ligada a uma religião específica, mas envolve a exploração de questões existenciais e a busca de conexão com algo maior.

A educação religiosa é crucial para ajudar as crianças a desenvolverem valores e princípios éticos. Nunes (2007) define que a espiritualidade oferece uma estrutura que ajuda as crianças a entenderem questões complexas sobre a vida, a morte e a moralidade. Além disso, a religião pode proporcionar um senso de pertencimento e identidade, ajudando as crianças a se conectarem com suas raízes culturais e espirituais. A espiritualidade pode ter um impacto significativo na resiliência das crianças, pois a crença em algo maior pode dar a elas uma sensação de esperança e otimismo, mesmo em tempos difíceis. A espiritualidade as ajuda a desenvolverem valores como compaixão, gratidão e amor ao próximo, que são essenciais para a convivência social. Ter um senso de pertencimento e conexão pode proporcionar um suporte emocional em momentos de crise.

A sociedade, atualmente, passa por um período de profundas mudanças. Como consequência, os lares estão sendo abalados de maneira preocupante, o que gera sérios problemas no que se refere à educação e à formação do indivíduo. De um lado, há a necessidade de buscar meios de sobrevivência, o que faz com que muitas mães também deixem o lar para se dedicarem a algum trabalho, ajudando a sustentar a economia familiar. De outro, mulheres que buscam realização pessoal acabam procurando seu "espaço" na sociedade, o que pode levar ao abandono, parcial ou total, de suas responsabilidades como esposas e mães. Além disso, deve-se considerar fatores como abusos cometidos pelos pais, constantes brigas, compromissos extras e a separação dos cônjuges, que frequentemente culmina em divórcio.

Muitas crianças, hoje em dia, estão abandonadas e perdidas, não apenas emocionalmente, mas também espiritualmente, sem direção ou norte, sem saber a quem recorrer nos momentos de crise, medo, desconforto, insegurança e perda. Elas são bombardeadas por informações vindas da TV, de revistas, da internet, de colegas, e de tantos outros lugares. Essas influências, muitas vezes, entram em conflito com os valores familiares e espirituais.

Esses acontecimentos na vida familiar levam a criança ao abandono e à falta de orientação, gerando a necessidade de alguém com quem ela possa se identificar e que a ajude a resolver seus problemas. Falta a presença dos pais para incentivá-la a crescer e a se desenvolver, seja elogiando ou corrigindo, estabelecendo e cobrando responsabilidades. É preciso ensinar a criança a respeitar limites, a ser útil e a participar da vida familiar. Os pais devem proporcionar oportunidades para que a criança partilhe tanto as alegrias quanto as dificuldades do dia a dia. Devem ensiná-la a fazer escolhas, a tomar decisões e a caminhar ao seu lado, apontando o caminho certo, com base em valores e princípios bons e positivos.

A educação religiosa em casa pode oferecer às crianças um sentido de pertencimento e identidade, além de ajudá-las a compreender e internalizar valores essenciais, como amor, compaixão, respeito e responsabilidade.

Por meio da educação religiosa, as crianças podem aprender a fazer escolhas éticas e a desenvolver um propósito maior em suas vidas. A infância é um período fundamental para a formação da identidade e dos valores que acompanharão a criança ao longo da vida. O lar desempenha um papel crucial nesse processo, sendo o primeiro ambiente onde as crianças são introduzidas a conceitos religiosos, espirituais e emocionais.

Os pais são responsáveis por transmitir conhecimentos impregnados de ensinamentos bons e duradouros, de forma que, ao se tornarem adultos, essas crianças permaneçam no caminho do bem. A qualidade desses ensinamentos é o que determinará os resultados na vida futura. Sem dúvida, os ensinamentos religiosos e os valores oferecidos desde a infância guiarão a vida da criança de maneira eficaz, tornando-a um cidadão honrado, capaz de contribuir para o bem-estar da sociedade e da nação.

Minha pergunta é: será que ainda temos chance de ensinar valores, respeito e voltar ao discipulado? Sim, temos que preparar desde a infância para mudar a história. Os pais têm um papel importante no ensino das crianças, pois devem desde cedo os ensinar. Cury (2003, p. 19) diz que "os filhos não precisam de pais gigantes, mas de seres humanos que falem a sua linguagem e sejam capazes de penetrar-lhes o coração".

A palavra "instruir" significa cercar com sebe ou constranger, segundo o dicionário, é como edificar algo perto e ao redor de uma criança; então devem estar envolvidas duas questões: o ensino e o caminho em que deve andar. Cury (2003, p. 24, 26 e 34): "Ensine seus filhos a fazerem do palco de sua mente um teatro de alegria, e não um palco de terror. Leve-os a perdoar as pessoas que os decepcionam. [...] nenhuma técnica psicológica funcionará se ao amor não funcionar. [...]. Educar não é repetir palavras, é criar ideias, é encantar."

Os pais precisam levar os filhos a admirá-los, ou seja, ter admiração pelo educador, pois "ser educador é ser promotor de autoestima" (Cury, 2003, p. 145). Ensinar aos filhos, com amor e pelo amor: "Amados, amemo-nos uns aos outros; porque o amor é de Deus; e qualquer que ama é nascido de Deus e conhece a Deus. Aquele que não ama não conhece a Deus; porque Deus é amor (1 João 4. 7-8)". A educação dos filhos envolve um processo de "discipulado". Os pais ensinam a obediência não apenas para sujeitar seus filhos a autoridade, mas principalmente para conduzi-los a uma vida de resiliência.

Nos dias atuais, a resiliência é uma habilidade essencial para enfrentar os desafios da vida. A formação de crianças resilientes não se limita ao desenvolvimento cognitivo; ela também envolve o fortalecimento da inteligência emocional e da espiritualidade.

Um dos principais desafios enfrentados na educação religiosa é a diversidade cultural. As crianças estão expostas a diferentes crenças e tradições desde muito cedo. As mídias sociais e a internet oferecem uma quantidade imensa de informações sobre diferentes religiões, mas muitas vezes sem o contexto adequado. Oliveira (2017) considera que a exposição a informações desencontradas pode gerar confusão e desinteresse pela espiritualidade. Portanto, é importante que os pais ajudem as crianças a discernirem as informações que encontram on-line.

Muitas crianças podem demonstrar desinteresse por temas religiosos, especialmente em um ambiente cada vez mais secular. Santos (2010) diz que é fundamental que a educação religiosa seja apresentada de forma interessante e acessível para despertar a curiosidade das crianças.

A educação religiosa na infância é um aspecto fundamental para o desenvolvimento moral e espiritual das crianças. Em um mundo cada vez mais diversificado, é essencial que pais, educadores, instituições de ensino e religiosas abordem a religião de maneira inclusiva e significativa.

A relação entre inteligência emocional e espiritualidade é profunda. A inteligência emocional pode facilitar o desenvolvimento espiritual, pois o reconhecimento das próprias emoções permite que as crianças reflitam sobre suas crenças e valores. A capacidade de entender as emoções dos outros enriquece a experiência espiritual, promovendo a compreensão e o respeito pelas diferenças.

Os adultos, começando no ambiente familiar e se estendendo ao meio acadêmico e ao convívio social ao redor da criança, desempenham um papel vital na sua formação emocional e espiritual. Algumas práticas que podem ser adotadas incluem: criar um ambiente seguro onde as crianças possam expressar o que sentem e fazer perguntas sobre a vida, suas emoções e a espiritualidade; utilizar práticas de meditação e respiração consciente, para ajudar as crianças a se conectarem com suas emoções; utilizar narrativas que transmitam valores espirituais e emocionais, ajudando as crianças a entenderem conceitos complexos de forma acessível.

Os adultos devem ser exemplos de inteligência emocional e espiritualidade, demonstrando como lidar com emoções e expressar crenças de maneira saudável. A curiosidade deve ser incentivada, e as respostas devem ser dadas de forma respeitosa e informativa, conforme aborda Nunes (2007).

Incorporar práticas espirituais no cotidiano pode ajudar as crianças a internalizarem os conceitos religiosos. A prática de rituais familiares, como momentos de oração ou reflexão, pode fortalecer os laços familiares e proporcionar um senso de espiritualidade compartilhada. Goleman (1995) afirma que a prática regular de atividades espirituais pode melhorar a saúde emocional e o bem-estar das crianças. Reservar um momento para orar em família, seja antes das refeições ou antes de dormir, pode ajudar as crianças a se conectarem com a espiritualidade e a compreenderem o valor da gratidão. Ler histórias de textos sagrados pode ser uma maneira envolvente de ensinar valores religiosos. Use livros ilustrados ou adaptações para tornar a leitura mais acessível. Envolver as crianças em atividades comunitárias, como cultos, serviços ou festivais religiosos, pode ajudá-las a sentir um senso de pertencimento à comunidade de fé. Isso proporciona uma compreensão mais profunda dos rituais e das tradições, permite que as crianças construam relacionamentos com outros membros da comunidade, além de ensiná-las a ouvir músicas que tenham um contexto de valores positivos e agradáveis.

As crianças aprendem muito observando os adultos ao seu redor. Demonstrar comportamentos que refletem os valores religiosos, como compaixão e respeito, é fundamental. Utilizar recursos multimídia, como vídeos, jogos e aplicativos educativos, pode tornar o aprendizado sobre religião mais envolvente. Santos (2010) destaca que a tecnologia pode ser uma aliada na educação religiosa, desde que usada de maneira consciente e direcionada.

A espiritualidade e a religião são componentes importantes na formação da identidade e dos valores das crianças. Ao introduzir esses conceitos de maneira inclusiva e sensível, pais e educadores podem ajudar as crianças a desenvolverem uma compreensão mais profunda de si mesmas e do mundo ao seu redor. A educação espiritual e religiosa, quando bem orientada, pode proporcionar às crianças ferramentas para enfrentar os desafios da vida com ética, empatia e um senso de propósito.

Trabalhar a religião na vida das crianças hoje em dia exige uma abordagem sensível, inclusiva e adaptável. Ao criar um ambiente de aprendizado que valorize a diversidade e promova o respeito, os pais e os educadores podem ajudar as crianças a desenvolverem uma espiritualidade saudável e significativa.

A formação de pequenos corações deve incluir tanto a inteligência emocional quanto a espiritualidade. Ao guiarmos as crianças nesse processo, contribuímos para o desenvolvimento de indivíduos mais empáticos, resilientes e conectados com o mundo ao seu redor. Nutrir esses aspectos é fundamental para prepará-las para enfrentar os desafios da vida de maneira equilibrada e significativa.

Referências

BÍBLIA SAGRADA. Trad. João Ferreira de Almeida. Edição revista e corrigida. São Paulo: Vida, 2002.

CURY, A. J. *Pais brilhantes, professores fascinantes*. Rio de Janeiro: Sextante, 2003.

GOLEMAN, D. *Inteligência emocional*: a teoria revolucionária que redefine o que é ser inteligente. São Paulo: Objetiva, 2000.

NUNES, C. *Educação e espiritualidade*: uma abordagem integral. São Paulo: Editora do Brasil, 2007.

OLIVEIRA, R. M. *Espiritualidade e educação*: caminhos para o desenvolvimento humano. São Paulo: Vozes, 2017.

SANTOS, A. R. *A educação religiosa na escola e em casa*: reflexões e práticas. Curitiba: Editora Appris, 2010.

CAPÍTULO 39

Cubo mágico

Um despertar para a vida

Este capítulo relata alguém em busca de autognose. Narra uma jornada emocional de um adolescente enfrentando desafios de identidade lidando com a sensação de ser "diferente". Em tom esperançoso, convida à reflexão sobre as experiências da vida que moldam caráter, pois mesmo nas dificuldades é possível encontrar luz e ser inspiração para os que se sentem perdidos.

Israel Lima

ISRAEL LIMA

Ministro do Evangelho, palestrante, agente de Segurança Pública há mais de dez anos, cuja vida é marcada por superação. Diagnosticado no espectro autista, Israel transformou suas experiências desafiadoras em uma fonte de inspiração, abordando temas como inclusão e autoconhecimento. Já ministrou palestras e pregações em diversos países da Europa, compartilhando sua história e promovendo uma mensagem de esperança. Casado e pai de autista, Israel busca, constantemente, formas de apoiar e encorajar aqueles que enfrentam desafios semelhantes, utilizando suas experiências para fomentar a compreensão e a empatia.

Contatos: israelimaoficial@icloud.com
YouTube: youtube.com/@israelimaa
TikTok: tiktok.com/@israelimaaa
Instagram: instagram.com/israelimaa
41 99658 2614

Tentando ser farol

Fiz o que o coração pediu, segui instintos e deixei de lado o que conhecia sobre o mundo. Não queria nada do passado no meu presente. Bastou um desencontro de palavras para desencadear a dor como de uma espada atravessada na alma. Em um segundo, eu tinha um belo sorriso, e no próximo foi arrancado de mim. Fui ali, mas já voltei. A realidade dizendo "bem-vindo""

Israel Lima

Sempre gostei de fazer anotações sobre sentimentos da adolescência. Esse trecho, somado a mais algumas dezenas de frases, foi escrito para ser guardado a sete chaves. Jamais cogitei mostrar a alguém minhas inseguranças, decepções, muito menos meus escritos cheios de vulnerabilidade. Porém, o tempo passa e superações são alcançadas, nos fazendo olhar tudo por outro ângulo. Cheguei à conclusão de que algumas experiências podem trazer luz a mentes obscurecidas pela insegurança de ser "diferente" e a sensação de não se encaixar neste universo.

Israel vs. Mundo

Há erros que se parecem muito com acertos. O perigo que habita no tênue, pode trazer consequências cruéis. O que parecia um deslize foi um desaire irreparável.

Israel Lima

A adolescência é o período de guerras interiores para qualquer ser humano. Um dos meus principais inimigos era uma revolta profunda da qual eu não fazia ideia de onde se originava. Não havia diagnóstico de autismo, e meus pais não faziam a menor ideia das razões de tantos problemas. Portanto, creio que fizeram o melhor que puderam dentro das limitações que viviam. Parecia haver um *driver* instalado em minha mente que me convencia de estar em um campo de batalha o tempo todo. Tudo à minha volta era interpretado como "ataque", e meus movimentos precisavam ser "defesas" (conselhos eram tentativas de me limitar ou enganar; pessoas se aproximavam para encontrar pontos fracos e tirar proveito disso; se havia pessoas rindo, a probabilidade de ser às minhas custas era infinita; sempre envolvido em alguma discussão, me via sozinho defendendo ideias que só faziam sentido dentro das minhas lógicas). Talvez por isso, era sempre visto como "o do contra". Eu não sei até quando suportaria viver nesta configuração: "Israel *vs.* Mundo"!

Abrindo porões

A dor e o relógio. Quanto mais você olha, mais demora a passar.

Israel Lima

Demorei a encontrar o caminho. A solução era contraintuitiva. Voltar, repetidas vezes à infância e tentar amar aquela criança estranha que, na minha concepção, não era amada por ninguém, atraía deboches, vivia desconfortável e com vergonha. Observar mais de perto o sofrimento da jovem mãe Isalete, com apenas vinte anos de idade, passando noites acordada pelos inexplicáveis problemas de saúde daquela criança. Imaginar quanta humilhação meus pais passaram ao tentar explicar aos curiosos o porquê eu era atrasado no desenvolvimento da fala, coordenação, sensibilidades e sempre com crise de choro, a ponto de apresentar desmaios. Vê-la com minha irmã, Helen, de apenas três anos no colo, frequentando hospitais e ouvindo diversas vezes que eu não sobreviveria, enquanto meu pai trabalhava para não deixar faltar nada na mesa.

Precisei revisitar a escola, o menino que não sentava, provocando reclamações por parte dos outros pais, pois seus filhos não enxergavam a lousa, e ver minha mãe sendo chamada para tentar "dar um jeito". A solução foi me colocar na última carteira.

Era nítido que eu tinha um sério problema em aprender da maneira convencional. Eu não conseguia organizar um caderno, não controlava coordenação motora para escrever de forma padronizada, e, por mais exercícios de caligrafia que fui submetido a fazer como "castigo" pelos garranchos que minhas anotações viravam, jamais melhorei.

Revisitar tantos fracassos não é satisfatório, é muito mais fácil fugir do passado, trancar os pesadelos em um porão escuro. No entanto, não há outro caminho. Existem feridas que só cicatrizam se forem abertas e limpas. Abrir o porão, deixar a luz entrar, expor as bestas-feras que foram alimentadas secretamente por tantos anos é a única maneira de ver a realidade e constatar que se trata de experiências enriquecedoras para forjar um ser humano forte e sem medo. Olhar para trás com a devida dose de equilíbrio tem muitos benefícios. Aceitar-me, perdoar-me e amar-me, tornou-me capaz de amar e cuidar da minha esposa, Ketlyn, ter um filho, o Israel Mateus (Raelzinho), e não investir menos do que meus pais investiram em mim. O *bullying* me tornou consciente das minhas fragilidades até que algumas fossem superadas e outras aceitas. Muitos dos desafios vividos em ambientes sociais me trouxeram resiliência e as ferramentas necessárias para encontrar caminhos alternativos; por exemplo, para escapar dos exercícios de caligrafia, investi em letras de forma. Fiquei tão bom nelas que até hoje ouço elogios de como minhas letras a próprio punho são belas.

Incrédulo

O cemitério está cheio dos que viveram fora
do seu verdadeiro destino.

Israel Lima

Meus pais sempre foram muito envolvidos com a igreja. Meu pai foi músico por muitos anos e me inspirou a aprender a tocar teclado, o que me inseriu nas atividades da igreja por algum tempo. Hoje sei o quanto esse ambiente me trouxe benefício, no entanto, naquela fase, a igreja era apenas uma extensão do campo de guerra que eu vivia. Comecei a prestar atenção nas reações dos meus colegas às músicas e reflexões, e cheguei à conclusão de que eu também não me encaixava ali. Eu achava as pessoas emotivas demais e eu nunca tinha derramado uma só lágrima. Notei que o perfil das pessoas que estavam felizes ali era completamente diferente do meu: tinham facilidade para se manifestar, cantar e se expressar. Novamente, eu era um peixe fora d'água.

Outrossim, me vi incapaz de crer que um Deus criou o ser humano para ser eterno, que esse cometeu pecado separando-se de seu Criador. Que, nos princípios e valores desse Deus, o pecado merece a morte, e Ele é justo demais para "passar pano" para tais erros, porém ama demais para deixar o ser humano morrer sem dar uma opção. Por isso, fez um plano. Tornar-se um ser humano por vias de uma virgem, viver sem ter nenhum pecado para que pudesse substituir o ser humano pecador e, então, perdoar todos aqueles que aceitarem tal sacrifício de Jesus. Herdei uma natureza pecadora por causa de um homem chamado Adão que pecou pela primeira vez? Mereço morrer? Erro muito e peco sempre, mas se eu aceitar o sacrifício daquele Jesus, serei perdoado de tudo? Assim, de graça?

O Pacto

[...] onde vamos chegar não importa mais do que aquilo que podemos aprender no caminho [...]

Israel Lima

Minha mãe me contou algumas vezes um dos momentos mais desesperadores que viveu. Com alguns meses de vida, me levou às pressas ao hospital e entregou-me nas mãos de uma enfermeira sem sinais de respiração e com a pele arroxeada, depois de uma crise intensa de choro por razões desconhecidas. Um grande tumulto entre os profissionais deixou-a ainda mais angustiada. Detalhista como sempre, notou que alguns profissionais conversavam e olhavam para ela com pena e ela imaginou o que diriam na sequência. Poderia não ter forças para ouvir uma ingrata notícia, então entrou em um banheiro e usou a única ferramenta que dispunha: a oração. Em poucas palavras, entregou-me nas mãos de Deus, dizendo com sinceridade que não estava pedindo a minha vida. No entanto, se eu retornasse respirando, ela queria que eu fosse um pregador do evangelho, um instrumento de Deus. Quanta maturidade para uma moça de vinte anos, não é? Não demorou muito para alguém me devolver a ela, sem as explicações sobre causas nem tampouco diagnóstico. Mas ali um pacto com Deus havia se iniciado em relação ao meu propósito de existência. O Israel adolescente não sabia da seriedade disso e estava disposto a abandonar tudo. Nada e ninguém mudaria minha mente.

É claro que meus pais ficaram preocupados com essa fase difícil, porém não me lembro de me forçarem a ir à igreja ou terem discutido para me fazer mudar de ideia. Mamãe me contou posteriormente que, certo dia, ela estava muito preocupada, percebendo meu distanciamento tanto da família quanto dos princípios que me ensinaram, que, em um momento de oração, lembrou-se da aliança que havia realizado dentro do banheiro daquele hospital. Disse que ousou instar com o Criador, pois não queria me ver perdido, desorientado e sem propósito. Os fatos que passo a narrar a seguir têm relação com aquele pacto realizado.

Um Despertar para a Vida

A oração pode cessar a chuva ou nos fazer poderosos no meio dela.

Israel Lima

Fui convidado para um retiro de adolescentes que foi organizado para o final de semana. Houve muitas atividades divertidas, porém um dos momentos foi separado para o louvor e a pregação. Fiquei me sentindo estranho, mas não tinha outra saída. Graças a Deus. Pois, no meio daquelas canções, alguns jovens começaram a chorar, outros a levantar as mãos e pareciam não se importar com o que estava havendo ao seu redor. Senti-me à vontade para fechar os olhos e fui envolvido por um sentimento único que me preencheu. Tomado por um sentimento de paz e alegria que se tornou mais intenso do que minha timidez e incredulidade. O peso do meu corpo sumiu, ao mesmo tempo parecia que eu não tinha forças para ficar em pé. Antes que eu pudesse conter, senti uma lágrima fazendo cócegas no meu rosto. Eu queria gritar, sabia que não era natural o que eu estava experienciando. Lembro-me de ter falado com Deus a seguinte frase: "Então é isso o sobrenatural?" e, de fato, era!

No decorrer dos dias, notei mudanças. Ambientes mais leves, a vida me parecendo mais agradável e meus pais se perguntando: "o que houve com ele?".

Sempre amei a Bíblia, pois tem histórias maravilhosas; é uma espécie de hiperfoco para mim. Mas a partir dessa e de outras experiências espirituais, passei a enxergá-la com mais profundidade e ver muito mais além de histórias. Os textos estavam falando comigo e sobre mim, sobre meus sentimentos de incertezas e inseguranças, sobre minhas dores e traumas. Creio que vai parecer loucura, mas eu me senti nascendo novamente. Eu não lembro ao certo como iniciei as ministrações, pois a partir desse momento parece que minha vida gira em torno de falar deste amor que me envolveu naquela abençoada tarde e, portanto, já faz mais de quinze anos que prego a mensagem sobre o plano daquele Jesus, tendo passado por mais de dez países executando esse propósito.

Autista?

Você não é tão importante quanto pensa. Supere!
Você é mais importante do que alguém pensa. Valorize!

Israel Lima

O próximo capítulo desta história aconteceu quando conheci a Ketlyn e, para surpresa do universo, cogitei me casar. Isso era um absurdo para quem já havia me ouvido defender que jamais faria uma loucura dessa. Logo chegou Raelzinho, nosso filho, e, com ele, o diagnóstico do TEA. É incrível como somos parecidos. Tudo o que eu ouvi sobre mim dos meus pais, eu estava vendo se repetir nele. As mesmas dificuldades com interação social, comunicação, aprendizado, sensibilidades, seletividade alimentar etc.

Ketlyn ficava tão desesperada no início, quando ele não olhava para onde apontávamos ou quando passou o tempo de começar a desenvolver a fala e nada de o menino falar. A minha maneira de acalmá-la era dizendo das minhas experiências e que, assim como fui desenvolvendo com atraso, ele também desenvolveria. Incansável, ela foi atrás de informações e, por fim, o diagnóstico: autismo. Calma aí, o Raelzinho é autista? Eu sou autista? Foi assustador, desesperador. Deixei o tempo passar e vi as respostas que faltavam chegarem como peças de quebra-cabeça. Lá vou eu novamente ao passado lançar luz a tudo o que faltava entender.

Hoje, eu falo muito sobre a inclusão e em como os autistas devem ser respeitados, mas sem ignorar o quanto o autista pode avançar sem se vitimizar, vencendo suas próprias barreiras, até porque a vida não é feita apenas de situações confortáveis. Aprendo todo dia a ignorar minhas dores de cabeça, que são reincidentes quando me exponho tempo demais a barulhos (que em alguns ambientes são inevitáveis), e isso é um enorme prazer para mim. Sim! Meu ambiente favorito são eventos de palestras e pregações e não abriria mão disso por nada neste mundo. Muitas vezes, após as ministrações, minha roupa está úmida com transpiração e as pessoas querem um abraço. A sensação do tecido tocando a pele é difícil de explicar, mas jamais serei rude com alguém por isso. Sei que tudo está dentro do pacote daquilo que eu mais amo fazer na vida, portanto, procuro estar preparado para isso. O que seria da nossa vida sem algumas concessões? Peço a Deus que continue me dando oportunidades para conhecer meus irmãos do Brasil e do mundo, ministrando, fazendo palestras, me conhecendo mais a cada dia, ajudando pessoas a se amarem como são, superando mais dificuldades a cada nova experiência, pois se apenas um indivíduo viver essas mudanças, valeu a pena cada sacrifício.

CAPÍTULO 40

Além da cicatriz umbilical

As marcas de uma educação saudável na infância

Apresento-lhes neste artigo algumas marcas saudáveis que os pais precisam deixar na vida de seus filhos ainda na infância. Marcas que produzirão inteligência socioemocional e uma forte espiritualidade que forjarão nelas um sólido caráter ao se tornarem adultas.

Carlos Henrique de Assis Silva

CARLOS HENRIQUE DE ASSIS SILVA

Nascido em 10/01/1984, é casado com Adelaine e pai de Asafe, Valentina e Calebe. Bacharel em Teologia e pós-graduado em Aconselhamento Pastoral pela Universidade Metodista de São Paulo (Umesp). Além de Teologia, tem formação em Psicanálise e Terapia Familiar, pela Faculdade Teológica Metropolitana. Especialização em Clínica com Adolescentes, pela Universidade Federal de Minas Gerais (2016).

Contatos: carlos.metodista@hotmail.com
32 98892 8731

Leia o texto bíblico a seguir:

> *1 Depois disto partiu Jesus para o outro lado do mar da Galileia, que é o de Tiberíades.*
>
> *2 E grande multidão o seguia, porque via os sinais que operava sobre os enfermos.*
>
> *3 E Jesus subiu ao monte, e assentou-se ali com os seus discípulos.*
>
> *4 E a páscoa, a festa dos judeus, estava próxima.*
>
> *5 Então Jesus, levantando os olhos, e vendo que uma grande multidão vinha ter com ele, disse a Filipe: Onde compraremos pão, para estes comerem?*
>
> *6 Mas dizia isto para o experimentar; porque ele bem sabia o que havia de fazer.*
>
> *7 Filipe respondeu-lhe: Duzentos dinheiros de pão não lhes bastarão, para que cada um deles tome um pouco.*
>
> *8 E um dos seus discípulos, André, irmão de Simão Pedro, disse-lhe:*
>
> *9 Está aqui um rapaz que tem cinco pães de cevada e dois peixinhos; mas que é isto para tantos?*
>
> *10 E disse Jesus: Mandai assentar os homens. E havia muita relva naquele lugar. Assentaram-se, pois, os homens em número de quase cinco mil.*

11 E Jesus tomou os pães e, havendo dado graças, repartiu-os pelos discípulos, e os discípulos pelos que estavam assentados; e igualmente também dos peixes, quanto eles queriam.

12 E, quando estavam saciados, disse aos seus discípulos: Recolhei os pedaços que sobejaram, para que nada se perca.

13 Recolheram-nos, pois, e encheram doze cestos de pedaços dos cinco pães de cevada, que sobejaram aos que haviam comido.

João 6:1-13

Talvez você possa estar se perguntando:

- Qual a relação desta passagem bíblica com a educação?
- O que esse texto tem a ver com os pais?
- Onde estão os pais na história?

Pois vou lhes dizer onde essa relação está: no umbigo da criança que ofereceu os cinco pães e os dois peixes para alimentar a multidão. O umbigo é uma marca de amor que nos acompanha a vida toda.

A marca do umbigo é a prova de que todos nós temos, ou tivemos, pai e mãe. Se aquele menino tinha umbigo, então ele tinha mãe e pai. Se lermos com atenção o texto bíblico da "multiplicação dos pães", perceberemos que os pais do menino da história deixaram nele outras marcas além da cicatriz umbilical.

A palavra "rapaz" no original grego significa "pequena criança", e pode se referir a um menino ou a uma menina. Se estivermos atentos, podemos ler essa história considerando que uma de suas principais personagens era, então, uma criança. Menina ou menino, a criança carrega em si as marcas da influência dos pais, que vão além da marca umbilical. E essa leitura nos convida a um olhar mais empático para a criança, a fim de compreendermos QUANDO A INFÂNCIA DÓI.

A família é o principal contexto de aprendizagem, pois é nela que os valores e modelos são assimilados desde a mais tenra infância. É um sistema interacional, provido de uma estrutura hierarquicamente organizada, com o fim de assegurar a continuidade e o crescimento de seus membros. Assim, como um móbile, a família precisa encontrar o equilíbrio dinâmico entre duas funções aparentemente contraditórias: homeostase e transformação: uma visa manter a família unida; enquanto a outra promove a sua evolução.

A cada fase do ciclo familiar, o equilíbrio anterior é rompido para dar lugar ao novo. Momentos de crise convidam a uma reorganização mais adequada. Instabilidade, incertezas e ansiedade marcam a passagem para um novo equilíbrio funcional. Fatores perturbadores como perdas, abandono, separação e desemprego, por exemplo, são a base para o desenvolvimento dos mitos, que vão dar significado à situação vivida, em função das referências provenientes das gerações anteriores.

Para se desenvolver de forma saudável, a criança precisa de cuidados especiais. A responsabilidade do pai e da mãe se inicia com a construção de um vínculo afetivo que permite à criança se sentir acolhida e parte integrante da família. Maternidade diz respeito à capacidade de nutrição física e emocional, bem como à organização das necessidades básicas. A função paterna, por sua vez, garante limite, proteção e direção. O casal ainda transmite à criança padrões de relacionamento quanto à sexualidade, afetividade e companheirismo. Por meio dessa herança, o ser humano vai construindo sua identidade e aprende a se relacionar.

Apresento-lhes neste capítulo algumas marcas saudáveis que os pais precisam deixar na vida de seus filhos ainda na infância. Marcas que produziram inteligência socioemocional e uma forte espiritualidade que forjarão nelas um sólido caráter ao se tornarem adultas. Ao olharmos cuidadosamente no texto bíblico, perceberemos que os pais daquela criança (mesmo que o texto não os cite) estão lá. E deixaram marcas além da cicatriz umbilical.

Presença melhor que presente

Não é muito raro encontrarmos alguns pais frequentemente presenteando seus filhos com passeios, jogos, objetos eletrônicos e roupas caras. No entanto, muito o fazem movidos mais por um sentimento de culpa do que por generosidade afetiva. Como se fosse uma espécie de indenização ao filho, em virtude de sua ausência paterna, ou meio de expiar a culpa diante do pouco tempo que passa junto ao filho.

No texto bíblico apresentado, os pais estão lá, PRESENTES. Era impossível a criança do texto bíblico não estar com seus pais. Visto que, na antiguidade, o pai tinha direito de vida e morte sobre os filhos até a sua própria morte. Cabia ao pai decidir o momento de iniciá-los na vida pública (Coutinho, 2009).

Segundo Ariès (1981), a família de então possuía função efetiva, mas o grupo familiar consistia em uma unidade essencialmente econômica, seja no que diz respeito à administração do trabalho no campo e à divisão de tarefas, seja na conservação e transmissão dos bens de um modo geral. As crianças viviam no meio de adultos, dos quais recebiam formação religiosa e logo aprendiam a executar atividades do cotidiano familiar, seja qual fosse sua condição social, e a preocupação central era preparar a criança para suas tarefas futuras.

Hoje, infelizmente um caminho percorrido por muitos pais é apaziguar ou aliviar a consciência culpada com mecanismos e atitudes autocompensadoras. A presença de uma pessoa transbordante de empatia, sensibilidade, gentileza e compaixão é o melhor presente que poderá dar ao seu filho. Quando falo de presença, refiro-me especialmente à presença presente. É muito comum pais e mães, ao chegarem em casa, estarem totalmente divorciados do ambiente e da vida familiar.

A presença do pai, além de física, deve ser também psicológica, emocional e afetiva. Assim, a presença presente é uma marca além da cicatriz umbilical e o melhor presente que você pode dar ao seu filho. O maior de todos os presentes é a ternura na voz, o ouvido atento, a amabilidade do olhar solidário que busca intimidade, encontro e reconciliação. Você construirá memórias afetivas na sua criança, o que promove relacionamentos profundamente saudáveis.

Disciplina: uma linguagem de amor

Em uma época em que poucos se preocupavam em despertar o interesse das crianças pelos estudos e pela busca do conhecimento, uma criança, que poderia estar brincando na praia, deixa suas atividades lúdicas e se encontra aos pés de um renomado mestre, que conferenciava nas colinas próximas. Sabendo como são as crianças, não é difícil imaginar que a criança do texto bíblico tinha pais interessados no seu desenvolvimento físico, espiritual e intelectual.

Eis aí uma criança sadia, cuja autonomia e vigor lhe permitem caminhar pelas colinas e acompanhar, com disposição, o professor messiânico durante longas horas-aula. Também não nos deve passar despercebido o fato evidente de que, ao enviar a criança para a escola itinerante do ilustre professor, aqueles pais não a despedem de mãos vazias. Antes, preparam com uma substanciosa merenda: cinco pães e dois peixes. Isso demonstra o cuidado de pais que se preocupam, sim, com o desenvolvimento físico, espiritual, intelectual e afetivo da criança, revelando uma autêntica disciplina.

A palavra disciplina, tanto em nossa língua quanto nos originais hebraico e grego, significa, primeiramente, educação. Infelizmente, há muitos pais que acreditam que disciplinar é sinônimo de castigar e que castigo deve ser físico e, ainda, para ser fiel à Bíblia, com o uso de uma vara. Que tristeza é pensar em quantas crianças são espancadas por seus pais, que pensam estar sendo obedientes a Deus!

Toda e qualquer forma de educação é também uma forma de disciplina. Disciplinamos por palavras, com exemplos, pela atenção, pela compreensão, pela aceitação, pelo carinho e, eventualmente, também por castigos. Estes, aliás, são tanto menos necessários quanto mais existam os outros elementos citados.

Vale notar que, no tempo de Jesus, religião e educação eram basicamente uma coisa só. Preocupar-se com a educação era o mesmo que se preocupar com o desenvolvimento espiritual. Deduzimos daí que o incentivo recebido dos pais deixou marcas intelectuais e espirituais permanentes naquela criança.

Tudo isso não quer dizer que devamos ser permissivos ou excessivamente tolerantes. É preciso levar em conta que toda criança precisa crescer conhecendo limites, sendo orientada sobre o que é certo e o que é errado. Sem isso não desenvolverá a segurança interior que, em grande parte, é resultado da interiorização das atitudes dos pais para com ela – atitudes que precisam incluir firmeza amorosa.

Meus pais, meu self

A estatura do caráter daquela criança também fica nítida no texto bíblico que lemos. Além da formação intelectual e do desenvolvimento físico, podemos perceber que aquela família também marcou definitivamente o caráter dessa criança porque, justamente quando a multidão estava faminta, e Jesus propôs que as pessoas repartissem o alimento, todos esconderam o que tinham. Só a criança fez diferente: ela foi a única que ofereceu o seu lanche para Jesus e para a multidão.

Muitos convivem com a infidelidade e com o amargo sabor da culpa, da inferioridade, do sentimento de inadequação e inutilidade, por enterrarem no passado experiências trágicas e dolorosas. Muitos, infelizmente, sentem que estão algemados a sentimentos muito negativos e depreciativos a respeito de si mesmos. E assim vão levando "uma vida de cão", revirando as lixeiras da vida. Veem-se sempre incapacitados e esmagados por um terrível sentimento de inutilidade (Vilaça, 2010).

Assim, a autoimagem afeta o seu relacionamento com as pessoas, sua capacidade de autogestão e iniciativa, e de responder à vida de forma apropriada – a capacidade de seguir sua vocação, sua sexualidade, sua produtividade pessoal e profissional, bem como o desenvolvimento e a utilização adequada dos seus talentos, dons e habilidades.

Uma combinação enorme de fatores determina a maneira como eu enxergo a mim mesmo – meu self (Vilaça, 2010).

Um relacionamento saudável com os pais é o fator decisivo para um desenvolvimento de uma visão positiva de nós mesmos. Esse relacionamento é decisivo para a formação de uma autoimagem da criança. A família é a fonte principal das primeiras marcas que gravamos dentro de nós. Quanto mais saudáveis forem as relações no ambiente familiar, mais saudável será a autoimagem da criança e, consequentemente, mais saudável será a sociedade.

Pais adoecidos geram crianças adoecidas e adoecedoras. Pais saudáveis geram crianças abençoadoras e generosas. Com quem teria a criança do texto bíblico aprendido a repartir? Como esse menino teria aprendido a praticar a misericórdia? Com quem teria aprendido a ser solidário? Provavelmente aprendera isso na sua própria casa – COM SEUS PAIS.

Que maravilhoso encontro este entre Jesus e a criança! A Bíblia não fala explicitamente dos pais, mas a leitura atenta nos revela: *eles estão lá!* E podemos ver suas marcas não somente no umbigo da criança, mas na sua estatura intelectual, na sua integridade física e, principalmente, na força do seu caráter.

Para sermos justos nessas reflexões, devemos considerar a hipótese de que talvez o menino não tivesse mãe ou pai. E se ele talvez fosse órfão? É uma possibilidade. Pode ser, então, que ele tenha aprendido tudo isso com uma tia, ou com a irmã mais velha, ou, ainda, com a avó ou a mãe adotiva. Seja como for, ou com quem quer que tenha sido, foi alguém que deixou nele marcas saudáveis, além da cicatriz umbilical.

Referências

ARIÈS, P. *História social da criança e da família*. Trad. Dora Flaksman. Rio de Janeiro: Guanabara, 1981.

COUTINHO, L. G. *Adolescência e errância:* destinos do laço social no contemporâneo. Rio de Janeiro: Nau – FAPERJ, 2009.

VILAÇA, L. *De pai pra filho:* tempo de repensar e reformular a masculinidade e a paternidade. Rio de Janeiro: Proclama, 2002.

PARTE VII

A INFÂNCIA QUE DÓI NO ADULTO

CAPÍTULO 41

Quando a infância dói, inclusive na vida adulta

No caminhar entre diagnóstico, tratamento e readaptação, um olhar humano e consciente

A infância ferida deixa marcas que ecoam na vida adulta. Este texto propõe um olhar humano sobre diagnósticos, traumas e caminhos de cuidado. Reforça que o tratamento exige dedicação, apoio e consciência e que, apesar das cicatrizes, é possível encontrar formas mais leves de viver.

Rosana Titonelli Elias

ROSANA TITONELLI ELIAS

Enfermeira graduada (2008). Especialista em Saúde Pública e em Saúde do Trabalhador (2009). Acadêmica na segunda graduação: bacharelado em Teologia (UCP), RJ. Professora nos cursos de Enfermagem, Educação Física, Farmácia, Nutrição, Psicologia no Centro Universitário Faminas, Muriaé-MG (2009-2013). Enfermeira Cirúrgica, no Hospital São Paulo, Muriaé-MG (2009-2013). Administradora pela Semed (2001-2007). Auxiliar Administrativo na Fundação Cristiano Varella, Muriaé-MG (2001-2007). Representante comercial cirúrgica: Tyco (2004-2010). Representante comercial cirúrgica: Johnson & Johnson (2011-2014). Palestrante. Coautora dos livros *Quando a infância dói*; *O poder de uma história* – vol. 1 (2024) e *Ela: infinito movimento* – vol. 2 (2025). Empresária (2010-2025).

Contatos: rosana.titonelli@gmail.com
Instagram: @rosanatitonelli
Facebook: Rosana Titonelli

A dor da infância tem tratamento? Tem cura? E suas cicatrizes? Depois do diagnóstico, como fica a vida? Quanto dessas respostas (ou propostas) está nas mãos dos profissionais – e quanto está nas mãos do próprio paciente? Os bloqueios (que foram causados por essas dores) podem ser removidos? E os traumas – há como lidar com eles e superar?

Essa é uma sequência de perguntas que poderiam ser respondidas ao longo de um livro inteiro – mas, neste capítulo, vamos conversar de forma leve, objetiva e verdadeira.

O primeiro volume de *Quando a infância dói* apresentou diversos capítulos que, de forma eloquente, discutiram as dores da infância com profundidade, sensibilidade e eficiência.

Entretanto, é muito comum que as pessoas sigam em busca de mais informações, de dados complementares e de esclarecimentos sobre os diagnósticos. Essas respostas, porém, não se encontram em um único livro – tampouco em uma só consulta. Existe, sim, um esforço contínuo de esclarecimento, especialmente quando qualquer um dos temas abordados por essas perguntas se faz presente na vida das pessoas, de seus entes queridos, cuidadores ou de alguém próximo.

Tendo em vista que a dor da infância pode estar instalada tanto em crianças quanto em adultos, é possível encontrar alguns "sins" e também alguns "nãos" ao longo do caminho – sem esquecer que a readaptação, nesses casos, costuma ser vista de forma bastante positiva.

Tratamentos – obstinação – resiliência – benevolência persistente – anseio genuíno

Observem que há cinco recomendações descritas (logo acima). No entanto, apenas uma delas depende diretamente da atuação dos profissionais da área da saúde. As demais estão profundamente ligadas à pessoa que se encontra em processo de tratamento. É o paciente (em condições de si) quem viabiliza, conduz e se torna agente ativo dessas outras propostas. No caso de crianças ou pessoas consideradas incapazes, essa responsabilidade recai sobre seus responsáveis legais, que assumem o papel de facilitadores no processo de cuidado e transformação.

Entendamos que a infância é um terreno que pisamos na primeira etapa da vida – e é por esse mesmo caminho que seguimos caminhando, de algum modo, pelo resto da nossa existência.

Adultos em plena idade produtiva também podem – e frequentemente precisam – passar por tratamentos relacionados às dores originadas na infância. Trata-se de uma realidade muito mais comum do que se costuma imaginar ou admitir. Ainda assim, esse grupo representa uma minoria nas abordagens terapêuticas, muitas vezes por conta de uma longa lista de justificativas: desculpas, empecilhos ou, simplesmente, desconhecimento – o não saber. Essa ignorância, por sua vez, reverbera em outros obstáculos, gerando dificuldades e limitações que se perpetuam ao longo da vida.

Em pleno ano de 2025 d.C., levar adultos à terapia ainda é um dilema, fora o preconceito social e o autopreconceito – isso não exclui a necessidade de se tratar. Profissionais que compõem equipes multidisciplinares frequentemente indicam consultas com psiquiatras ou psicólogos. Esse movimento evidencia a importância de um olhar holístico e a necessidade de diagnósticos realizados por especialistas qualificados – recomendações, inclusive, feitas por outros profissionais da saúde. Essa é a perspectiva de um lado da mesa. Do outro, está o paciente adulto, com toda a sua complexidade e singularidade, que, na maioria das vezes, não tem a menor noção de que precisa de diagnóstico de como está seu mundo psicoemocional e quais são as possibilidades de **tratamento**. A situação se torna ainda mais delicada quando os encaminhamentos se perdem nos corredores institucionais, e o próprio paciente acaba sendo o principal prejudicado por não dar continuidade ao cuidado que lhe foi indicado. Ainda há um longo caminho a ser percorrido nesse campo. No entanto, vale ressaltar a expectativa de que as novas gerações utilizem os espaços terapêuticos de forma mais consciente e efetiva. Pode parecer romantismo – mas talvez seja apenas esperança: a esperança de que, no futuro, mais pessoas concluam seus tratamentos, encontrem apoio e consigam curar, enfim, suas dores e sofrimentos.

Segundo a classificação da Organização Mundial da Saúde (OMS), a infância termina aos 12 anos, e a adolescência, aos 17. Na infância saudável, a criança tem o sol de cada dia – e isso, quase sempre, lhe basta. O presente é o que ela deseja; o tempo livre, o que alimenta sua satisfação. Brincadeiras e travessuras preenchem o dia, e gosto de dizer que o sonho e a liberdade moram na infância. O passado, nessa fase, costuma ser uma lembrança leve. O futuro, uma paisagem despreocupada. É importante relembrarmos esses dados para retomarmos a noção de que a infância é um tempo de fragilidade na vida das pessoas. A indefectibilidade percebida nesse período favorece, paradoxalmente, tanto a vulnerabilidade quanto a vitimização dessas crianças – e é nesse terreno que surgem os primeiros sinais do que podemos chamar de estagnação, escurecimento da alma, paralisação no percurso ou uma trava emocional. Violências contra a criança, desastres emocionais e outras experiências traumáticas compõem o cenário de muitos pacientes em idade precoce – geralmente acompanhados e tratados sob a supervisão de profissionais competentes e de seus responsáveis.

Imaginemos, juntos, os seguintes cenários:

Peço um minuto de reflexão entre estas palavras – em consternação pelas crianças que não são amparadas nem tratadas, vítimas de demandas psicoemocionais, de omissão e descaso.

Elas existem. Elas são vítimas.

Algumas chegam ao suicídio – o que é, sem dúvida, uma tragédia irreparável. Tantas outras, por não receberem o tratamento adequado, tornam-se adultos completamente diferentes do que poderiam ser – apenas por falta do cuidado necessário e amorosamente possível. Esse grupo constitui o que chamamos de vítimas eternas da infância. E quantos adultos, por terem sido vítimas, passam a vitimizar outras pessoas? Pensemos: isso não diz respeito apenas às crianças – mas também aos adultos e até aos idosos.

Se o sonho habita o campo da infância, podemos esperançar que, no adulto, ele se mantenha como uma memória viva e positiva – capaz de se transformar em criatividade confiante, que impulsiona o ser a seguir em frente.

Nem tudo está sem saída ou sem solução quando se trata da criança e de suas dores. Atualmente, escolas, serviços sociais, diversos sistemas públicos de saúde, assim como clínicas particulares, oferecem avaliações diagnósticas e propõem tratamentos conjuntos e interdisciplinares. Por vezes, é preciso intervir e prescrever o uso de medicações. Uma vitória significativa é o aumento no número de crianças em acompanhamentos terapêuticos. Em um passado ainda recente, esse número era significativamente menor.

As causas das dores na infância são múltiplas: podem vir de experiências vividas, de situações adversas e até de diagnósticos genéticos ou hereditários. É importante termos clareza de que essas dores podem surgir de várias formas como: doenças, perdas de pessoas próximas, acidentes ou desastres naturais. No entanto, pode vir também de traumas emocionais, bloqueios psíquicos e, de maneira especialmente dolorosa, da violência praticada contra a criança. Dessa forma, voltamos à importância de um diagnóstico bem feito e das abençoadas terapias a serem propostas, lembrando que nem sempre é possível executar todas as terapias indicadas de forma simultânea.

Como citado em meu capítulo, "A dor da infância que reverbera e ecoa na família", publicado no livro *Quando a infância dói* – vol. 1 (2024, p. 288):

> Sabe-se que a busca pelo diagnóstico advém de uma preocupação e/ou insatisfação no desenvolvimento da criança, seja ele físico, mental e, em alguns casos, comportamental. Lembra-se que as doenças a serem diagnosticadas são numerosas, a criança ideal é a referência de normalidade, e as atípicas se apresentam na diferenciação e classificação por vários critérios de avaliação.

Após um ou vários diagnósticos fechados, quando é feita uma proposta terapêutica, aí sim, começa a jornada mais longa.

No que tange ao cenário de tratamento da criança que carrega dores da infância, teremos, no mínimo, três pessoas diretamente envolvidas: a criança, seu responsável e o(s) profissional(ais) da área da saúde. Em uma avaliação mais ampla, entram em cena outros agentes igualmente influentes: como a família, a escola, os grupos religiosos e os círculos sociais, o que amplia significativamente os reflexos e, por vezes, (paradoxalmente) as dificuldades do processo terapêutico. Raramente, o tratamento dessas dores é algo simples ou de resolução breve. Isso porque é preciso tempo para interação, intervenção, reavaliação, reconceituação e, eventualmente, para uma possível cura. E aqui vale lembrar: o conceito de "cura" é profundamente subjetivo. Muitas vezes, o que se alcança é uma readaptação ou uma reelaboração interna capaz de proporcionar qualidade de vida. E esse ganho, por si só, pode ser tão significativo que permite ao paciente alcançar a alta terapêutica.

A **obstinação** por parte do adulto é primordial. Como nos ensina C. S. Lewis: "Não está pronto? Então fique pronto no caminho". Não negociar a adesão terapêutica, manter a sequência e a frequência das sessões, cultivar a disciplina e seguir as rotinas propostas são atitudes de extrema importância. Esses cuidados possibilitam ao profissional que conduz o tratamento estabelecer um ritmo – que, por si só, já tende a ser lento, dada a complexidade da criança, que é um ser em desenvolvimento e, ao mesmo tempo, está lidando com alguma forma de desvio da normalidade. Estabelecer um vínculo terapêutico sólido é essencial para que a evolução de cada caso possa ocorrer com consistência e humanidade.

A **resiliência** pode ser o pilar mais importante de todo o tratamento. É bastante conhecido o ditado: "primeiro piora, para depois melhorar".

E ele se aplica com força aqui. Mexer em dores (seja qual for sua origem) provoca mais dor. Relembrar, olhar para trás e encarar o que machuca, inevitavelmente, traz dias difíceis. Manter o tratamento nesse tempo "menos melhor" é um dos maiores desafios enfrentados pela maioria dos pacientes. É justamente aí que a resiliência, a confiança no processo e a continuidade fazem toda a diferença. Pode até parecer poético demais, mas o otimismo é um conforto. Ter apoio, afeto e amparo ao redor pode contribuir de forma incalculável para o tratamento como um todo.

Respondendo às perguntas: "A dor da infância tem tratamento? Tem cura?" Sim, essas dores podem, sim, ser tratadas – e, muitas vezes, curadas. Há sempre um caminho possível, mesmo que haja também um limite. A jornada terapêutica pode, em alguns casos, levar à restituição quase total. No entanto, a lembrança do fato vivido ou do ocorrido tende a permanecer como um vestígio – uma marca que acompanha, mesmo quando já não dói como antes. Saber lidar com esse ponto frágil é fundamental. E aqui entra uma atitude essencial por parte do mentor ou responsável: uma dose generosa de benevolência, capaz de reconhecer em si a saúde necessária para priorizar o tratamento e se dedicar à cura do outro. Caso o quadro que traz a dor da infância esteja ligado a uma deficiência física (seja ela congênita ou adquirida), lidar com essa privação representa um desafio ainda mais complexo. A dimensão emocional, nesses casos, exige tanto suporte técnico quanto afetivo, e um olhar atento para as múltiplas formas de superação, reinterpretação e reinvenção da própria vida.

Os bloqueios e os gatilhos merecem um olhar ainda mais cuidadoso e elaborado. Lidar com eles e processá-los pode levar anos – mas, sim, na maioria das vezes, são tratáveis e podem ser compensados. Vale ressaltar: as palavras são poderosas, sempre foram, sempre serão. As mesmas que, de forma destrutiva, causam dor, podem (quando bem conduzidas) libertar as almas por meio de conversas que curam.

Sobre as **cicatrizes da infância**, por si só, a descrição quase explica tudo: quando há uma cicatriz, é para mostrar que a dor foi real ainda que esteja no campo da emoção, dos sentimentos. Entendemos que elas ainda podem expurgar, sangrar e causar um sofrimento gigantesco. Limitar o acesso a essas cicatrizes pode nos desvincular da dor real e transferi-las para lugares onde não há razão de estar ou ser.

Traumas como perdas, acidentes, abuso sexual, estupro e outras formas de violência representam desafios consideravelmente maiores – e mais dolorosos – para serem tratados. Em muitos casos, essas experiências deixam marcas profundas no corpo e na psique, moldando comportamentos, por exemplo, dificultando vínculos. O trauma, quando não reconhecido e cuidado, se torna um pesadelo, assombrando, reverberando em ciclos de dor que atravessam os anos – e, por vezes, as gerações. Aqui, nunca cabe qualquer julgamento ou prejulgamento, é preciso oferecer um espaço acolhedor, seguro. É possível encontrar modos mais saudáveis de viver e desfrutar da vida.

Aí, sim, chegamos ao paradigma do **anseio genuíno**: o querer. É preciso dedicação. Muita. Em alguns casos – e não são raros –, vítimas das dores da infância, sejam crianças ou adultos, acabam tomando posse dessas dificuldades. Abraçam-nas como se fossem tesouros, troféus ou até mesmo seus únicos motivos existenciais. Desprender-se, desejar a mudança e aceitar uma nova versão de si são passos importantes. Mas é fundamental compreender que, dentro dessa perspectiva, o paciente não escolhe racionalmente ocupar essa posição. Em muitos casos, trata-se de um mecanismo profundo de autodefesa ou de sobrevivência – ou ainda de um bloqueio tão enraizado que a pessoa sequer consegue acessá-lo de forma convencional, e até mesmo em terapias. Reconhecer esse movimento como parte da dor (e não como resistência voluntária) é essencial para que a jornada da cura seja eficaz.

Dentro do campo da responsabilidade alheia, o respeito ao próximo e o exercício do crescimento pessoal, social, emocional são temas fundamentais. Gosto bastante de uma frase (atualmente bastante "instagramável") que diz: "O endereço mais difícil de encontrar é o lugar do outro", e costumo complementar com algo que acredito profundamente: "Algumas vezes, o lugar do outro está localizado dentro de você". Sim, é isso mesmo. Quando uma criança precisa de tratamento, a fonte de cura, a bem da verdade, muitas vezes reside dentro dos pais ou responsáveis. É a atitude deles que determinará o rumo do tratamento, o desenvolvimento e a readaptação da criança.

Em casos de adultos com dores de infância não tratadas – quando os sonhos já não habitam mais e a fecundidade da vida se perdeu –, gosto de pensar que o endereço interior dessas pessoas é algo assim: Rua Sem Felicidade, número Sem Esperança, bairro do Abandono, CEP Inexistente, país da Solidão. E, para completar, sem destinatário para receber. Pensem comigo: como é difícil acessar esse lugar! E ainda pior: quem quer acompanhar alguém que mora nesse endereço? Quem se dispõe a procurá-la? Nós sabemos, minimamente, que esse endereço é desafiador. Para chegar até lá, é preciso uma pessoa extraordinariamente generosa, disposta a fazer essa jornada e sufragar o sofrimento desse habitante tão isolado e devastado, mas ainda vivo.

Digo isso porque acredito: todos somos uma missão na vida do outro. E os outros também são missões nas nossas vidas. Precisamos nos amparar, nos apoiar e aprender a caminhar juntos. Não somos vítimas, somos sobreviventes. E, se já curamos nossas dores, talvez estejamos vivendo em um endereço invejável: um suspiro de esperança, na beleza de poder acolher e corroborar a cura do outro. Ser, enfim, uma fonte de água fresca e revigorante.

CAPÍTULO 42

Como superar as dores da infância

A resiliência, uma ferramenta de superação

Neste capítulo, você vai desmistificar essa dor, trazendo à luz a importância de validá-la e compreendê-la. Aqui, você encontrará um espaço para refletir sobre sua trajetória e entender como essas experiências moldaram, e ainda moldarão, a pessoa que você é hoje. **O coração da nossa jornada é o caminho para a superação**. A resiliência não é um dom reservado a poucos, mas uma habilidade que pode ser cultivada e nutrida desde a infância! **Cada passo dado em direção à cura é um passo em direção à liberdade.**

Marilane Serafim Nogueira Fuly

MARILANE SERAFIM NOGUEIRA FULY

Pedagoga, Gestora Educacional e especialista nas áreas de Neuropsicologia e Psicopedagogia Clínica, Institucional e Hospitalar. Realiza palestras e oficinas sobre os seguintes temas: Caminhos da Aprendizagem; Inclusão e suas Multiformes; Como a inclusão ocorre na prática?; Comunicação Inclusiva; Gestão Educacional; Mediação de Conflitos; Direitos e Deveres da Criança e da Família. Atua como Diretora do Colégio Expoente (Grupo Faveni) e dá assessoria nas áreas de Gestão Educacional, formação para equipes pedagógicas, entre outras. É palestrante do Congresso de Estadual e Regional de Gestores e Educadores de Minas Gerais e, em sua palestra na Assembleia Legislativa de Minas Gerais, compartilhou suas experiências e projetos de sucesso na área de Educação Municipal e Confessional. É esposa, mãe de quatro filhos, avó de duas netas, que a inspiram a crescer, conhecer e atuar nos âmbitos do desenvolvimento infantil e educacional. Sua missão é fazer tudo com excelência para a glória de Deus. É grata a Deus e à sua família por todas as conquistas até aqui.

Contatos: psico.marilanefuly@gmail.com
Instagram: @psicomarilanefuly
Facebook: Marilane Serafim Fuly
33 98762 8056

A resiliência em ação – exemplos inspiradores

Histórias de superação pessoal

A vida é uma tapeçaria rica em experiências e, muitas vezes, as histórias de superação mais impactantes surgem dos momentos mais sombrios! Vamos explorar algumas narrativas emocionantes de indivíduos que enfrentaram traumas na infância e, por meio da resiliência, transformaram suas dores em forças motivadoras.

Considere a história de Ana, uma mulher que cresceu em um lar marcado pela violência e pela insegurança. Desde pequena, ela aprendeu a se esconder em seu quarto, criando mundos imaginários para escapar da realidade que a cercava. O trauma da infância a acompanhou até a vida adulta, manifestando-se em dificuldades de relacionamento e uma constante sensação de inadequação. No entanto, ao buscar terapia, Ana começou a confrontar suas memórias e a entender que sua história não a definia. Com o apoio de um terapeuta, ela aprendeu a transformar sua dor em empatia, tornando-se uma defensora dos direitos das crianças e ajudando outras pessoas a encontrarem sua voz.

Outro exemplo inspirador é o de Lucas, que enfrentou a negligência emocional de seus pais. Como consequência, enquanto crescia, ele sentia-se invisível, sem apoio ou amor. No entanto, ao ingressar em um grupo de jovens em sua comunidade, Lucas encontrou um espaço seguro para compartilhar suas experiências. Por meio do apoio mútuo, ele começou a reerguer-se. Com o tempo, Lucas se tornou um mentor para outros jovens, usando sua história para inspirá-los a superar suas próprias dificuldades. Sua jornada de transformação é um testemunho do poder do suporte social e da resiliência.

Essas histórias não são apenas relatos de superação, elas são, na verdade, lembretes poderosos de que, mesmo nas circunstâncias mais desafiadoras, é possível encontrar um caminho para a cura e a transformação. Cada um desses indivíduos aprendeu a usar suas experiências como combustível para o crescimento, mostrando que a dor pode se tornar um catalisador para a mudança positiva.

Aprendizados e lições

As lições extraídas dessas narrativas são valiosas e universais. Primeiro, é essencial reconhecer que a dor é uma parte da vida, mas não precisa definir quem somos. É importante lembrarmos que, independentemente das circunstâncias, Deus nos criou com um propósito e está conosco mostrando como alcançá-los. Ana e Lucas exemplificam que, ao confrontar nossos traumas, podemos transformar nossa história em fonte de força e inspiração. Além disso, a importância do suporte social não pode ser subestimada. As conexões que cultivamos ao longo da vida podem ser a chave para nossa resiliência.

Ao se abrir sobre suas experiências, tanto Ana quanto Lucas criaram um espaço para que outros também se sentissem à vontade para compartilhar suas histórias. Essa troca não apenas fortaleceu suas conexões, mas, também, promoveu um senso de pertencimento e solidariedade.

Por fim, é crucial lembrar que a jornada de superação é única para cada indivíduo. Não existe um caminho certo ou errado, mas sim um processo pessoal de paciência, perseverança e autocompaixão. Ao refletir sobre as próprias experiências, se sentirá incentivado a encontrar força em sua história e a considerar como usá-la para inspirar os outros.

Essas narrativas de transformação são um convite para que reconheçamos o poder da resiliência em nossas vidas. Ao compartilhar nossas histórias, não encontramos apenas cura, mas também nos tornamos faróis de esperança para aqueles que ainda estão lutando. A resiliência não é apenas uma habilidade, é uma força vital que pode nos guiar em meio às tempestades da vida, ajudando-nos a emergir mais fortes e mais conectados.

O poder do compartilhamento de experiências

Compartilhar histórias é um ato de coragem que pode causar um impacto profundo tanto em quem fala quanto em quem ouve. Quando abrimos nosso coração e revelamos nossas experiências, criamos uma ponte que conecta vidas e promove a cura. Por um instante, pense em um momento em que você ouviu alguém compartilhar uma dificuldade! É provável que tenha se sentido tocado, compreendido e até mesmo inspirado. Esse é o poder do compartilhamento: transformar solidão em parceria.

A iniciativa de contar nossas histórias tira o peso que carregamos e nos dá oportunidade de oferecer esperança a outros que podem estar enfrentando batalhas semelhantes.

Imagine Maria: uma mulher que, após anos de silêncio, decidiu falar sobre sua experiência de abuso emocional. Ao compartilhar sua história em um grupo de apoio, ela encontrou um espaço seguro para expressar sua dor e recebeu o carinho e a validação de outras mulheres que passaram por situações parecidas. Essa troca a ajudou no processo de cura e encorajou outras mulheres a se abrirem e buscarem ajuda.

Os grupos de apoio, terapias e acompanhamento por profissionais especializados desempenham papel crucial no processo de cura. Nesses ambientes, cada história contada é uma oportunidade de aprendizado e crescimento, pois, quando os membros compartilham suas vivências, criam um senso de pertencimento essencial para a recuperação. Por meio das vivências uns dos outros, aprendemos que não estamos sozinhos em nossas lutas. Os laços formados nesses grupos, por vezes, se tornam duradouros, e a empatia e a solidariedade florescem.

Além disso, a participação em grupos de apoio pode trazer benefícios emocionais significativos. Por exemplo: a sensação de ser ouvido e compreendido pode reduzir a ansiedade e a depressão, proporcionando um espaço em que as emoções podem ser expressas sem medo de julgamento. Esses grupos oferecem um lugar para compartilhar experiências, aprender com as histórias dos outros. Cada relato é uma lição de resiliência e superação, que pode inspirar novos caminhos e estratégias para enfrentar desafios pessoais.

É importante ressaltar que o ato de compartilhar não precisa ocorrer apenas em grupos formais. Conversas informais com amigos, familiares, entidades religiosas como aconselhamentos, presenciais e virtuais, podem ser igualmente poderosos. Sendo assim, ao compartilhar suas experiências, lembre-se sempre de que cada história é única e valiosa! Não subestime o impacto que suas palavras podem ter na vida de alguém. Ao se abrir, você se liberta de um peso emocional e torna-se uma fonte de inspiração para aqueles que ainda estão lutando. A resiliência é uma jornada coletiva, para a construção de um mundo mais empático e solidário.

Aprendendo com os outros

Quando falamos sobre resiliência, é impossível não mencionar aqueles que se tornaram verdadeiros faróis de esperança para a sociedade. Histórias de figuras públicas e anônimas que superaram traumas e se tornaram defensores da resiliência são exemplos poderosos de como a dor pode ser transformada em ação. Essas pessoas enfrentaram suas dificuldades e decidiram usar suas experiências para impactar positivamente a vida de outros. Por exemplo: Malala Yousafzai (1997), que, após sobreviver a um ataque brutal por defender a educação das meninas no Paquistão, tornou-se uma voz global pela educação e pelos direitos das mulheres.

Sua coragem e resiliência em face da adversidade a tornaram uma vencedora do Prêmio Nobel da Paz, e inspiraram milhões de pessoas à luta por um futuro melhor.

Com sua história, Malala mostra que, mesmo nas situações mais sombrias, é possível encontrar um propósito maior em nossa história, e, por meio disso, provocar mudanças significativas até em uma nação.

Outro caso de resiliência e superação, por vezes romantizado, está na vida do rei Davi (1055-1015 a.C.) que, antes de ser rei, era um jovem pastor de ovelhas israelita, bonito, mas, em comparação aos seus irmãos, pequeno e "fraco". Davi, durante sua vida, enfrentou lutas físicas e lutas internas e externas que estão registradas retratando seus quadros de ansiedade, desânimo, medo, angústia, mas também como encontrou forças, principalmente, na fé, devoção e confiança em Deus, e em conselhos sábios de autoridades religiosas do seu povo. Na história de Davi, encontramos esperança de que nunca estamos sozinhos nos processos da vida!

O efeito dominó que se forma a partir dessas narrativas é poderoso, pois cada história ressoante tem o potencial de encorajar outros a se levantarem e a enfrentarem seus próprios desafios.

É essencial refletir sobre como histórias de superação podem criar um efeito positivo na sociedade. Quando figuras públicas compartilham suas lutas, elas desmistificam o sofrimento e oferecem um espaço seguro para que outros se sintam à vontade para falar sobre suas experiências. Essa troca de vivências promove um senso de comunidade e empatia que é fundamental para a cura coletiva. Além disso, ao observarmos essas trajetórias, somos levados a questionar: como podemos usar nossas próprias histórias para ajudar os outros? Cada um de nós possui experiências que podem iluminar o caminho de alguém.

Por fim, é importante lembrar que o impacto de compartilhar experiências vai além do indivíduo. Ao nos unirmos em torno de nossas histórias, criamos uma rede de apoio que transcende barreiras e nos conecta em um nível profundo. Essa conexão não apenas nos fortalece, mas também nos lembra de que, juntos, somos mais fortes. Ao aprender com os outros e ao compartilhar nossas próprias vivências, contribuímos para um mundo mais humano e solidário, onde a resiliência se torna uma força coletiva que nos guia em direção aos patamares mais altos.

A importância da resiliência na vida cotidiana

A resiliência é uma qualidade que se revela em cada aspecto da vida, especialmente quando enfrentamos desafios. Ela não se limita em uma habilidade que se manifesta em momentos de crise, mas em um conjunto de hábitos que podemos cultivar diariamente. Para aqueles que superaram traumas, a resiliência se torna uma ferramenta poderosa que permite enfrentar novos obstáculos com coragem e determinação.

Um dos primeiros passos para desenvolver a resiliência é a prática da autorreflexão. Reserve um momento do seu dia para pensar sobre suas experiências e as lições que situações difíceis trouxeram. Pergunte-se: "Como essa situação me moldou? O que aprendi sobre mim mesmo?". Essa análise não só ajuda a entender o passado, mas também prepara o terreno para um futuro mais consciente e fortalecido. A resiliência se alimenta da nossa capacidade de aprender com as dificuldades, transformando cada desafio em uma oportunidade de crescimento.

Além disso, cultivar uma mentalidade positiva é essencial. Isso não significa ignorar as dificuldades e a dor momentânea, mas abordá-las com uma perspectiva que busca soluções. Quando você se deparar com um obstáculo, pergunte-se: "Qual é a melhor forma de lidar com isso? Que recursos eu tenho à minha disposição?". Essa abordagem ajuda a encontrar saídas e fortalece a confiança em sua capacidade de enfrentar adversidades.

Outro aspecto importante da resiliência é a construção de hábitos saudáveis. Práticas como meditação, atividade física regular, momentos de reflexão espiritual como oração, leitura bíblica e uma alimentação equilibrada contribuem significativamente para a saúde do seu corpo, mental, espiritual e emocionalmente. Quando cuidamos de nosso corpo, nossa mente se torna mais forte e capaz de lidar com o estresse. Reserve um tempo para se exercitar, mesmo que seja uma caminhada rápida ou uma sessão de alongamento. Essas pequenas ações podem fazer uma grande diferença na maneira como enfrentamos os desafios diários.

A conexão social também desempenha um papel crucial na resiliência. Manter relações saudáveis e significativas nos proporciona um suporte emocional valioso. Quando você se sente apoiado, é mais fácil enfrentar as dificuldades. Portanto, invista em seus relacionamentos. Ligue para um amigo, participe de eventos comunitários ou simplesmente esteja presente para aqueles que precisam de você. A reciprocidade nas relações fortalece a rede de apoio e cria um ambiente onde todos se sentem valorizados.

Por fim, um convite à ação: reflita sobre suas próprias experiências e como elas podem ser usadas para inspirar outros. Pense em momentos em que você superou desafios e como esses relatos podem encorajar alguém que está passando por dificuldades semelhantes. Compartilhar suas histórias, seja em conversas informais ou em grupos de apoio, não só ajuda os outros, mas também solidifica sua própria jornada de superação. Lembre-se de que cada voz é importante e pode fazer a diferença na vida de alguém.

A resiliência é um caminho contínuo de crescimento e aprendizado, e, ao abraçá-la, você se prepara para enfrentar os desafios da vida com confiança e esperança.

Referências

CORTELLA, P. S.; KLINJEY, R. *As quatro estações da alma*: da angústia à esperança. Papirus 7 Mares, 2023.

DOIDGE, N. *O cérebro que se transforma*: como a neurociência pode curar as pessoas. 1. ed. Rio de Janeiro: Record, 2016.

LIMA, P. R. de. *Resiliência*: um caminho para um mundo racional, livre e saudável. Editora Dialética Literária, 2024.

SMITH, J.; KOLBABA, G. *Superação*: o milagre da fé. 1. ed. BestSeller, 2019.

YOUSAFZAI, M. *Eu sou Malala*: a história da garota que defendeu o direito à educação e foi baleada pelo Talibã. Editora Schwarcz SA, 2013.

CAPÍTULO 43

A vida adulta de uma criança esquecida

Descobrir-se e se autoconhecer é essencial para uma vida emocionalmente equilibrada, sobretudo quando você é autista com traços que se confundem com superdotação. O mundo é cruel com o diferente e, sem autoconhecimento uma pessoa é cruel consigo mesma, como se fosse uma crueldade em dose dupla, não por querer, mas por falta de entendimento sobre sua condição. Portanto, busque entender a si, pois com essa clareza, você deixa de sentir a necessidade de se explicar e isso é uma carta de alforria, uma libertação para você ser quem realmente é, sem medos.

Cássio Felipe Rogalski

CÁSSIO FELIPE ROGALSKI

Tem 36 anos e nasceu em Erechim/RS. É professor de línguas formado em Letras-Língua Inglesa. Ministra aulas de inglês, espanhol e português. Além disso, é jornalista graduado, possuindo especialização em Relações Internacionais e Diplomacia. Em 2025, lançou seu primeiro livro de literatura-ficção, que tem a cidade de Praga, na República Tcheca, como cenário, sob o título *V.I.X.I. Códigos de Praga.* Nessa obra, retrata a história de um jornalista solitário com muitas questões existenciais, com dificuldade de socialização e isolamento, que busca nos livros uma companhia para sobreviver a si mesmo. Nesse contexto, passa a desvendar mensagens e códigos secretos recebidos anonimamente enquanto corre risco de vida. Muito suspense, mistério e reflexões profundas sobre a solidão na vida moderna se destacam na obra.

Contatos: www.cassiofelipe.com.br
contato@cassiofelipe.com.br
Instagram: @cassioftr

Tenho a estranha sensação de me olhar no espelho e, aos meus 36 anos, não conseguir ver um adulto. Sinto-me preso na minha infância, época da vida em que os sonhos e os medos dominavam os meus pensamentos, os quais transformaram-se em frustrações. É curioso pensar que uma criança que tinha sonhos de ser um correspondente internacional de televisão e viajar o mundo, chega à vida adulta com o mesmo sentimento de Rubens Alves: "só cheguei aonde cheguei porque tudo que eu planejei deu errado".

Isso não significa que eu seja incompetente, de forma nenhuma, mas que ressoa em mim um emaranhado de sentimentos que limitam o grande potencial, que eu sei que há em mim, mas que é anulado pela minha incapacidade de me relacionar com o mundo.

Se há algo que, definitivamente, me irrita é conviver. Sou capaz de passar semanas sozinho, mas incapaz de passar um dia inteiro com alguém. Não por eu não gostar de pessoas, mas por preferir a solidão, o isolamento, o silêncio. Acredito que isso também se deva à turbulenta infância e adolescência que tive, sem qualquer tipo de diagnóstico, mesmo sendo chamado de retardado por certos professores.

Ao meu redor, fosse no ambiente familiar ou escolar, ignorava-se a minha forma de ser e, assim como muitos, fui "colocado em uma caixinha" para ser moldado como todos. Pouco a pouco, além da violência familiar, física e psicológica, abuso sexual e bullying na escola por razão da sexualidade, falta de diagnóstico adequado para autismo e superdotação, eu ia crescendo como um vulcão, tomado de ressentimentos, pois não havia ninguém para me socorrer.

Então, atualmente, evito qualquer tipo de relacionamento e tenho grandes dificuldades de interação social. Dos poucos amigos que tenho, certo estou de que a amizade acontece por razão deles, pois se deixar uma amizade nas minhas mãos, ela morre. Não consigo me conectar a ninguém e não gosto de sair de casa. No fundo, sou incapaz de confiar em alguém e vivo em constante alerta, esperando a próxima traição, a próxima frustração.

Tenho bastante ansiedade social e a exposição ao público acaba com meu sossego, assim, a todo custo evito compromissos sociais, mas quando realmente tenho de comparecer, necessito de dias de preparação mental, o que me gera uma sobrecarga de estresse, muitas vezes paralisante. Tudo isso se intensifica pelo fato de eu trabalhar em casa e morar sozinho. Então, quando há algum evento inescapável, normalmente não aguento mais que três horas, pois a minha energia vai se drenando, sinto-me cansado e irritado. A única solução é ir para casa e ficar só.

Tenho grandes dificuldades em entender sarcasmo e frequentemente me irrito com piadas e desorganização. Meu mundo é literal, minha velocidade de pensamento é muito rápida e isso gera muita impaciência em relação às pessoas, levando-me a depender dos outros o mínimo possível, evitando mais frustrações e irritações.

Mensagens recebidas nas mídias sociais com erros gramaticais ou sem pontuação adequada, ambientes desorganizados, música alta, crianças gritando, pessoas falando alto ou cantando, cães latindo, água pingando, são alguns exemplos de situações cotidianas que me irritam. Por isso, quando veio a pandemia, surgiu a oportunidade de trabalhar em casa e eu a agarrei com todas as forças, mesmo que isso tenha custado certos sonhos, como ser correspondente internacional de televisão. O mundo é muito caótico para mim e, quanto mais isolado e em silêncio eu estiver, mais feliz me considero, mesmo sendo uma pessoa que pensa demais e vive envolta em melancolia.

O caminho até aqui

O melhor momento da minha vida foi dos 26 aos 30 anos, época em que eu costumava dizer às pessoas que me sentia feliz. Talvez, a única época da minha vida em que experienciei algo parecido com a felicidade. Passei a estar bem financeiramente, viajava com frequência e estava me descobrindo mergulhado nos livros. A sensação de realização corria em minhas veias, mesmo eu ainda longe dos grandes sonhos da minha vida.

Ao passar dos 30, todos os caminhos que eu havia planejado quando criança e adolescente, pouco a pouco, foram desconstruídos, visto que, com a chegada da maturidade, a percepção de todas as incongruências da minha personalidade me levaram a pensamentos suicidas. Nessa época, lembro-me de que estava envolto em todas as desilusões que a vida poderia me proporcionar.

Esses foram os anos em que mais me isolei, dedicando todo o meu tempo livre ao conhecimento, pois passei a experimentar a filosofia geral e, por um tempo, perturbou-me profundamente em meio aos filósofos pessimistas com os quais me envolvi. Aproximei-me muito de Schopenhauer, um dos maiores filósofos pessimistas da história, o qual me ensinou que se eu estivesse mal ao estar só, significava que eu era uma péssima companhia para mim mesmo. Isso provocou grandes reflexões em mim, fazendo-me ir em busca do entendimento da solidão.

Nesse meio-tempo, deparei-me com Emil Cioran, um filósofo romeno, pouco conhecido no Brasil, com quem aprendi que o momento em que entendi que o suicídio era o único caminho, já era tarde demais para me suicidar, pois já estava em um sofrimento profundo e, para evitá-lo, deveria ter tomado tal decisão muito antes de chegar a esse ponto. Assim, algo me disse que o suicídio não me seria mais uma opção, mas que entender o meu sofrimento me faria passar por um caminho espinhoso, contrariando todas as expectativas de alguém que tinha desejos de cessar a sua existência.

Ainda, tive o prazer de conhecer a literatura de Franz Kafka, e com ele senti que eu não estava só neste mundo, que eu não era a única pessoa que só recebeu a incompreensão dos meus semelhantes. Kafka me ensinou que eu não sou uma pessoa afeita a relacionamentos e que, mais que isso, entender essa condição para buscar uma possível solução cabia somente a mim.

Schopenhauer, Cioran e Kafka me ensinaram que eu ainda tenho muitas questões para resolver neste mundo, e que o suicídio deveria ser imediatamente descartado, pois eu não poderia deixar esta vida sem saber quem eu realmente sou e cumprir aquilo a que vim.

Diante do exposto, acrescento aqui que a figura que me despertou para o autoconhecimento foi Leandro Karnal, ainda em 2014, quando uma professora passou uma de suas palestras na faculdade de jornalismo. Ali, senti que um novo caminho se abria para a minha existência, uma nova era em que eu poderia, de alguma forma, encontrar um caminho sólido diante de tantas desilusões que me esmagavam dia após dia. Assim, Karnal, os filósofos e a literatura me salvaram de mim mesmo e me fizeram sobreviver a quem eu seria. É uma estranha forma de ver a mim mesmo, por isso, o autoconhecimento foi fundamental para eu me dissociar da minha própria pessoa, buscar compreensão sobre ela e descobrir qual caminho seguir.

Por fim, em 2025, aos 36 anos, oficialmente recebi o meu diagnóstico de autismo, o qual foi a minha carta de alforria para eu, definitivamente, ser quem sou, sem amarras, sem medos ou receios. Ele significou a minha liberdade entre quem eu era até o ano de 2024 e quem eu serei a partir de então. Foi tão importante recebê-lo, pois eu também encerro o ciclo de viver a vida que as pessoas esperavam de mim e passo a viver aquela que eu desejo. Não preciso mais me explicar para me encaixar no mundo alheio, pois passo a criar o meu próprio mundo e fará parte dele quem de mim gostar da forma que sou.

O autoconhecimento

Buscar saber quem realmente sou teve dois lados, o bom e o ruim, assim como tudo na vida. Contudo, reitero que foi por meio do autoconhecimento que foi possível me salvar do destino trágico que estava se desenhando.

O lado bom de me conhecer, muito além dos que os olhos podem ver, é que passei a entender que os meus defeitos junto dos momentos ruins que tive em minha vida poderiam, de alguma forma, me ajudar a construir a pessoa que eu queria me tornar. Abraçar o meu lado ruim foi fundamental para eu aceitar, pouco a pouco, que todo ser humano é constituído de dois lados, mas que tem a possibilidade de escolher qual deles quer alimentar.

"Não importa o que fizeram com você, o que importa é o que você faz com aquilo que fizeram com você" é uma frase atribuída a Jean-Paul Sartre, que reflete a ideia de que a responsabilidade pela nossa vida e pelas escolhas que fazemos recai sobre nós mesmos, independentemente do que nos tenha acontecido. Essa frase é uma das que mais me marcou na vida e a carrego comigo até hoje. Ela foi uma espécie de mantra que me guiou para mim mesmo.

Essas descobertas me trouxeram o entendimento de que caberia a mim resolver as questões que me afligiam, mergulhando nelas por meio da busca do conhecimento sobre as diferentes nuances dos desprazeres de viver. Os livros são os principais responsáveis por eu conseguir encontrar o caminho para acessar as minhas inquietações e compreendê-las. Todo esse processo ainda acontece e assim será por toda vida, pois tenho muito ainda para me autoconhecer e, conforme amadureço, necessito de mais autoconhecimento para novas questões.

Conhecer a mim mesmo foi uma libertação para ir em busca de quem realmente sou. Foi nessa altura da vida que a famosa frase de Platão, "Conhece a ti mesmo", fez todo sentido, me dando a capacidade de me tornar quem realmente sou sem medo do julgamento alheio. Contudo, a questão do julgamento é algo em que continuo trabalhando arduamente, pois confesso que ainda tenho em alta conta a opinião alheia, não sobre quem sou, mas sobre o que eu faço.

O lado ruim do autoconhecimento é que foi por causa dele que mergulhei nas minhas profundezas, quase chegando ao suicídio. Foi ele quem me mostrou que eu sou um ser humano frágil, repleto de falhas e defeitos, pensamentos bons, mas ruins também. Ele me trouxe a crua realidade do ser humano que sou. Ele me mostrou que eu posso ficar sozinho por semanas sem falar com ninguém e mesmo assim me sentir bem, mas isso me consumia em culpa, pois eu me sentia um monstro por ter a sensação de não ter a capacidade de amar ninguém, nem as pessoas ao redor.

Foram-me apresentadas tantas outras questões sobre o meu interior que eu quase me afoguei em um mar de desilusões, no qual ainda estou nadando. Percebi que talvez eu não tenha a capacidade ou competência de realizar tudo aquilo que um dia sonhei; que muitas vezes ainda transito pela mediocridade humana; que minhas mazelas podem afetar as pessoas ao redor se eu não as controlar; que minha necessidade de estar só me afasta daqueles com quem eu deveria, supostamente, passar tempo; que ninguém é tão importante o quanto pensa que é; que todos sofrem, mas muitos escondem bem e que, por fim, somos todos pobres diabos em busca de alguma alegria nesta vida dura e cruel, como diz a filosofia. Buscamos sobreviver a nós mesmos; podemos ser nosso maior amigo ou nosso maior inimigo.

Por fim, pontuo algumas questões que me guiaram neste processo doloroso e longo como dica a todos que se veem em mim. Assim, em primeiro lugar, julgo essencial buscar autoconhecimento por meio da filosofia e literatura geral. Segundo, a vida é feita de fases e, por mais ruim que esteja sua vida no momento, ela vai melhorar se você tomar uma atitude. Ainda, se você tem superdotação ou autismo grau 1, reitero que a busca pelo conhecimento vai te ajudar muito e, se tiver condições financeiras, faça terapia, pois precisamos, ainda mais quando somos solitários. Por fim, nunca deixe que as pessoas digam o que é melhor para você, salvo se elas passam pela mesma situação dentro das mesmas condições. Só quem sabe o que você sente é você mesmo, portanto não fique se explicando ao mundo, pois ele não vai te entender. Busque entender a si mesmo e conforme essa compreensão for chegando, a necessidade de se explicar vai diminuindo até o dia em que você vai se sentir livre para ser quem realmente é.

CAPÍTULO 44

Gatilhos emocionais nos relacionamentos adultos atuais

Reflexo de uma infância que doeu

"O cérebro, como uma esponja na infância, absorve tanto amor quanto dor." Provavelmente, você já ouviu essa metáfora... Pois bem, associando a neuropsicologia, a psicologia do desenvolvimento e a sexualidade humana, este capítulo abordará um assunto bastante relevante nos dias de hoje: como traumas de infância afetam padrões emocionais e agem como gatilhos nos relacionamentos adultos atuais.

Renata Bergamim

RENATA BERGAMIM

CRP 06/90479

Psicóloga Clínica pela Universidade de Santo Amaro (Unisa). Pós-graduada em Psicopedagogia Institucional e Clínica pela Universidade Ítalo Brasileira (UniÍtalo). Pós-graduada em Terapia Comportamental pela UniSãoPaulo. Pós-graduada em Neuropsicologia pelo HCFMUSP (Hospital das Clínicas, Faculdade de Medicina da Universidade de São Paulo). Pós-graduanda em Sexualidade Humana – CBI of Miami. Atua com crianças, adultos, casais, orientação de pais e orientação escolar. Experiência nas áreas clínica, educacional/escolar e terceiro setor. Palestrante. Coautora dos livros *Quando a Infância dói* – vol. 1, pela editora Literare Books, *Afetos em construção* e *Construindo relacionamentos saudáveis*. Professora em cursos técnicos e de formação.

Contatos: psicorenatabergamim@gmail.com
Instagram: @psicorenatabergamim
Facebook: Renata Bergamim Psicóloga Psicopedagoga Neuropsicóloga

Experiências adversas durante o desenvolvimento moldam tanto a estrutura cerebral quanto os modelos internos de relacionamento. Traumas de infância têm um impacto profundo nos padrões emocionais e na forma como os indivíduos lidam com gatilhos nos relacionamentos adultos atuais.

Bases neuropsicológicas: o impacto do trauma no cérebro em desenvolvimento

Durante a infância, o sistema límbico (responsável pelas emoções e pela memória) possui alta plasticidade. Os traumas de infância afetam regiões cerebrais responsáveis pelo processamento emocional e pela regulação comportamental.

Em crianças expostas a situações adversas traumáticas, tais como abuso, negligência ou instabilidade emocional, a amígdala (área cerebral responsável pela vigilância ao perigo e principal centro de resposta ao medo) pode ser constantemente ativada, criando uma "memória de alarme" e enfraquecer a função reguladora do córtex pré-frontal (responsável pelo controle inibitório e regulação emocional), dificultando o controle emocional na vida adulta. Já o hipocampo (responsável por processamento, organização e contextualização das memórias) frequentemente apresenta redução de volume em indivíduos que sofreram traumas precoces. A exposição crônica ao estresse durante a infância pode deixar o sistema nervoso em estado de hiperalerta, resultando em reações emocionais intensas e, às vezes, desproporcionais a situações atuais. Isso acontece porque os traumas precoces resultam em uma ativação crônica do eixo Hipotálamo-Pituitária-Adrenal (HPA), o que eleva os níveis de cortisol e adrenocorticotrófico, predispondo a reações de luta, fuga ou congelamento em situações de estresse.

Na prática, experiências traumáticas frequentemente ficam armazenadas como memórias implícitas (não conscientes), que podem ser acionadas por situações que lembram, mesmo inconscientemente, os eventos dolorosos. Dessa forma, a pessoa tende a ter respostas exageradas a situações de rejeição ou conflito nos relacionamentos, em que pequenos conflitos podem ser percebidos como ataques graves, ou seja, sensação de perigo persistente em que interpreta interações neutras como ameaças emocionais, especialmente nos relacionamentos íntimos, nos quais vulnerabilidades são mais expostas, apresentando também maior dificuldade em relaxar e confiar em sua parceria, mesmo em situações seguras. Vejamos alguns exemplos:

1. Um tom de voz elevado do(a) parceiro(a) pode desencadear reações de defesa desproporcionais, desde agir sem pensar, ou ter explosões emocionais ou se isolar durante os momentos de conflito.
2. Alguém que foi frequentemente ignorado quando criança pode reagir com raiva ou ansiedade a situações de silêncio em um relacionamento, sem saber a origem dessa emoção.

Gatilhos emocionais em relacionamentos adultos: as reações automáticas originadas no passado

Gatilhos emocionais são ativados quando uma experiência atual ressoa com a memória implícita de dor ou medo armazenada na infância. Quando a amígdala detecta um estímulo semelhante ao trauma original, ela ativa o sistema de alerta antes que o córtex pré-frontal possa avaliar a ameaça racionalmente. De modo mais simples, podemos dizer que gatilhos são respostas emocionais intensas e automáticas (reações desproporcionais), ativadas por situações que lembram, direta ou indiretamente, o trauma passado. Vamos explorar alguns exemplos frequentes:

- **Medo de abandono e/ou rejeição**: originado em negligência emocional ou ausência dos pais e/ou cuidadores que frequentemente deixavam a criança sozinha ou não atendiam suas necessidades emocionais. Situação típica/resposta adulta: pequenas situações, como o(a) parceiro(a) não responder a uma mensagem ou mostrar menos atenção, podem reativar memórias de negligência na infância, e a pessoa interpreta isso como iminência de rejeição, levando a reações como ansiedade extrema/pânico ou comportamentos possessivos/necessidade de controle.
- **Intolerância a críticas/reatividade defensiva**: alguém que cresceu em um ambiente com repetidas experiências de crítica, abuso verbal ou punição. Situação típica/resposta adulta: hipersensibilidade a qualquer

comentário que possa ser percebido como julgamento. Um comentário construtivo do(a) parceiro(a) é percebido como humilhação ou ataque pessoal, gerando reatividade. Pode interpretar feedback construtivo como rejeição, respondendo com defensividade ou retraimento.

- **Dificuldade em confiar**: tem sua origem em traições, mentiras ou instabilidade emocional na infância. Situação típica/resposta adulta: a pessoa monitora constantemente o comportamento do(a) parceiro(a) ou interpreta ações neutras como sinais de traição. O indivíduo pode reagir com ciúmes, paranoia ou vigilância constante em relacionamentos, devido a traições ou promessas quebradas na infância.

Padrões de repetição: compulsão à repetição

"Compulsão à repetição", de origem psicanalítica (descrita por Freud), é a tentativa inconsciente de recriar e resolver traumas não elaborados. Na prática, isso se manifesta como escolha de parceiros que recriam as dinâmicas familiares disfuncionais; o desconforto com a segurança emocional pode levar à sabotagem de relações saudáveis.

Mecanismos comportamentais: as pessoas tendem a agir com base nos modelos aprendidos na infância, mesmo que sejam disfuncionais. Exemplo: alguém que cresceu em um ambiente de abuso pode achar "familiar" relações abusivas, mesmo que sejam dolorosas; ou ainda escolher parceiros emocionalmente indisponíveis como tentativa de "corrigir" uma ferida de abandono. Outras vezes aparecem comportamentos de autossabotagem, quando a intimidade emocional é vista como uma ameaça (frequente em apegos evitativos), o indivíduo pode minar a relação por medo de se machucar.

Modelos internos de apego: teoria e implicações práticas

Apesar dos danos iniciais, o cérebro possui capacidade de se reorganizar (é o que chamamos de plasticidade cerebral). Intervenções terapêuticas podem reduzir os efeitos negativos do trauma, promovendo maior equilíbrio emocional, para tanto a terapia cognitivo-comportamental (TCC) entra como uma boa aliada nesse processo, pois se trata de uma abordagem estruturada que visa reestruturar a cognição sobre emoções e comportamentos. Ainda dentro dessa abordagem terapêutica, pode-se utilizar a teoria do apego para desconstruir apegos que causam sofrimento, pois segundo ela, a relação com os cuidadores primários define os "modelos internos" que a pessoa leva para os relacionamentos futuros. Quando esses cuidadores não são consistentes, disponíveis ou confiáveis, podem surgir padrões de apego desadaptativos. Vamos explorar os três principais tipos:

- **Apego inseguro-ansioso**: quando os cuidadores são inconsistentes (alternam entre proximidade e rejeição), a criança desenvolve uma necessidade exacerbada de proximidade para garantir sua segurança emocional.
  - **Consequências/padrões emocionais na vida adulta**: o indivíduo adulto pode ser hipersensível a sinais de rejeição, buscando constantemente validação e garantia de que o parceiro não irá embora; frequentemente confundem dependência com amor; comportamentos de "protesto", como ciúmes excessivo, manipulação ou dependência emocional; reatividade emocional intensa: pequenos sinais de distanciamento são interpretados como abandono.
- **Apego inseguro-evitativo**: origina-se em cuidadores emocionalmente indisponíveis ou que punem demonstrações de vulnerabilidade. Assim, crianças que enfrentam rejeição emocional aprendem a suprimir suas necessidades afetivas como forma de autoproteção.
  - **Consequências/padrões emocionais na vida adulta**: a pessoa evita intimidade emocional, tem dificuldade em expressar vulnerabilidades e pode se fechar ao enfrentar conflitos; tem preferência por independência extrema, mesmo em relações que exigem colaboração emocional; têm dificuldade em expressar afeto; preferem relações superficiais ou evitam vínculos profundos.
- **Apego desorganizado**: resultante de ambientes caóticos, abusivos ou negligência severos, onde o cuidador é fonte de conforto e perigo simultaneamente, a criança desenvolve padrões contraditórios de busca e evitação de proximidade simultâneos.
  - **Consequências/padrões emocionais na vida adulta**: dificuldade em formar conexões estáveis; ciclo de aproximação e afastamento, levando a padrões disfuncionais e ambivalentes nos relacionamentos; sentem-se incapazes de confiar ou se sentir seguros, mesmo em relacionamentos estáveis.

Vale ressaltar que os padrões de apego sofrem a influência intergeracional, ou seja, são transmitidos entre gerações, cuidadores que não ressignificam seus próprios traumas tendem a replicar comportamentos disfuncionais com os filhos.

Impacto no comportamento sexual e na intimidade

O tipo de apego influencia como a intimidade sexual é vivenciada.

- **Ansioso**: o sexo pode ser usado para garantir proximidade emocional.
- **Evitativo**: a intimidade sexual pode ser evitada, especialmente se vinculada a emoções profundas.

Os traumas infantis influenciam diretamente a expressão da sexualidade na vida adulta.

Traumas relacionados ao toque

- **Desconexão emocional na sexualidade**: dificuldades em associar sexo e afeto podem emergir de experiências infantis nas quais o vínculo emocional não foi reforçado. A associação de relações emocionais com dor ou rejeição pode levar a dissociação entre sexo e afeto. Abusos sexuais ou negligência podem levar a comportamentos extremos, tais como a hipersexualização ou aversão ao contato íntimo.
- **Hipersexualização**: o trauma pode levar a uma busca compulsiva por controle ou validação por meio do sexo.
- **Dissociação**: alguns indivíduos desconectam a experiência emocional da atividade sexual para evitar revisitar vulnerabilidades traumáticas, ou seja, evitação sexual devido ao medo ou desconforto com a intimidade.
- **Dificuldade em negociar consentimento**: indivíduos que cresceram em lares onde sua voz era ignorada podem ter dificuldade em expressar desejos e limites em contextos íntimos.

Estratégias terapêuticas avançadas para ressignificação

- **Terapia de casal**: com foco em trabalhar para criar segurança emocional e ressignificar padrões de relacionamento; reconstruir um senso de segurança emocional, ajudando os parceiros a reconhecerem e responderem às necessidades um do outro.
- **Dessensibilização e reprocessamento por movimentos oculares (EMDR)**: identifica memórias traumáticas e as reprocessa por meio de estimulação bilateral, ajudando o cérebro a desassociar o estímulo do perigo e reclassificá-las como menos ameaçadoras.
- **Mindfulness e regulação emocional**: auxiliam na gestão de gatilhos emocionais, uma vez que treinam a habilidade de reconhecer e responder aos gatilhos com consciência e controle, diminuindo reações automáticas.

- **Neurofeedback e regulação cerebral**: uso de tecnologia para treinar o cérebro a sair do estado de hipertrofia e promover regulação emocional.
- **Psicoeducação**: ensinar o indivíduo a reconhecer como padrões emocionais e reações relacionais têm raízes no passado é um passo poderoso para a mudança, pois promove maior autoconsciência e, dessa maneira, passa a agir conscientemente para quebrar ciclos disfuncionais.

Conclusão

"O cérebro, como uma esponja na infância, absorve tanto amor quanto dor." A plasticidade do cérebro infantil é um campo aberto ao afeto e ao trauma, o cérebro na infância é altamente plástico, moldando-se com base nas experiências vividas, tal como uma esponja, ele absorve não apenas estímulos positivos, como amor, segurança e cuidado, mas também os negativos, como rejeição, violência e negligência. Essa maleabilidade é fundamental para o aprendizado e o desenvolvimento saudável, mas também torna o cérebro particularmente vulnerável aos impactos de experiências adversas.

Durante os primeiros anos, as conexões neuronais são formadas rapidamente, e as experiências emocionais deixam marcas duradouras na forma como a criança percebe a si mesma e o mundo. Traumas emocionais vividos na infância podem influenciar profundamente a capacidade de formar e manter relações saudáveis.

Experiências de abuso emocional, negligência ou violência doméstica geram padrões de autocrítica e baixa autoestima, esses fatores frequentemente levam a dificuldades em confiar nos outros, medo de rejeição e a repetição de relacionamentos abusivos. Além disso, sintomas como ansiedade e depressão associados a traumas podem interferir na qualidade dos vínculos afetivos adultos. Também o estresse tóxico gerado por ambientes inseguros e ameaçadores durante a infância pode prejudicar o desenvolvimento do cérebro, afetando habilidades de aprendizado, memória e regulação emocional, isso pode levar a problemas comportamentais, como explosões emocionais e dificuldade em lidar com frustrações, que frequentemente persistem na vida adulta.

Muitos adultos que vivenciaram traumas infantis tendem a reproduzir padrões aprendidos na infância, isso inclui comportamentos autodestrutivos, dificuldade em estabelecer limites saudáveis e a perpetuação de dinâmicas disfuncionais em relacionamentos interpessoais e familiares.

Vale destacar a importância da terapia para a promoção da autocompreensão, resiliência e a construção de uma vida mais equilibrada emocionalmente, quebrando esse ciclo e possibilitando vínculos mais saudáveis, uma vez que os traumas infantis são processados e as habilidades de enfrentamento são desenvolvidas.

Referências

AINSWORTH, M. D. S. *et al. Patterns of attachment*: a psychological study of the strange situation. Hillsdale, NJ: Erlbaum, 1978.

BOWLBY, J. *A secure base*: parent-child attachment and healthy human development. New York: Basic Books, 1988.

CARNES, P. *Out of the shadows*: understanding sexual addiction. Center City, MN: Hazelden, 2001.

COZOLINO, L. *The neuroscience of human relationships*: attachment and the developing social brain. 2. ed. New York: Norton, 2014.

FISHER, J. Healing the fragmented selves of trauma survivors. New York: Routledge, 2017.

FREUD, S. Remembering, repeating and working-through. *In*: STRACHEY, J. (Ed.). *The standard edition of the complete psychological works of Sigmund Freud*. London: Hogarth Press, 1914. v. 12, p. 145-156.

GREENBERG, L. S.; JOHNSON, S. M. *Emotionally focused therapy for couples*. New York: Guilford Press, 1988.

HERMAN, J. L. *Trauma and recovery:* the aftermath of violence: from domestic abuse to political terror. New York: Basic Books, 1992.

MIKULINCER, M.; SHAVER, P. R. *Attachment in adulthood*: structure, dynamics, and change. New York: Guilford Press, 2007.

PERRY, B. D.; POLLARD, R. *Altered brain development following global neglect in early childhood.* Society for Neuroscience Abstracts, 1998.

SAPOLSKY, R. M. *Why zebras don't get ulcers*. 3. ed. New York: Holt Paperbacks, 2004.

SHAPIRO, F. *Eye movement desensitization and reprocessing*: basic principles, protocols, and procedures. 2. ed. New York: Guilford Press, 2001.

SIEGEL, D. J. *The developing mind*: how relationships and the brain interact to shape who we are. 2. ed. New York: Guilford Press, 2012.

TEICHER, M. H.; ANDERSON, C. M.; POLCARI, A. *Childhood maltreatment is associated with reduced volume in the hippocampal subfields.* Proceedings of the National Academy of Sciences, 2012.

VAN DER KOLK, B. A. *The body keeps the score*: brain, mind, and body in the healing of trauma. New York: Viking, 2014.

Artigos no Pubmed

ASÇI, Ö.; BAL, M.; KOÇOGLU, F. The impact of childhood sexual abuse on adult female sexual function and sexual distress. *Turk Psikiyatri Derg*, v. 35, n. 1, p. 63-74, 2024.

GAJOS, J. M; LEBAN, L. *et al.* Sex differences in the relationship between early adverse childhood experiences (ACEs), delinquency, and substance use initiation. *J Interpers Violence*. v. 38, jan. 2023.

GEWIRTZ-MEYDAN, A. Treating sexual dysfunctions among survivors of child sexual abuse: an overview of empirical research. *Trauma Violence Abuse*. Dec. 2020.

CAPÍTULO 45

Ecos do passado

A influência dos pensamentos e emoções enraizados na infância

Neste capítulo, vamos falar sobre os pensamentos e emoções enraizados na infância que podem influenciar na vida adulta, impedindo-o de avançar e conquistar suas vitórias. Os "ecos" do passado podem ser desafiadores, mas também oferecem oportunidades de autoconhecimento e transformação.

Gisela Thompson Moreira Coutinho

GISELA THOMPSON MOREIRA COUTINHO

CRP MG 04/42632

Psicóloga graduada na Faminas, Muriaé-MG. Especialista em Neuropsicologia pela Universidade Cândido Mendes (Ucam). Pós-graduanda em Psicoterapias Baseadas em Evidências: Terapias Cognitivo-Comportamentais – Faculdade Focus. Pós-graduanda em Psicopatologia – Faculdade Focus. Formação prática em Terapia Cognitivo-Comportamental pelo Centro Cognitivo ES. Formação em Terapia Comportamental Dialética pela FLNC. Formação em Terapia Cognitivo-Comportamental – FaCiência/Grupo PBE. Formação em Psicopatologia – FaCiencia/Grupo PBE.

Contatos: giselathompson87@gmail.com
Instagram: @giselathompsonpsi
32 98816 6880

As experiências vividas no passado podem influenciar como pensamos e agimos no presente. Muitas vezes, ouvimos e vemos coisas sobre nós, sobre o outro e sobre o futuro que vão influenciar a nossa percepção da realidade, e podem nos impedir de alcançar nosso potencial na vida adulta. As crenças disfuncionais, via de regra, impactam nos avanços da área profissional, pessoal e social do adulto. Pessoas que não possuem um histórico saudável ou que viveram em ambientes caóticos, dificultosos e perigosos geralmente estão mais favoráveis a ter um funcionamento conflituoso e deficiente, possuindo crenças centrais negativas.

Crianças que crescem com pais críticos e exigentes podem acreditar que, para obter o amor e a aprovação deles, precisam ter as melhores notas para se destacar. Caso suas emoções sejam invalidadas na infância, podem não saber como lidar com elas na vida adulta. Um exemplo disso se dá quando uma pessoa acredita que não pode chorar porque vai demonstrar fraqueza, o que pode contribuir para o desenvolvimento de ansiedade. Se, na infância, começou a utilizar a comida para lidar com a ansiedade e ouviu "olha como está gorda, desse jeito ninguém vai te querer!", quando adulta pode sofrer com sua aparência e acreditar que nunca será amada.

Na mesma linha de pensamento, uma criança que cresce em um lar que promove comparação entre os irmãos como "você não sabe fazer nada, olha como sua irmã faz!" pode contribuir para o aparecimento de sentimentos de frustrações e inutilidade. Esses foram apenas alguns exemplos de experiências que podem contribuir para o surgimento de crenças negativas.

É importante ressaltar que não somente ambientes tóxicos podem influenciar o desenvolvimento das crenças disfuncionais, mas também a superproteção pode prejudicar a autonomia e o desempenho da criança, tornando-a insegura para realizar suas conquistas na vida adulta.

Ao decorrer de nossa vida, podemos nos deparar com alguma situação que poderá ativar uma das crenças centrais. Quando esses pensamentos vêm à tona, podemos acreditar fielmente que é uma verdade absoluta e nos comportarmos de acordo com o pensamento e fazendo com que, muitas vezes, o resultado negativo ocorra. Por exemplo, diante de uma prova a ser realizada, a pessoa tem o pensamento de que o resultado será negativo, então não estuda devidamente e, ao realizar a avaliação, o resultado será a reprovação, devido ao fato de não ter se preparado como deveria. Dessa forma, acaba fortalecendo a crença de ser incapaz.

Outra situação seria quando, para nos sentirmos aceitos e amados, não colocamos limites nas relações, ou seja, dizemos sim para o outro quando, na verdade, gostaríamos de dizer não. Hoje, talvez suas crenças centrais podem estar te impedindo de colocar limites nas relações, te fazendo sofrer em um relacionamento abusivo; podem ter te tornado perfeccionista, e, com isso, você sofre por não conseguir realizar as coisas conforme seu desejo; não consegue pedir ajuda, pois pensa ser fraqueza e prefere sofrer sozinha; é insegura e, com isso, não acredita na sua capacidade e não confia nas pessoas, tendo o pensamento intrínseco de que, em algum momento, elas vão te decepcionar.

Nesse emaranhado de pensamentos disfuncionais, torna-se presa fácil para regular suas emoções por meio de excessos em comidas, bebidas, compras e até mesmo com drogas.

Em alguns casos, as experiências do passado que ocasionaram as crenças negativas podem até fazer adoecer, gerando estresse, autoestima prejudicada, transtornos como o de ansiedade, o de personalidade *borderline*, o obsessivo compulsivo, a depressão e até o suicídio.

Afinal, o que são essas crenças? Será que você vai se identificar com alguma delas?

Na infância, desenvolvemos determinadas ideias sobre nós mesmos, sobre as outras pessoas e sobre o mundo. Essas ideias são as chamadas crenças nucleares ou centrais, que são compreensões mais profundas e fundamentais. A pessoa considera esses pensamentos como **verdades absolutas**. Elas moldam nossa percepção da realidade e influenciam nossas emoções e comportamentos.

As crenças centrais são como lentes que todos usamos. Elas podem ser funcionais, realistas e não extremas, ou **disfuncionais**, rígidas e absolutas, que são mantidas pelo processamento mal-adaptativo das informações. Se desenvolvem desde muito cedo, sendo influenciadas pela genética e por interações sociais com pessoas importantes (amigos, professores e principalmente o ambiente familiar).

Quando as pessoas apresentam condições psicológicas significativas (menos sadias psicologicamente), suas crenças tendem a ser negativas, disfuncionais, generalistas e rígidas. Essas crenças, sendo disfuncionais, podem gerar sofrimento para a pessoa e até mesmo para quem convive com ela: quanto mais rígido o pensamento, maior o sofrimento.

As crenças podem ser divididas em três categorias diferentes, sendo elas: desamparo, desamor e desvalor. Na **crença de desamparo**, a pessoa pensa ser ineficiente ao fazer as coisas, incapaz de proteger a si mesma e/ou ao se comparar a outras pessoas. Exemplos: "sou incapaz", "não sou bom como os outros", "não consigo fazer as coisas", "sou um fracasso", "sou incompetente e inútil". Quando a pessoa tem **crença de desamor**, ela acredita que existe algo em si mesma que resulta em uma incapacidade de receber o amor e a intimidade que ela deseja das outras pessoas. Exemplos: "não me encaixo", "sou desinteressante", "não sou amável", "certamente serei rejeitado, abandonado e ficarei sozinho" e "não sou suficientemente bom". Já na **crença de desvalor**, o indivíduo acredita que é moralmente ruim, que existe algo em si que é terrível, um pecador imoral ou perigoso para os outros. Acredita ser inaceitável, sem valor algum. Exemplos: "não mereço viver", "sou perigoso, tóxico, louco e mau", "sou imoral" e "sou um pecador desprezível e inaceitável".

Como mencionado anteriormente, as crenças também podem ser sobre as outras pessoas, o mundo de maneira geral e o futuro. Por exemplo, "Os homens são todos ruins", "O mundo é um lugar terrível" e "O futuro não será bom".

Todos nós temos crenças centrais negativas e positivas, que são ativadas quando temos experiências boas ou ruins e quando experimentamos um estado de humor mais forte. Quando nosso humor está bom e nos sentimos bem ou vivenciamos uma experiência mais positiva, temos crenças centrais positivas, como "sou capaz". Por outro lado, quando temos estados de humor negativos, nossas crenças centrais negativas são ativadas, ou seja, "sou incapaz".

Quando essas crenças centrais são ativadas, afetam a forma como enxergamos as situações, dando surgimento aos pensamentos automáticos, que podem ser positivos ou negativos. Os pensamentos automáticos, quando disfuncionais, causam emoções negativas e comportamentos inadequados.

A importância do ambiente na formação das crenças centrais e na validação das emoções

O ambiente familiar é um grande influenciador do desenvolvimento de nossas crenças nucleares. Com a família, aprendemos sobre o mundo: "isto é um pássaro", "isto é um carro", "não pode colocar o dedo na tomada porque é perigoso"... acreditamos em tudo que é ensinado, até mesmo naquilo que não é correto, como "Você não faz nada direito", "Desse jeito ninguém vai gostar de você". Ainda que a intenção seja ajudar a criança em seu desenvolvimento, esse tipo de fala do adulto contribui para a formação de crenças centrais disfuncionais.

As crianças também tiram suas próprias conclusões baseadas no que vivenciam. Ao ouvir de um adulto "você é inútil" e perceber que seus irmãos são tratados de forma diferente ou, ainda, observar que seus esforços não são tão validados quanto aquelas crianças que tiram notas mais altas, a criança pode desenvolver uma crença de não ser tão boa quanto seus irmãos ou acreditar não ser tão inteligente quanto os colegas de classe. Com o tempo, esses pensamentos podem se armazenar em sua mente como "faço tudo errado", "sou burra" ou "sou um fracasso".

O ambiente invalidante é um lugar que responde às experiências (emoções e pensamentos) de maneira inadequada, reprimindo ou invalidando esses pensamentos e emoções. Quando uma criança cresce nesse tipo de ambiente, pode não ter suas experiências validadas ao ouvir "engole o choro", "está chorando por isso? Para de bobeira" e "não fez mais que sua obrigação".

Os pais são agentes de socialização de seus filhos, com papel ativo no desenvolvimento da inteligência emocional das crianças. A expressão emocional dos pais (como pensam e agem sobre as emoções) impacta diretamente no desenvolvimento da criança. Dessa forma, quando os pais ensinam seus filhos a reprimir as emoções, acabam afetando o desenvolvimento cognitivo, social e emocional.

As emoções das crianças estão conectadas logicamente ao conteúdo dos seus pensamentos automáticos. Um pensamento do tipo "eu não sei fazer nada direito, faço tudo errado sempre!", pode deixá-la triste. Pensamentos frequentemente podem afetar as emoções, mas as emoções também podem afetar os pensamentos quando o indivíduo as utiliza para dar sentido ao que ocorre ao seu redor.

Na terapia cognitivo-comportamental (TCC), temos uma tríade que inclui pensamentos, emoções e comportamento. O ambiente e a genética podem afetar essa tríade, a genética pode determinar a predisposição, mas o ambiente é que vai influenciar como ela vai funcionar. Por isso, é importante promover um ambiente saudável, pois é por meio dele que as crenças se desenvolverão e se perpetuarão por toda a vida, causando impactos positivos ou negativos.

A contribuição da terapia cognitivo-comportamental no manejo das crenças negativas

A TCC contribui significativamente para entender o funcionamento das crenças e no manejo para modificar o padrão disfuncional do indivíduo. A conceitualização de caso é uma das principais ferramentas da TCC que ajuda no engajamento e possibilita uma maior compreensão de seu caso, sendo uma espécie de levantamento de dados do cliente.

A fim de usar técnicas para modificar os pensamentos automáticos e crenças nucleares, entender as emoções e trabalhar o comportamento, é utilizado o registro de pensamentos disfuncionais (RPD), como mostra a Figura 1. O objetivo dessa técnica é registrar as situações, os pensamentos, as emoções e os comportamentos do indivíduo no momento em que está a agir. O terapeuta trabalha o registro no papel, facilitando a execução e a a compreensão do paciente; ao visualizar, o indivíduo consegue modificar suas cognições disfuncionais.

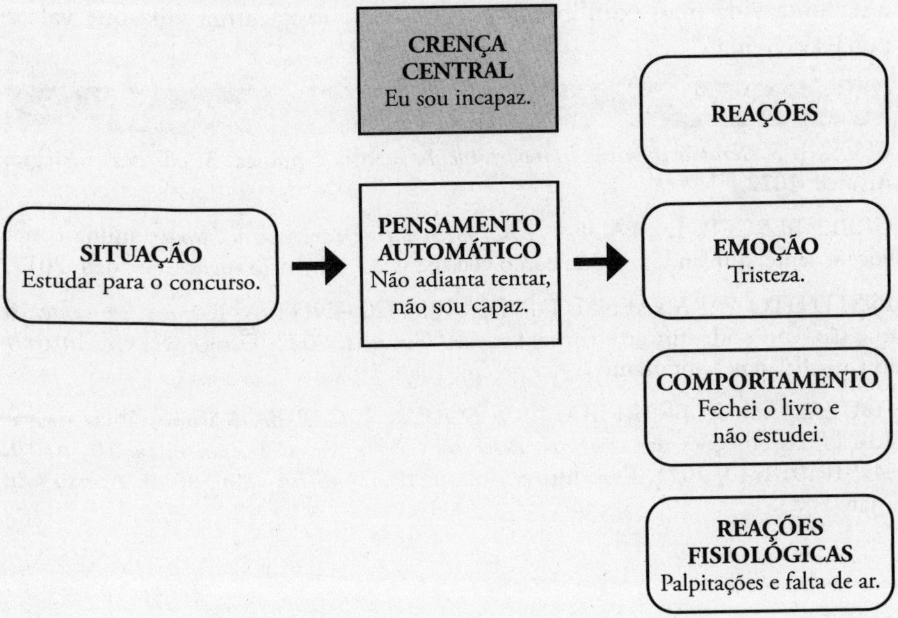

Figura 1 – Exemplo de registro de pensamentos disfuncionais (RPD).
Fonte: Adaptado de Beck, J.S. (2022).

A psicoeducação é uma tarefa realizada na TCC que tem como finalidade informar ao paciente o que está acontecendo com ele, e como ele está funcionando dentro do modelo cognitivo. Diante disso, o paciente recebe técnicas apropriadas para trabalhar suas crenças disfuncionais, vão surgindo pensamentos alternativos para modificar essas crenças, trabalhando as limitações do indivíduo, fazendo com que ele se sinta capaz de desempenhar seu potencial humano.

Existem outras ferramentas que podem ser usadas no processo terapêutico, como, por exemplo, a técnica do questionamento socrático. Essa técnica consiste em fazer perguntas abertas para auxiliar o paciente a identificar e modificar o pensamento desadaptativo. Temos também a técnica da seta descendente, outra forma de ajudar o paciente a detectar as crenças. Ela envolve questionamentos que vão se aprofundando na compreensão do significado do pensamento automático do indivíduo, possibilitando que as crenças centrais se tornem conscientes.

A TCC contribui, de maneira significativa, ao disponibilizar técnicas e estratégias que o paciente pode utilizar, possibilitando-o retomar o controle do seu comportamento, a partir da reformulação dos seus pensamentos e sentimentos disfuncionais. Ela te ajuda a limpar as "lentes que estão sujas" e ter uma vida mais equilibrada e saudável, ou seja, uma vida que vale a pena ser vivida.

Referências

BECK, J. S. *Terapia cognitivo-comportamental*: teoria e prática. 3. ed. Porto Alegre: Artmed, 2022.

GREENBERGER, D.; PADESKY, C. A. *A mente vencendo o humor*: mude como você se sente, mudando o modo como você pensa. 2. ed. Porto Alegre: Artmed, 2017.

INSTITUTO PARANAENSE DE TERAPIA COGNITIVA. *Crenças limitantes*: o que são, como identificar e consequências. Curitiba, 2022. Disponível em: https://iptc.net.br/crencas-limitantes/. Acesso em: 7 jan. 2025.

SOUZA, J. B. de; FERREIRA, J. C.; SOUZA, J. C. P. de. A importância da validação das emoções das crianças. *Research, Society and Development*, v. 10, n. 10, e479101018940, 2021. Doi: https://doi.org/10.33448/rsd-v10i.18940. Acesso em: 7 jan. 2025.